SILKE DRÖGER
@villa_sternzauberliebe

Nordische Weihnachten

Dekoration und Rezepte
für die schönste Hygge-Zeit im Jahr

CV

Inhalt

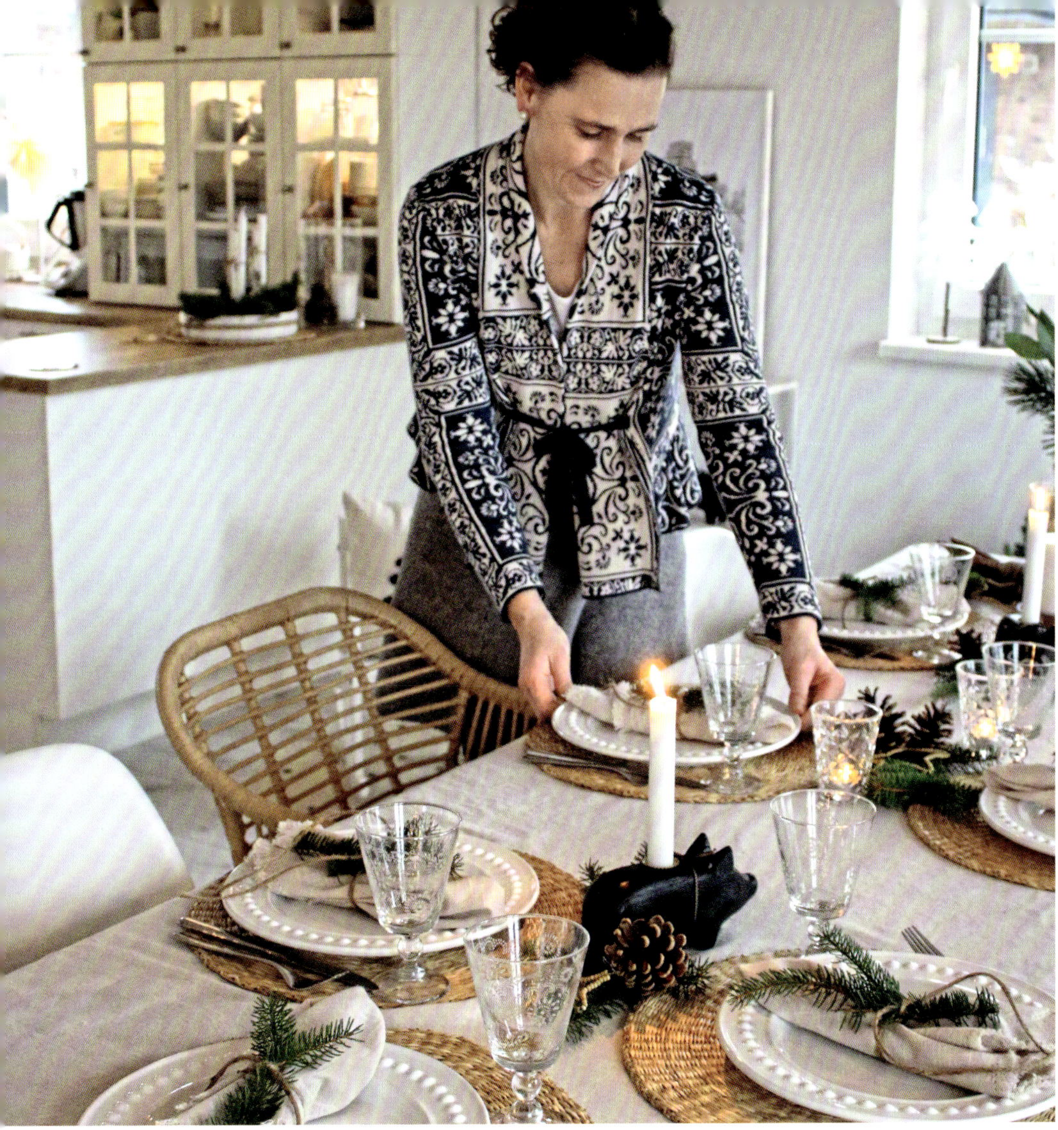

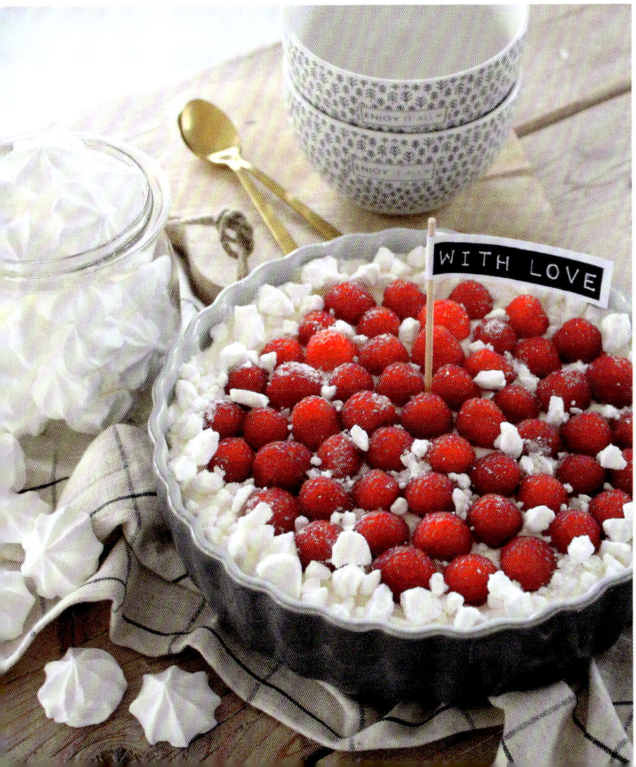
WITH LOVE

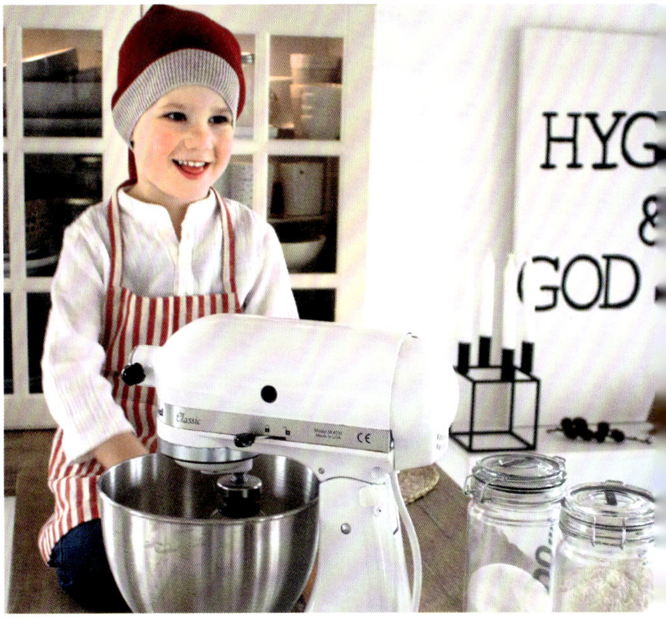
HYG
&
GOD
Classic

Hej...,

ich freue mich gerade riesig, dass du dieses Buch in den Händen hältst und ich mich dir hier vorstellen darf! Mein Name ist Silke, und vielleicht kennst du mich ja auch bereits von meinem Account villa_sternzauberliebe bei Instagram. Dort nehme ich dich mit in unser »hyggeliges« Zuhause und zeige dir Ideen zu den Themen Dekoration, DIYs, Rezepte, Garten und Urlaube in Dänemark.

MEIN LEBEN IN UNSEREM SCHWEDENHAUS

Verheiratet bin ich mit meinem Mann Timo. Kennen und lieben tun wir uns seit 25 Jahren. Mir kommt es eigentlich noch gar nicht so lange vor, und wenn ich das hier schreibe, denke ich: »Verrückt, wie die Zeit so rast«. Aber vielleicht kennst du das ja auch aus eigener Erfahrung mit dieser »verflogenen« Zeit. Wir sind mittlerweile auch Eltern, und unsere drei Jungs heißen Len-Ove, Ben-Jonte und Lasse. Und dass wir im hohen Norden zu Hause sind, hast du bei ihren Namen vielleicht gleich erkannt. Unser Großer wird 18 Jahre alt und hat vor Kurzem den Führerschein bestanden, unser zweiter Sohnemann hat mit seinen 15 Jahren noch ein bisschen Zeit dafür, und Lasse liebt mit seinen 4 Jahren vorerst noch sein Laufrad. Mit den Dreien ist es selten leise bei uns Zuhause, und gerade beim gemeinsamen Essen liebe ich es sehr, wenn jeder von seinem Tag erzählt, und oft plappern dann natürlich alle gleichzeitig drauflos. Oh ja, die drei machen uns so richtig viel Spaß und sind für meinen Mann und mich das Allerbeste, was uns in unserem Leben passiert ist, und dafür sind wir mehr als dankbar.

Weibliche Verstärkung habe ich aber trotzdem, nämlich mit Fine, unserem Golden-Retriever-Mädchen. Sie macht unsere Bande komplett, und wir sagen immer, sie ist unser »Sechser« im Lotto, weil sie einfach so ist, wie sie ist. Liebenswert, verkuschelt, freundlich, manchmal auch ein bisschen stur! Aber sie hat immer eine Pfote oder Stupsnase über, wenn man sie braucht, und unserer Familie tut sie mehr als gut.

Zusammen leben wir in unserem grauen Schwedenhaus in der Nähe von Lübeck und dicht zur Ostsee hin. Wir lieben unser Zuhause im hohen Norden sehr und umso mehr die Nähe zum Meer und unserem Lieblingsland Dänemark.

Schon als Kind habe ich viele Urlaube mit meinen Eltern und meinem Bruder in Dänemark verbracht, und nun teile ich mit meiner kleinen Familie die ganz große Dänemark-Liebe. Jedes Mal ist die Vorfreude mehr als groß, wenn es für uns wieder dorthin geht.

Mein Herz schlägt dazu für den skandinavischen Wohnstil. Ich liebe die Farbe Weiß, und gerne kombiniere ich in unseren hellen Räumen mit Natur- und Holztönen. Lieblingstücke finden immer einen Platz bei uns, und gesammelte Schätze aus der Natur sind mir die allerliebsten. Nicht selten komme ich nach einem Spaziergang mit Fine entsprechend bepackt nach Hause, denn an Lärchenzweigen oder Tannenzapfen kann ich einfach nicht vorbeigehen.

WIE ALLES BEGANN

Schon als junges Mädchen habe ich mein Zimmer immer wieder umgestellt, Bett und Schränke wurden verschoben, und zu dekorieren hat mir schon immer Spaß gemacht. Das ist bis heute so geblieben. Das Verrücken der Möbel ist jedoch weniger geworden, denn in einem kleinen Haus hat irgendwann alles seinen idealen Platz gefunden. Mit unserem Schwedenhaus hat tatsächlich damals alles angefangen. Mittlerweile ist das jetzt neun Jahre her. Damals haben wir unser

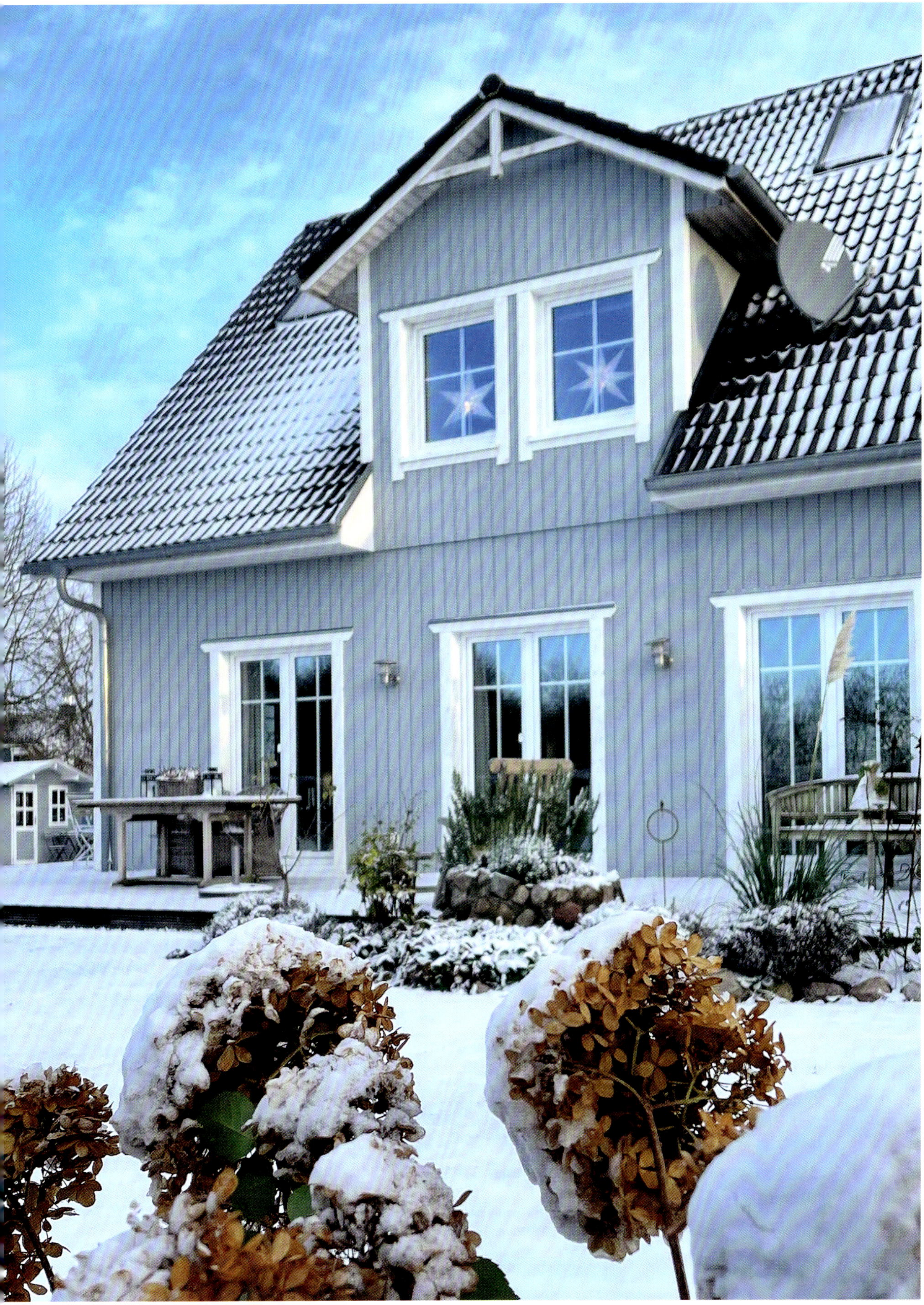

Holzhaus gebaut, und dabei habe ich nach Ideen und Inspirationen gesucht und bin dann auf diese App mit dem Namen Instagram gestoßen. Im Februar 2014 haben wir angefangen zu bauen, im Juli sind wir eingezogen, und im Dezember, nachdem alles eingerichtet war und unser erstes Weihnachtsfest im neuen Haus vor der Tür stand, kam mir die Idee, auch mal ein Bild bei »diesem Instagram« zu zeigen und nicht mehr nur zu schauen.

Ab dann begann meine Zeit bei Insta. Dadurch habe ich viele liebe Menschen und Leser kennengelernt, und manche sind sogar zu Freunden geworden. Wenn ich mir Insta heute oder damals aussuchen könnte, dann würde ich mich für den Anfang entscheiden ... Aber die Zeit bleibt nicht stehen, und niemals hätte ich gedacht, dass ich heute nun dieses Buch für dich schreiben darf.

UNSER HYGGE-WEIHNACHTEN

Seit ich mich zurückerinnern kann, trage ich ein Gefühl von »Ich liebe Weihnachten« in mir. Zieht der kalte November ins Land, beginne ich voller Vorfreude an die verstauten Weihnachtskisten zu denken, und nach und nach hole ich Sterne, Zapfen und unsere geliebten Wichtel hervor.

Weihnachtsideen und Rezepte werden von mir überlegt und ausprobiert. Bis zum ersten Advent hat dann der Weihnachtszauber mit Lichtern, Sternen, Tannenzweigen und Zapfen im Haus und auf der Veranda Gestalt angenommen. Er läutet diese ganz besondere Hygge-Zeit bei uns ein.

Hygge – diesen Begriff hast du vermutlich schon einmal gehört, denn du findest ihn mittlerweile auf ganz vielen unterschiedlichen Dingen abgebildet, auf Tassen, Kissen, Postern und auch auf Buchtiteln. Vielleicht hast du dich dann auch schon einmal gefragt, was genau Hygge bedeuten mag. Es ist nicht ganz leicht, Hygge präzise zu benennen, aber wer die hyggelige Lebensart so richtig kann und danach lebt, der fühlt es. Denn Hygge ist ein Lebensgefühl. Es ist die urdänische Art und Weise, glücklich und zufrieden zu leben, und Hygge umfasst dabei ganz viele unterschiedliche Dinge und Bereiche. Neben Gemütlichkeit und Wohlbefinden gehören dazu auch Achtsamkeit, Erdung und Einfachheit, aber auch Verbundenheit und ein Zusammengehörigkeitsgefühl mit anderen. Hygge wird im Alltag, in bestimmten Angewohnheiten und liebgewonnen Ritualen gelebt und umfasst einfach bestimmte Momente der Zufriedenheit. Ich persönlich spüre Hygge immer ganz besonders in Dänemark, und man sagt den Dänen nach, dass sie die glücklichsten Menschen der Welt sind. Sie haben ihren Schlüssel zum Glück gefunden – mit Hygge. Sie leben das Leben gemeinsam im Hier und Jetzt und sind dabei entspannt, liebenswert und schätzen sich gegenseitig. Du siehst – Hygge schlummert in ganz vielen Dingen.

Wenn wir wieder einmal Urlaub in unserem Lieblingsland machen, brauche ich nur einmal in die Bageri zu gehen oder beim Ferienanbieter die Schlüssel abzuholen, und man spürt sofort die Ruhe und die Ausgeglichenheit der Menschen. Ich fühle mich immer ganz schnell willkommen, und das Lebensgefühl der Dänen fasziniert mich jedes Mal aufs Neue. Das auch zu schaffen, ist eigentlich gar nicht schwer, denn Hygge gibt es das ganze Jahr. Ob im Sommer beim gemeinsamen Picknick am Strand, die Freude im Herbst über die ersten gesammelten Blätter und Kastanien und im Winter der Tee vor dem warmen Ofen. All diese Momente sind nicht nur ein vergänglicher Augenblick, sie sind Momente, die uns glücklich machen, die unser Herz mit Freude erfüllen, die wir im Alltag erleben können und die einfach hyggelig sind.

Tatsächlich haben diese ganz besonderen Momente zur Weihnachtszeit aber Hochsaison. Während wir häufig der Schnelllebigkeit, den überfüllten Weihnachtsmärkten und den To-do-Listen verfallen, zelebrieren die Dänen die kurzen und dunklen Tage mit vielen Kerzen, mit kleinen Weihnachtsmärkten, genießen dazu ihren warmen Glögg, machen es sich Zuhause mit Decken, dicken Socken und einem guten Buch gemütlich, kochen zusammen und lassen es sich

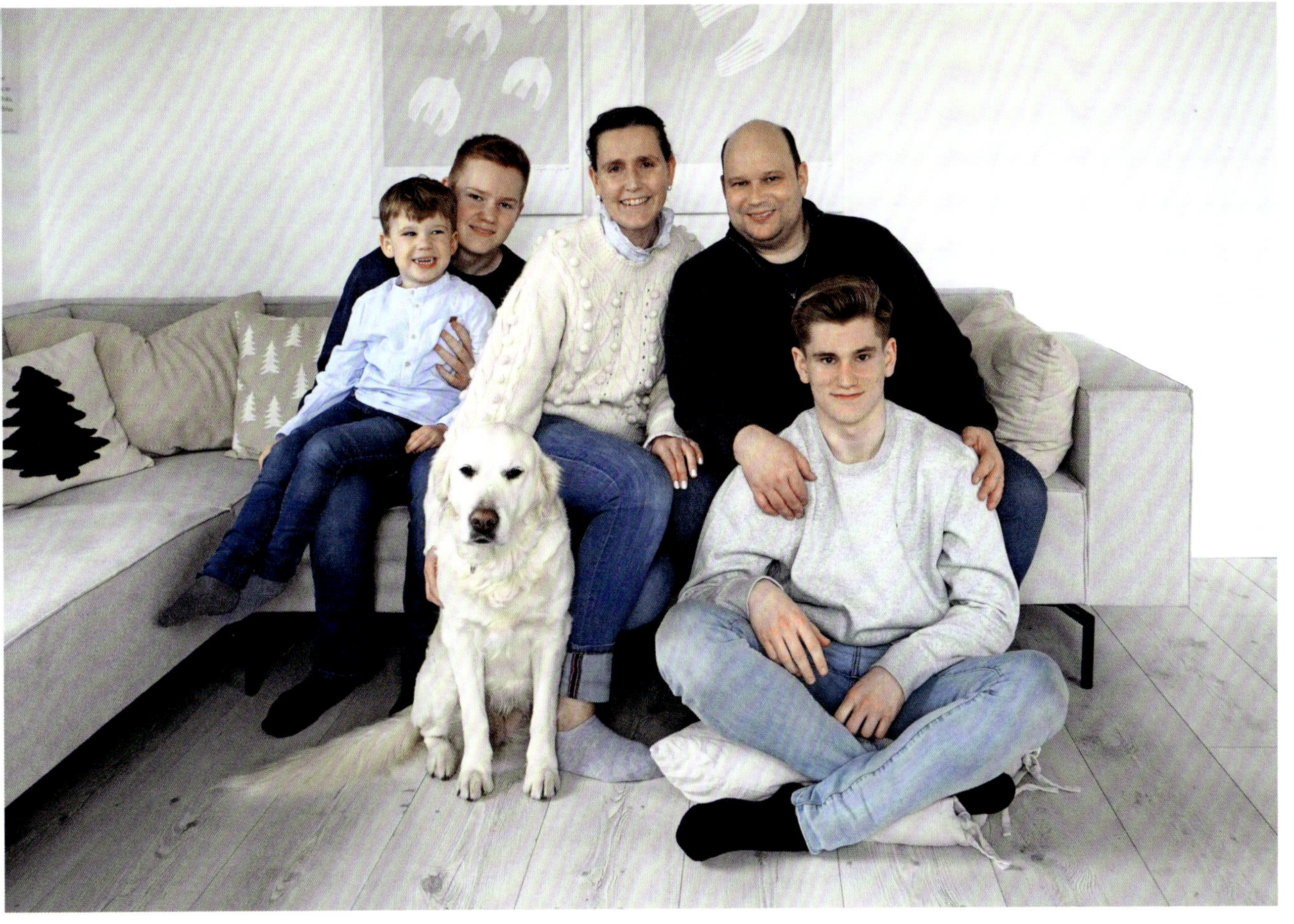

beim gemeinsamen Essen gutgehen. Anschließend erzählen sie sich oft Geschichten bis spät in die Nacht hinein. Sie verbringen viel Zeit in der Natur und lieben Spaziergänge durch Wälder oder an ihren langen weiten Stränden.

Kleine Dinge genießen und leben, ja das können sie wirklich, die lieben Dänen aus dem kleinen Königreich. Aber auch wir können Hygge! Deine Familie, deine Freunde, du und ich, wir alle können Hygge.

Umso mehr freue ich mich, dass ich dich nun in diesem Buch ein bisschen durch unsere Weihnachtszeit mitnehmen darf. Vielleicht lässt du dich dabei von mir an die Hand nehmen, denn das Buch ist gefüllt mit Rezepten und Ideen, die darauf warten, dass du mit deinen Lieben gemütliche Stunden verbringst und teilst.

Lehne dich dafür gerne zurück, und ich hoffe, du genießt dieses Buch – mit vielen kleinen Hygge-Momenten.

Frohe Weihnachten & God Jul,

deine Silke

DANKESCHÖN

Gerne möchte ich noch DANKE sagen ...

von ganzem Herzen gilt dies meinem Mann Timo und meinen Kindern Len-Ove, Ben-Jonte und Lasse. Zuallererst natürlich dafür, dass ich dieses Buch schreiben konnte und dass ihr mich dabei immer unterstützt habt, geduldig wart, mir eure Zeit geschenkt habt und mir an schlechten Tagen so manche Träne fortgewischt habt.

Als ich das Angebot für das Buch »Nordische Weihnachten« erhalten habe, war ich mir erst unsicher, ob dieses große Projekt mit in unseren Alltag passt – aber gleichzeitig habe ich sofort gefühlt, es ist ganz doll meins, und ich danke euch, dass ihr das gesehen habt und dass man nun Rezepte, kleine DIYs und unsere Liebe zu Dänemark in diesem Buch findet.

Am allermeisten danke ich euch aber dafür, dass ich mit euch Weihnachten feiern darf. Nur darum ist diese Zeit für mich jedes Jahr aufs Neue so besonders, und vielleicht auch weil ich es so sehr liebe, wenn ihr euch an den Adventssonntagen damit abwechselt, die Kerzen anzuzünden, wir zusammen mit Oma und Opa das Lebkuchenhaus bauen, die Mutzen auf dem Weihnachtsmarkt wieder so richtig gut schmecken und wir uns beim Weihnachtsbaumaussuchen wieder nicht entscheiden können. Und wenn wir zusammen den Weihnachtsfilm »Tatsächlich Liebe« schauen und ihr anschließend wie Hugh Grant, der Premierminister im Film, zu »Jump – for my love« durch unser Wohnzimmer tanzt!

Diese Momente mit euch bedeuten mir so viel, und schon heute freue ich mich auf unser nächstes gemeinsames Weihnachtsfest.

Danke, meine geliebte Jungsbande dafür und dir, Fine, natürlich auch.

Danken möchte ich auch meiner Mama und meinem Papa dafür, dass ihr immer da seid, dass ihr an mich

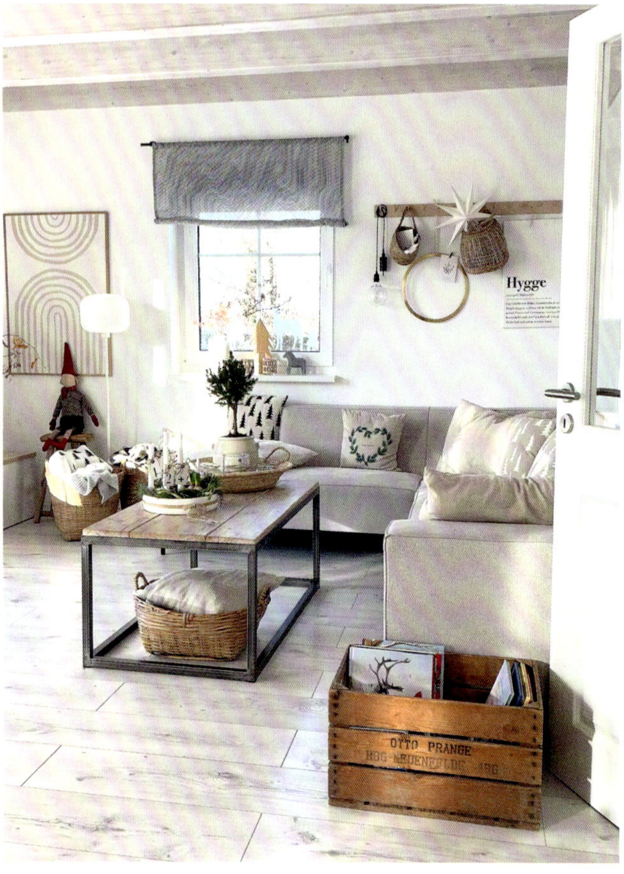

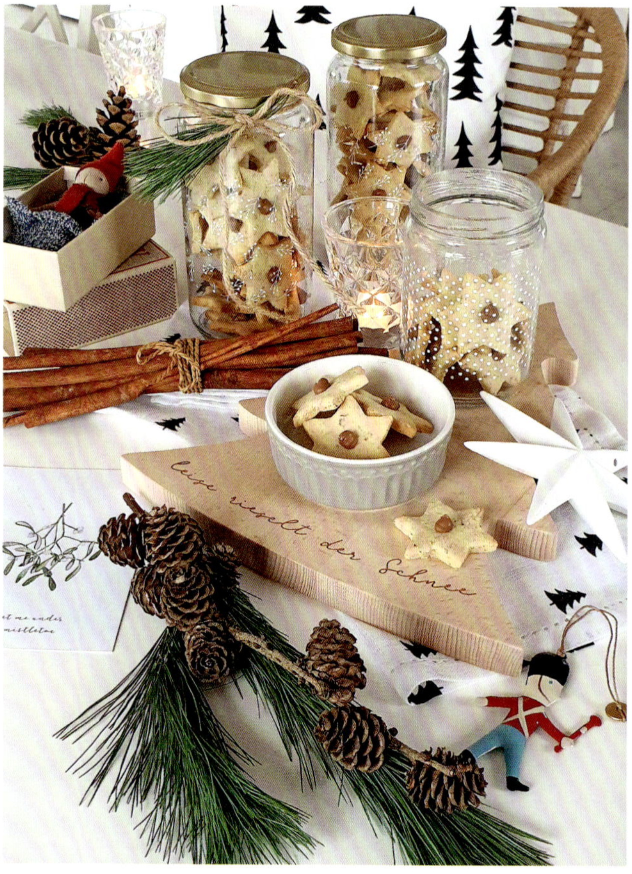

glaubt und dass ihr Jens und mir, als wir Kinder waren, Weihnachten mit all seinem Zauber so schön und liebevoll bereitet habt. Ich denke da an Nachmittage mit Tee aus den blaukarierten Tassen, an selbst gemachtes Weihnachtsgebäck und an die Weihnachtsmusik, die wir so gerne gehört haben.

Wir haben dabei manchmal stundenlang gequatscht, an anderen Tagen haben wir nur der Musik gelauscht, aber hyggelig war es immer. Ich musste auch gerade schmunzeln, als ich an den umgekippten Weihnachtsbaum dachte ..., aber das ist eine andere Geschichte.

Von Herzen danke an euch, Mama und Papa.

Dazu möchte ich noch Danke sagen an Sonja, Manuela, Manja und Nadine. Danke für eure Zeit, fürs Ermutigen, für viele liebe Worte, dafür, dass ihr euch in der letzten Zeit viel öfter bei mir als ich mich bei euch gemeldet habe und dass ich stets weiß, ihr seid immer da, wenn ich euch brauche – das ist so schön zu wissen, und habt dafür ganz lieben Dank.

Nun bin ich auch gleich fertig, aber Clara möchte ich auch noch Danke sagen. Für ein ganz spontanes Familien-Weihnachtsshooting mitten im März. Du warst so herrlich entspannt, wir haben viel gelacht, und du hast das ganz toll gemacht. Vielen lieben Dank dafür.

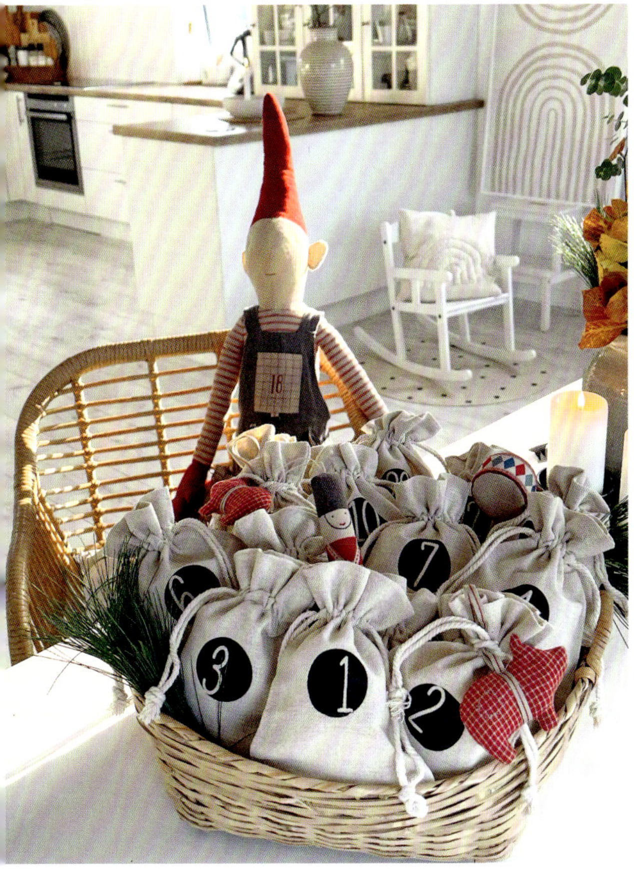

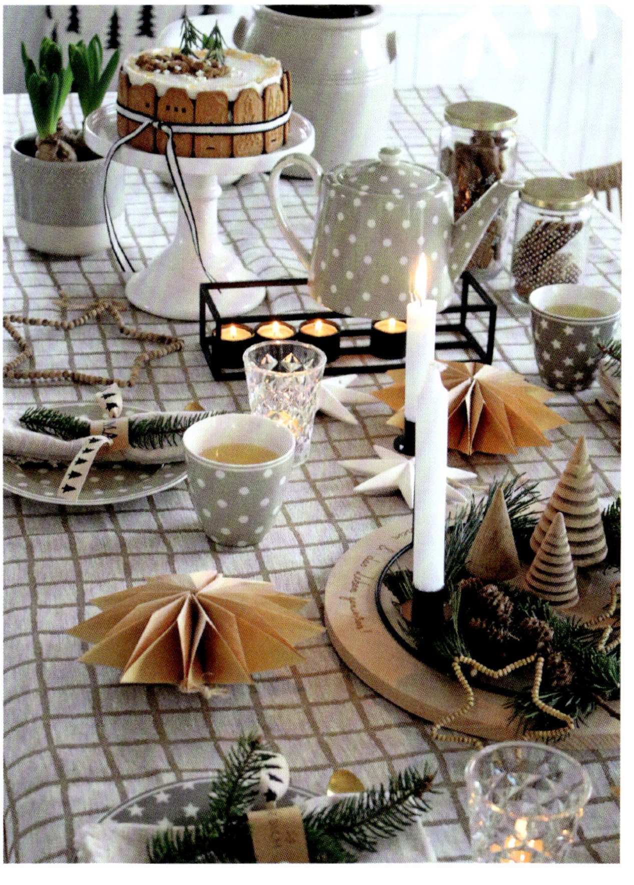

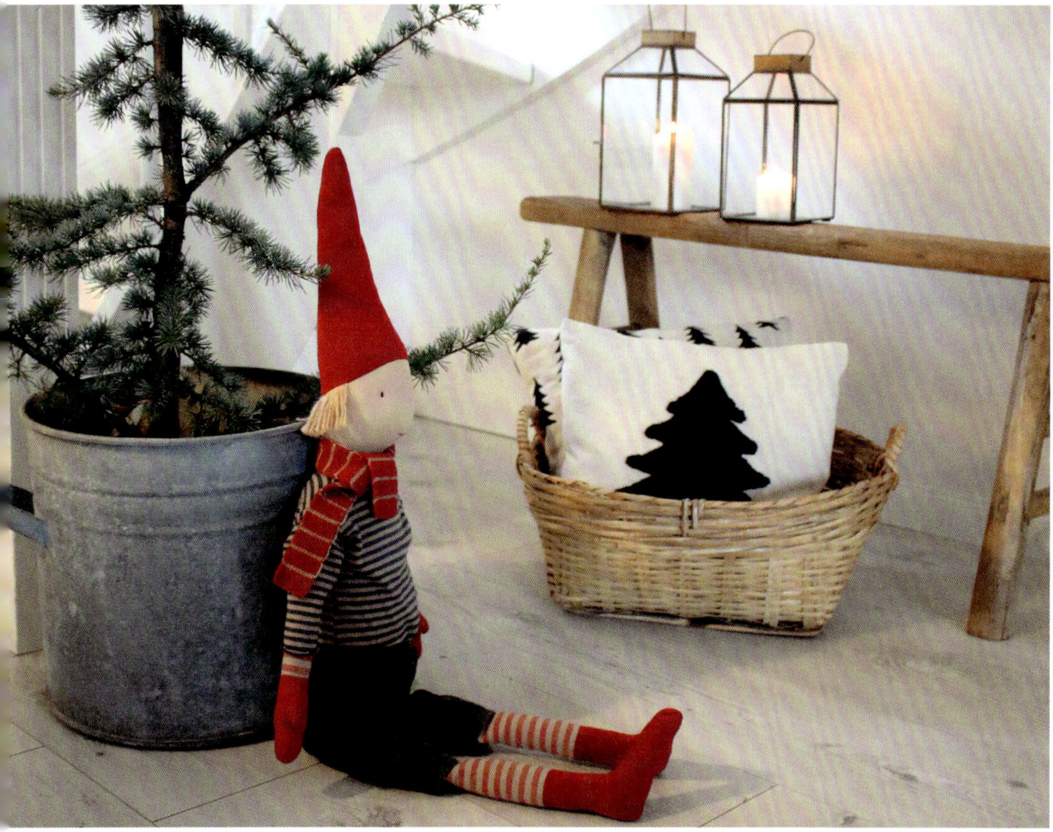

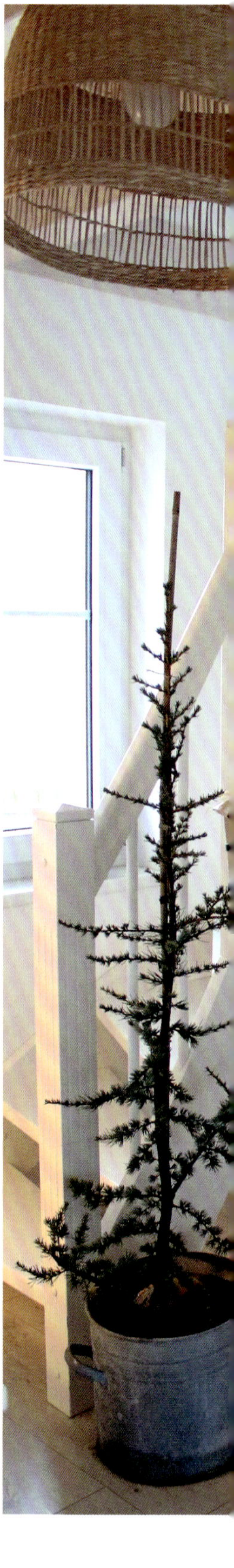

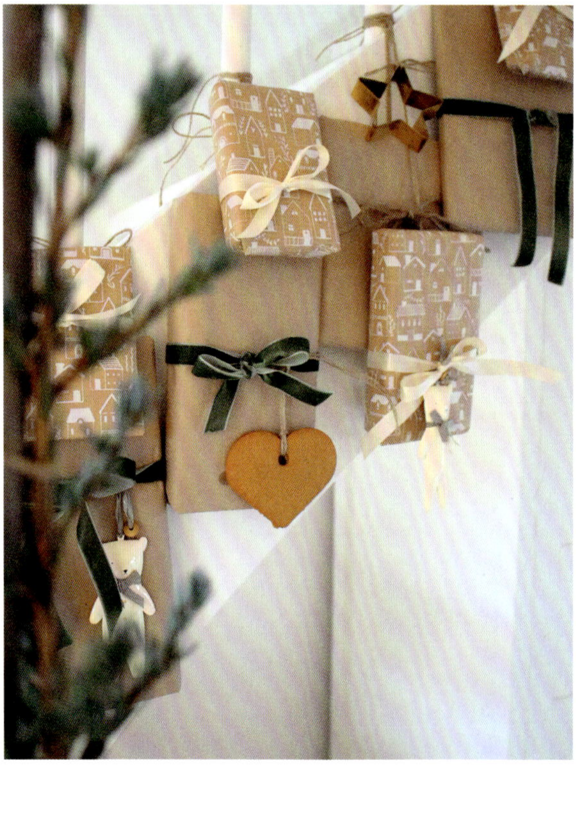

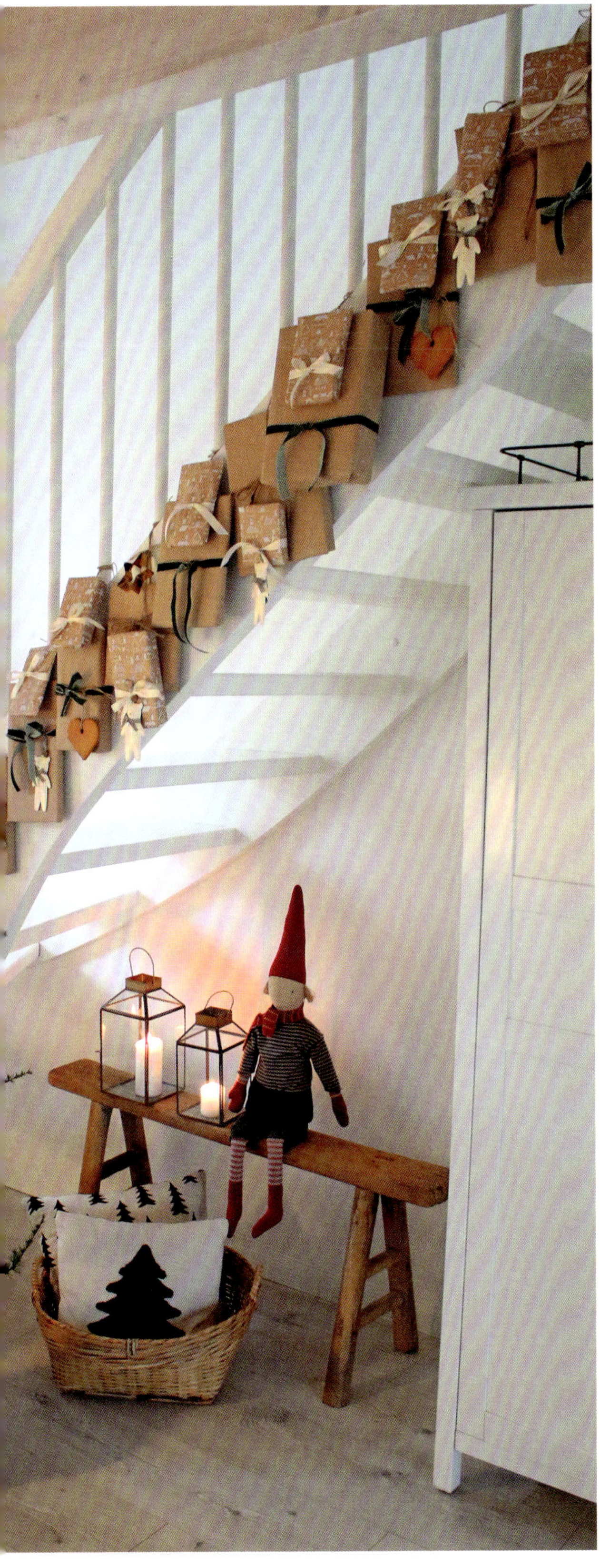

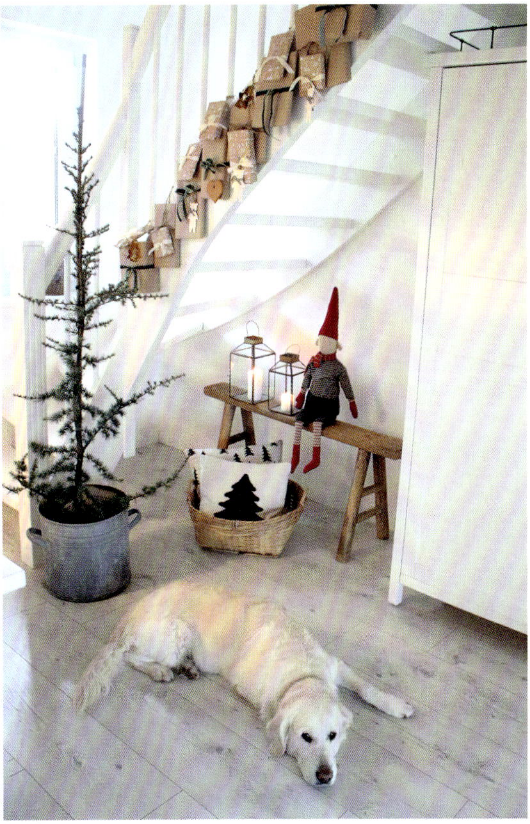

Vorfreude ist doch die schönste Freude, und mit diesem Adventskalender warten 24 Kleinigkeiten jeden Tag darauf, ausgepackt zu werden. Suche dir für die kleinen Geschenke schönes Geschenkpapier und passendes Schleifenband aus, und vielleicht hast du ja auch die Möglichkeit, die kleinen Päckchen an den Sprossen eines Treppengeländers zu befestigen. Der Adventskalender ist so für Groß und Klein ein wahrer Hingucker, und mit den Pfefferkuchenherzen und den Maileg-Anhängern an den Päckchen steigt die Vorfreude auf den Heiligen Abend immer mehr. Als Alternative finde ich die kleinen Geschenke auch schön an einer Hakenleiste, oder du legst sie in einen hübschen Korb.

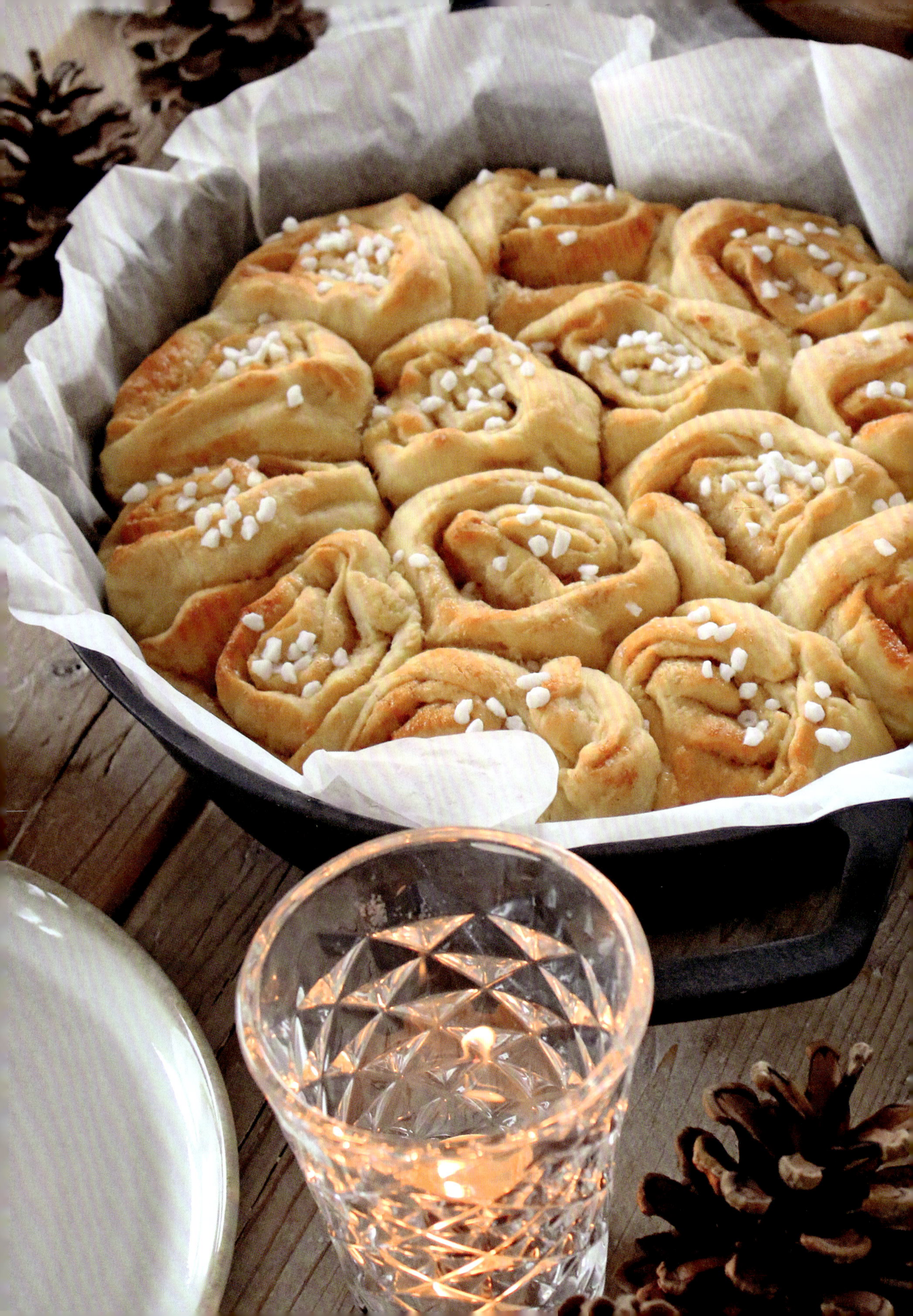

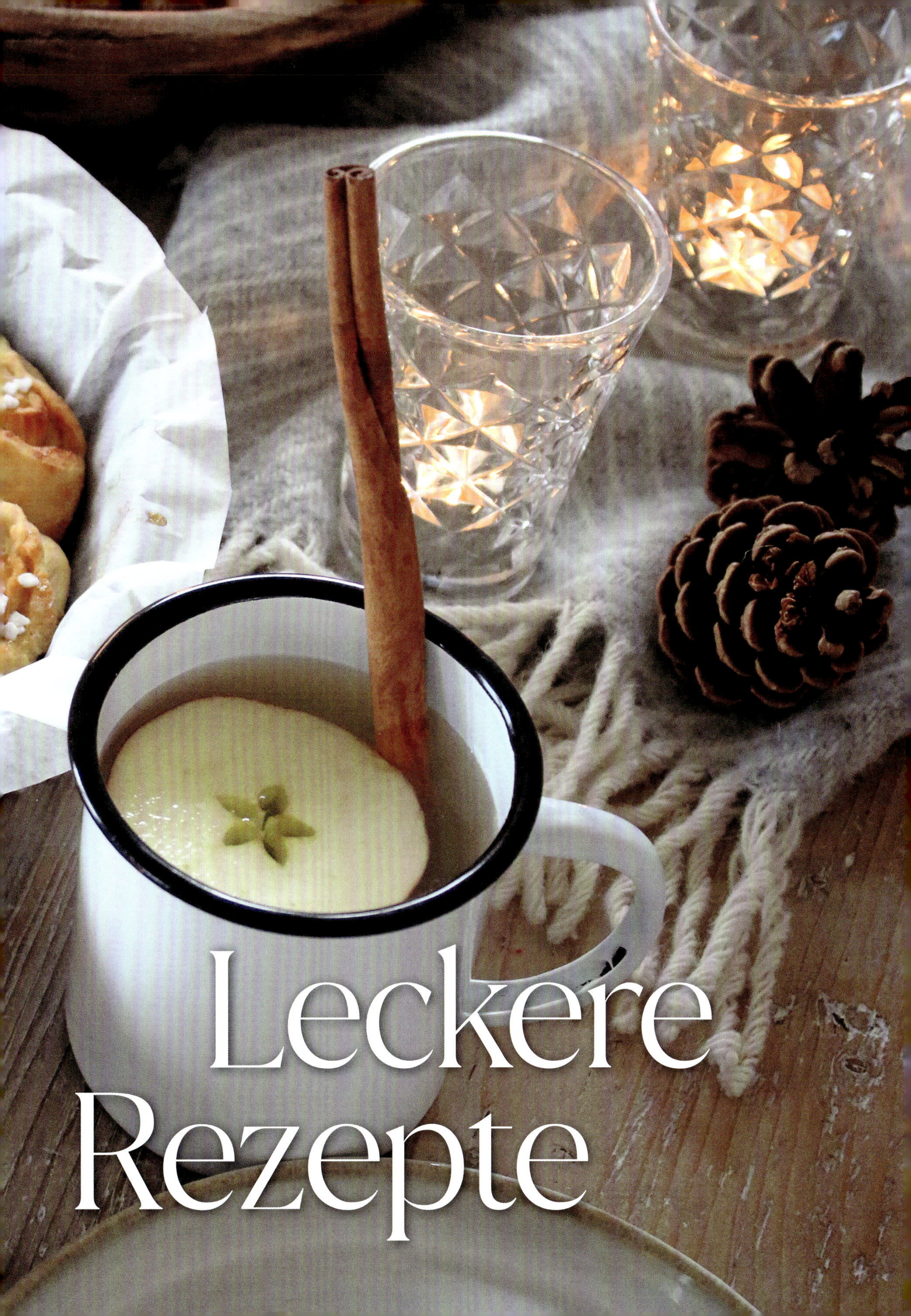

Leckere Rezepte

Dessert Himmelstraum

Eigentlich wollte ich dieses Dessert erst gar nicht für das Buch aussuchen, aber als meine Jungs das hörten, gaben sie zu Bedenken, es sei doch ihr allerliebster Nachtisch und er müsse einfach mit dazu.

Und es ist wirklich so, wir mögen den Himmelstraum so richtig gerne, da er herrlich fruchtig ist und nach einem leckeren Weihnachtsessen nicht so schwer im Magen liegt. Das Tolle ist, dass große Kinder die Zubereitung auch schon ganz alleine schaffen.

ZUTATEN

(für ca. 10 Portionen)

FÜR DIE CREME

500 ml Schlagsahne
1 Päckchen Vanillezucker
500 g Magerquark
1 Spritzer Zitronensaft
Zucker nach Belieben
400–500 g gefrorene Himbeeren

FÜR DIE DEKORATION

250 g frische Himbeeren
eine Handvoll Baiser/Schaumgebäck

ZUBEREITUNG

Die Sahne mit dem Vanillezucker aufschlagen und anschließend den Magerquark, einen Spritzer Zitronensaft und Zucker nach Belieben hinzufügen und gut unterrühren.

Die gefrorenen Himbeeren in eine Form oder Schale geben, sodass sie den Boden bedecken, und anschließend das Gefäß mit der Quarksahne auffüllen.

Obenauf mittig die frischen Himbeeren setzen, den Baiser zerbröseln und diesen am Rand und etwas über die Himbeeren »schneien lassen«. So wird das Dessert auch optisch zu einem Hingucker!

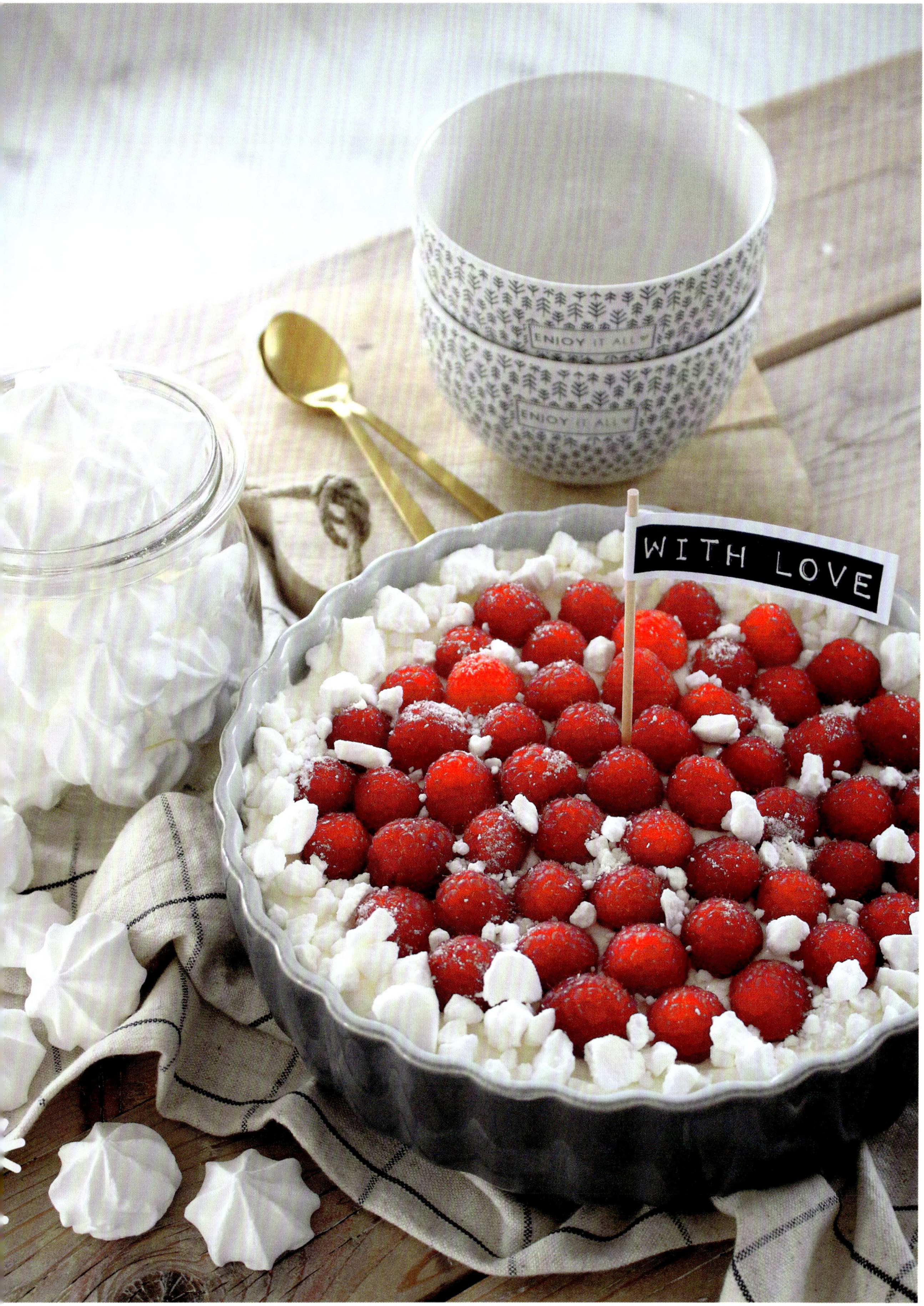
WITH LOVE
ENJOY IT ALL

Walnuss-Schoko-Taler

In der Advents- und Vorweihnachtszeit lieben wir es, Kekse zu backen.

Die Kombination aus Nuss, Schoko und Keks mag ich dabei ganz besonders gerne. Ganz praktisch ist dazu, dass du den fertigen Teig nur auszurollen brauchst und mit einem Messer runde Taler schneidest – ein schnelles Keksrezept für gemütliche Weihnachtsstunden.

ZUTATEN

(für ca. 80 Kekse)

200 g Zucker
1 Päckchen Vanillezucker
2 Eier
350 g Butter
500 g Mehl
250 g gemahlene Mandeln oder Haselnüsse
100 g gehackte Schokolade
100 g gehackte Walnüsse

AUSSERDEM

Backpapier

ZUBEREITUNG

Aus den Zutaten einen Mürbeteig herstellen und anschließend die gehackte Schokolade und die gehackten Walnüsse dazugeben. Den Keksteig für ein bis zwei Stunden in den Kühlschrank stellen.

Nach der Kühlzeit ein Backblech mit Backpapier auslegen. Den Teig auf einer bemehlten Arbeitsfläche zu Rollen mit ca. 3 cm Durchmesser formen. Mit einem Messer ½ cm dicke Scheiben abschneiden und auf das Backblech legen. Bei 175 Grad werden die Taler dann etwa 15 Minuten lang gebacken.

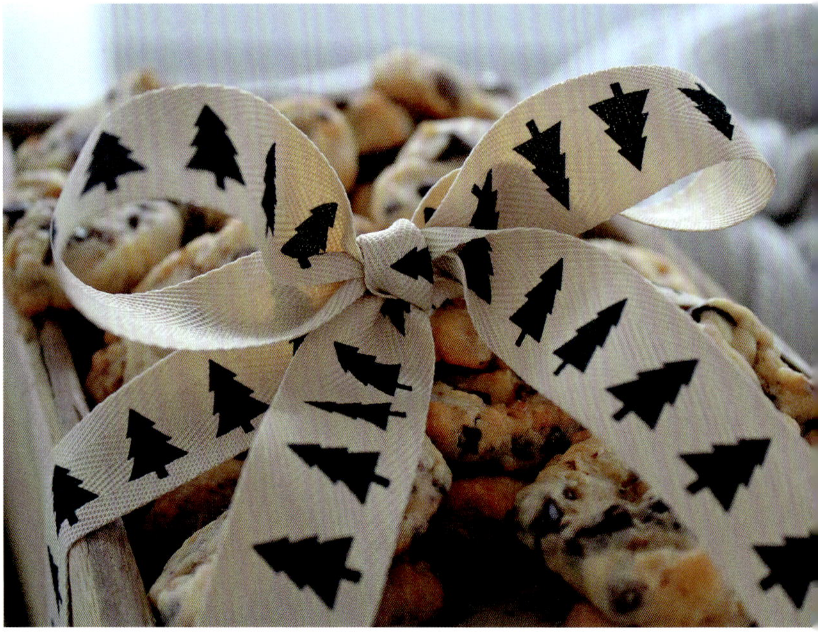

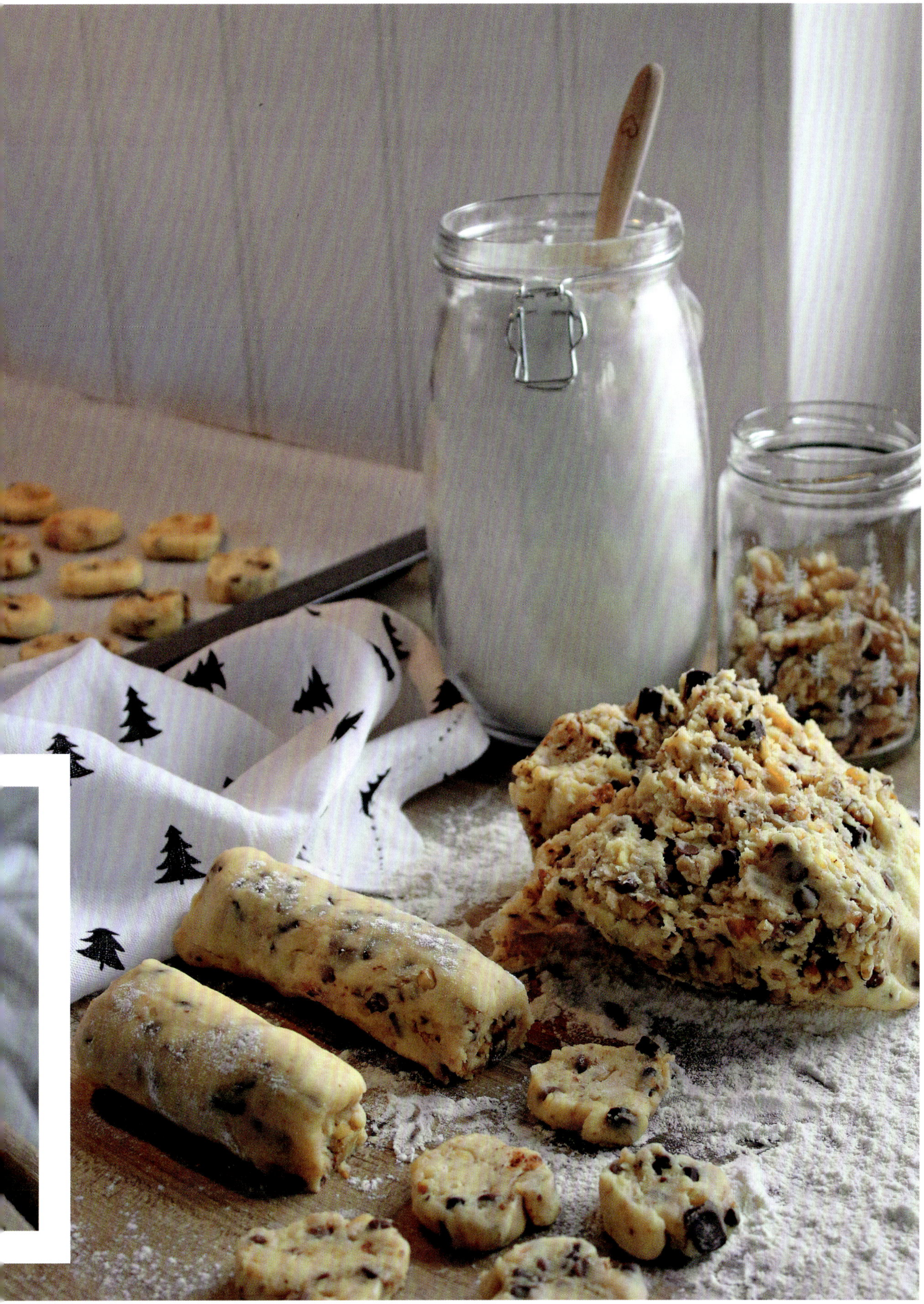

Zimtschnecken

Schon so oft gesehen, schon so oft gelesen und doch wusste ich, unsere Zimtschnecken müssen einfach mit in dieses Buch …

So viele schöne Hygge-Momente verbinde ich mit meinen Liebsten und diesen süßen Hefeteilchen.

Du musst sie unbedingt einmal backen, denn für einen kurzen Moment steht die Welt ganz kurz still, und du kannst einfach nur genießen.

ZUTATEN

(für ca. 14–16 Stück)

FÜR DEN TEIG

500 g Mehl
1 Würfel Frischhefe
250 g warme Milch (nicht heiß werden lassen)
90 g Zucker
1 Ei
1 Prise Salz

FÜR DIE FÜLLUNG

ca. 75 g Butter
1 TL Zimt
ca. 80 g Zucker

FÜR DEKORATION

1–2 EL Hagelzucker
Außerdem
Nudelholz
Backpinsel
Backpapier 38 cm × 42 cm

ZUBEREITUNG

Alle Zutaten der Reihe nach in eine Rührschüssel geben und mit einem Knethaken verkneten.

Der Teig darf anschließend an einem warmen Ort abgedeckt ruhen und bis zu einer Stunde gehen.

Nachdem die Ruhezeit beendet und der Teig aufgegangen ist, den Teig auf einer bemehlten Arbeitsplatte ausrollen.

Die Butter schmelzen und mit einem Backpinsel über den Teig verteilen. Zimt und Zucker mischen und großzügig darüber streuen.

Die lange Seite des Rechtecks wird nun zu einer Rolle aufgerollt. Mit einem Messer ca. 2 Zentimeter dicke Scheiben schneiden und schneckenförmig in eine mit Backpapier ausgelegte Backform legen. Natürlich kann man die Zimtschnecken auch einzeln auf ein Backblech platzieren.

Bei 180 °C werden die Zimtschnecken ca. 20–30 Minuten lang gebacken.

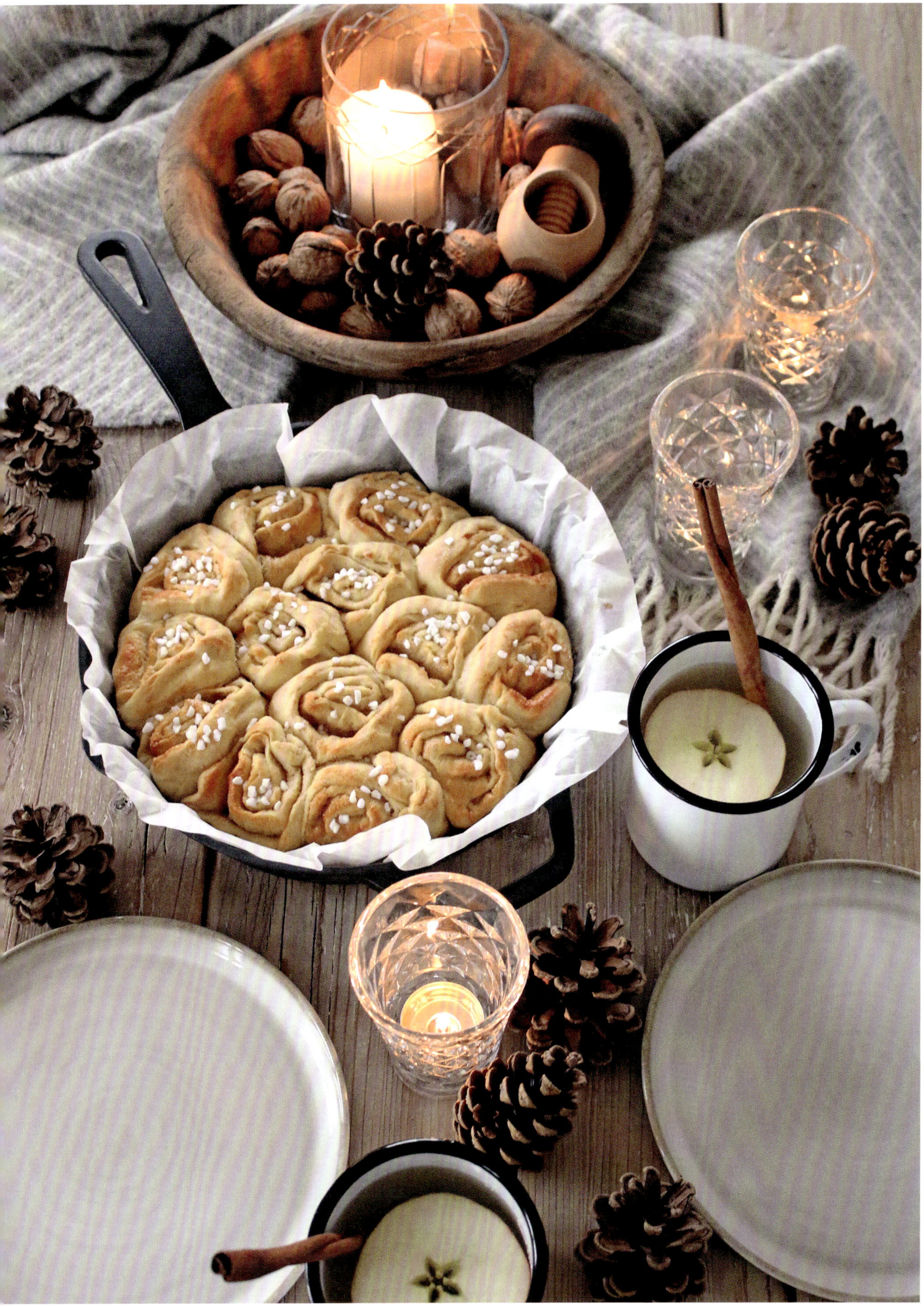

Süße Zuckersterne

Das Rezept der Zuckersterne habe ich tatsächlich während meiner Schulzeit im Hauswirtschaftsunterricht kennengelernt, und seitdem ist es mir und meiner Familie ein ständiger Begleiter. Zu Ostern wird daraus ein schneller Osterzopf gemacht, und im Herbst werden die ersten geernteten Äpfel kleingeschnitten und für leckere Herbstbrötchen unter den Teig gemischt.

Zur Weihnachtszeit schließlich wird der Quark-Öl-Teig ausgerollt, und alle freuen sich dann zuhause über die süßen Zuckersterne. Die kleinen Teilchen sind bei uns immer ganz schnell verputzt, und auch für spontanen Adventsbesuch sind sie fix gemacht.

ZUTATEN

(für ca. 18 Stück)

FÜR DEN TEIG

200 g Magerquark
6 EL Milch
2 Eier
8 EL Öl (Rapsöl)
100 g Zucker
1 Päckchen Vanillezucker
400 g Mehl
1 Päckchen Backpulver

FÜR DIE DEKORATION

75 g Butter
50 g Zucker
evtl. 1 Prise Zimt

AUSSERDEM

Backpinsel
Nudelholz
Ausstecher
Backpapier

ZUBEREITUNG

Magerquark, Milch, Eier, Öl, Zucker und den Vanillezucker verrühren und anschließend das Mehl und das Backpulver hinzufügen.

Den Backofen auf 180 °C Umluft vorheizen.

Den Teig mit einem Nudelholz auf einer bemehlten Arbeitsfläche ausrollen. Mit einem Sternausstecher die Sterne aus dem Teig ausstechen. Ein Backblech mit Backpapier auslegen und die Sterne darauflegen.

Die Butter für die Dekoration zum Schmelzen bringen und die Sterne damit bepinseln. Es wird ein wenig Butter übrigbleiben, diese zur Seite stellen. Die Sterne 15–20 Minuten lang backen und anschließend auskühlen lassen.

Den Zucker in eine kleine tiefe Schale füllen. Nun die Sterne nacheinander mit der übrigen flüssigen Butter bepinseln und in die Zuckermischung tauchen.

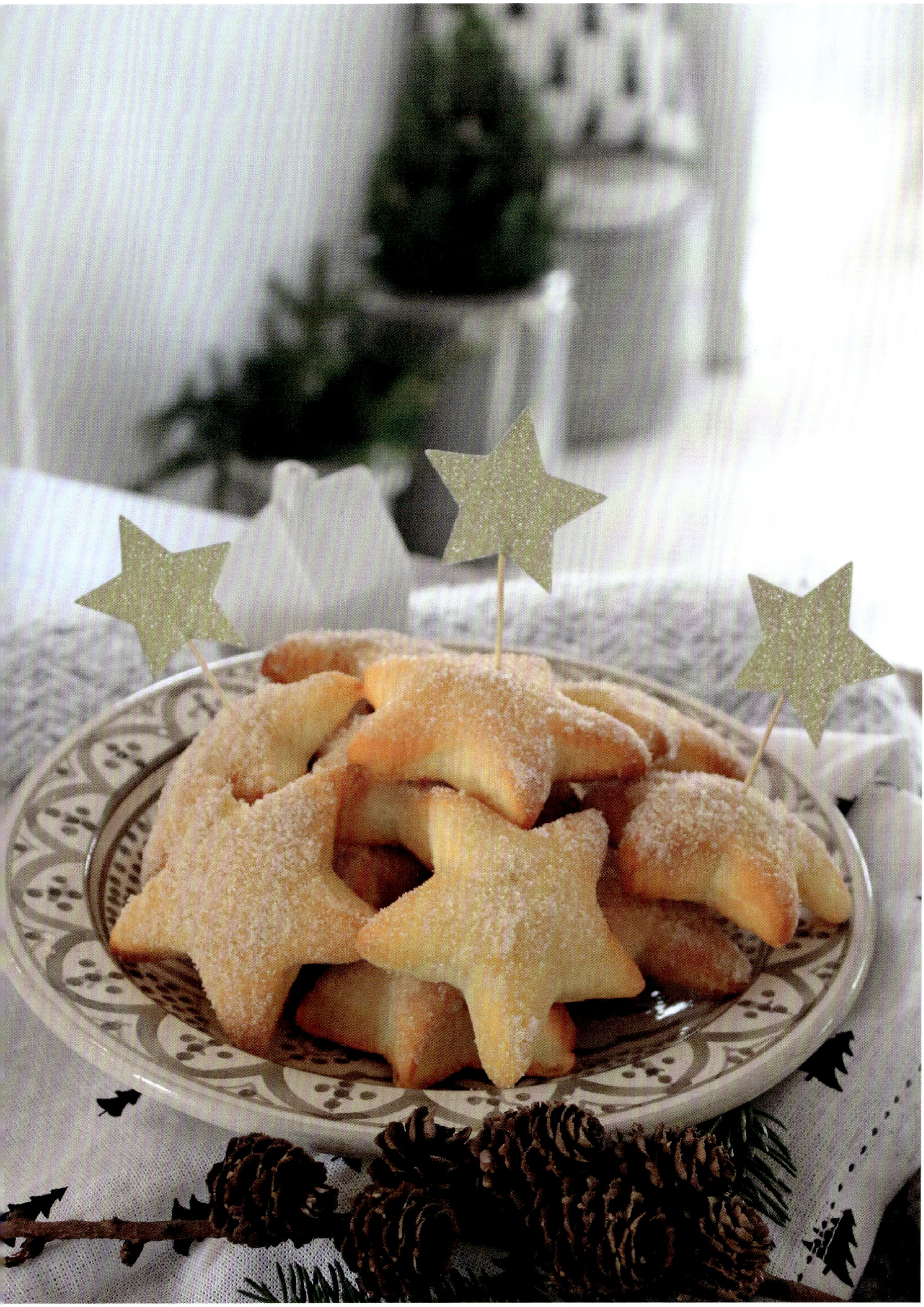

Spekulatius-Torte

Weißt du, was ich mit Spekulatius-Keksen am liebsten mache? Ich tunke sie mit Leidenschaft in meinen Flat White, eine köstliche Zubereitungsvariante des Cappuccinos. Aus diesem Grund kaufe ich auch schon immer eine erste Packung, kurz nachdem sie in den Supermarktregalen angekommen ist. Meine Jungs-Bande muss dann meist schon lachen, aber ich liebe es eben einfach.

Ein paar Spekulatius-Kekse konnte ich nun entbehren, denn ohne eine festliche Weihnachtstorte kann es einfach kein Weihnachten werden. Die Torte habe ich schon einige Male gemacht, und vielleicht kennst du sie ja auch bereits von meinem Account bei Instagram. Dieses Mal habe ich noch einen Nussboden dazu gebacken. Die Torte ist schnell zubereitet und bringt einen Hauch von Weihnachtszauber auf jede Kaffeetafel.

ZUTATEN

(für 1 Torte)

FÜR DEN SPEKULATIUS-BODEN

15 Spekulatius-Kekse
70 g Butter

FÜR DEN TORTENBODEN:

150 g Zucker
4 Eier
150 g gemahlene Nüsse (Haselnüsse oder Mandeln)
50 g geraspelte Schokolade
50 g Mehl
½ Päckchen Backpulver
Butter zum Einfetten

FÜR DIE FÜLLUNG

500 g Magerquark
500 ml Schlagsahne
1 Spritzer Zitronensaft
1 Päckchen Vanillezucker
Zucker nach Belieben

ZUBEREITUNG

Für den Spekulatius-Boden werden die Kekse fein zerkleinert und die Butter erwärmt.

Beides miteinander vermengen. Die Spekulatius-Butter-Mischung in einen Tortenring geben, gleichmäßig verteilen und andrücken. Falls der Tortenring am Anfang etwas instabil ist, kann man ihn oben mit einer Wäscheklammer gegen Verrutschen sichern. Später entfernt man die Klammer wieder. Den Spekulatius-Boden kühl stellen.

Für den Tortenboden Zucker und Eier zusammen aufschlagen und Nüsse, Schokolade, Mehl und das halbe Päckchen Backpulver dazugeben und unterrühren. Den fertigen Teig in eine vorbereitete Springform geben, dafür den Boden der Springform mit Backpapier auslegen und den Rand einfetten. Bei 180 °C ca. 25–30 Minuten backen. Anschließend den Boden auf einem Gitter auskühlen lassen.

Für die Füllung die Sahne aufschlagen und mit Magerquark, Zitronensaft, Vanillezucker und Zucker vermengen. Anschließend den Tortenboden waagerecht in zwei Hälften schneiden und den Spekulatius-Boden dazunehmen.

Auf dem Spekulatius-Boden im Tortenring mit der Füllung beginnen. Dann eine Hälfte des Tortenbodens auf die Quarksahne legen, wieder die Füllung aufstreichen, dann die zweite Hälfte des Tortenbodens auflegen und obendrauf nochmals die Quarksahne geben. Die Torte für drei bis vier Stunden in den Kühlschrank stellen.

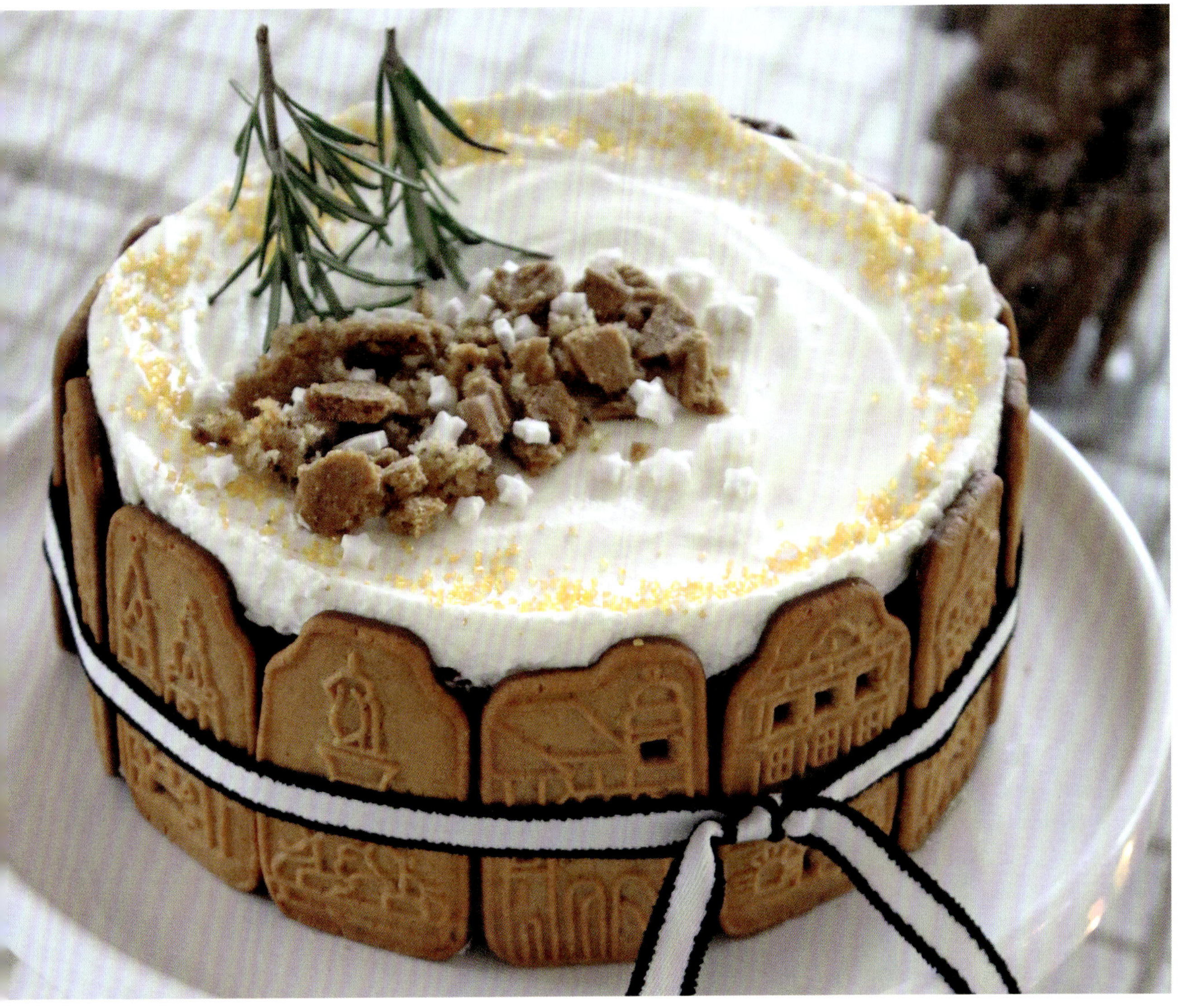

FÜR DIE DEKORATION

Spekulatius-Kekse mit Schokoladenüberzug
goldfarbener Streudekor
2 kleine Rosmarinzweige
40 cm Schleifenband

AUSSERDEM

Tortenring 24 cm Ø
Backpapier
1 Springform, 24 cm Ø

Nach der Kühlzeit den Tortenring entfernen und die schokoladenüberzogenen Spekulatius-Kekse an der Außenseite der Torte andrücken. Ein Schleifenband um die Torte wickeln. Es hält die Spekulatius-Kekse gut zusammen und sieht dazu auch noch schön aus. Das Schleifenband wird vor dem Anschneiden wieder entfernt. Den Streudekor und die Rosmarinzweige als Dekoration wie abgebildet auf der Torte platzieren und genießen.

TIPP

Den Tortenring für den Spekulatius-Boden lege ich immer gleich auf die Tortenplatte, die ich verwenden möchte.

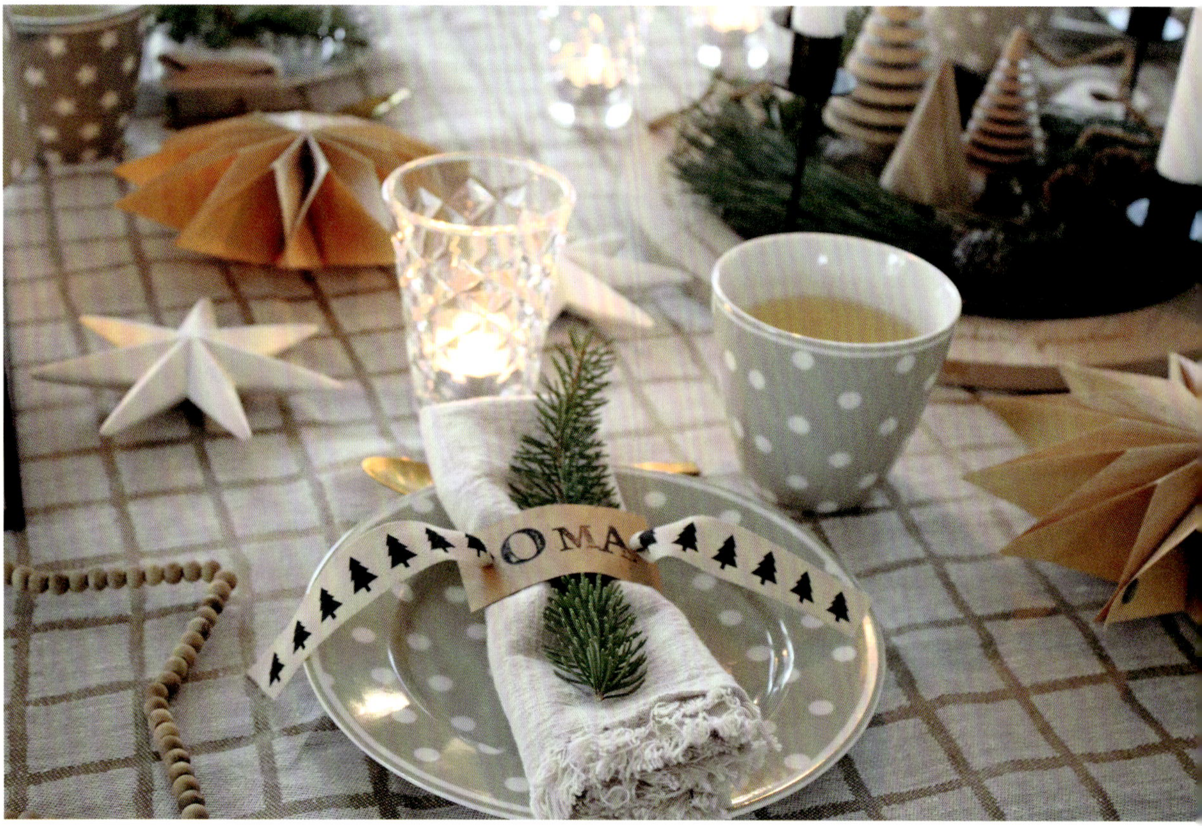
OMA

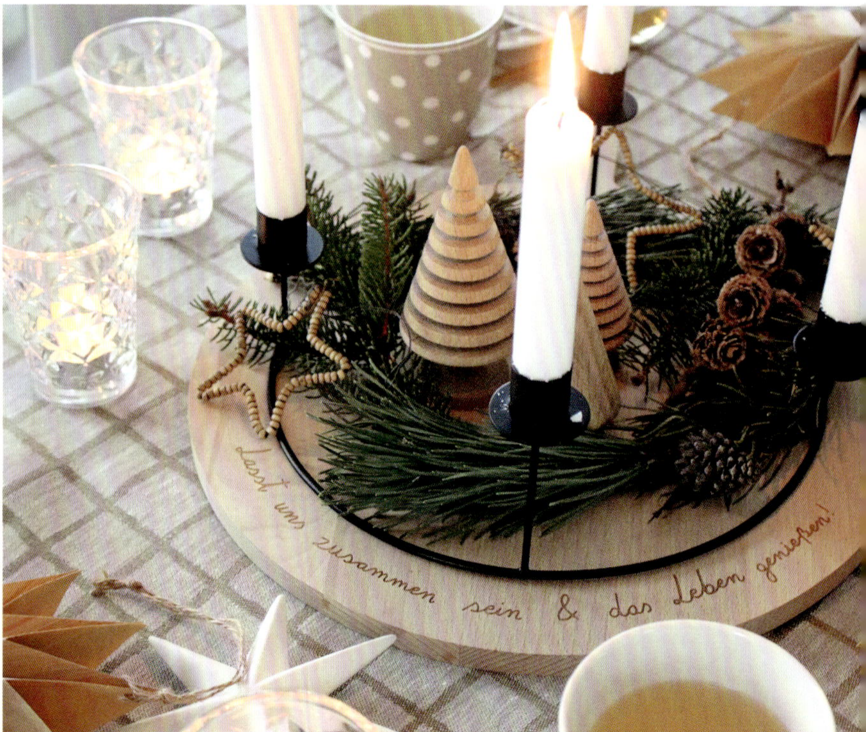
Lasst uns zusammen sein & das Leben genießen!

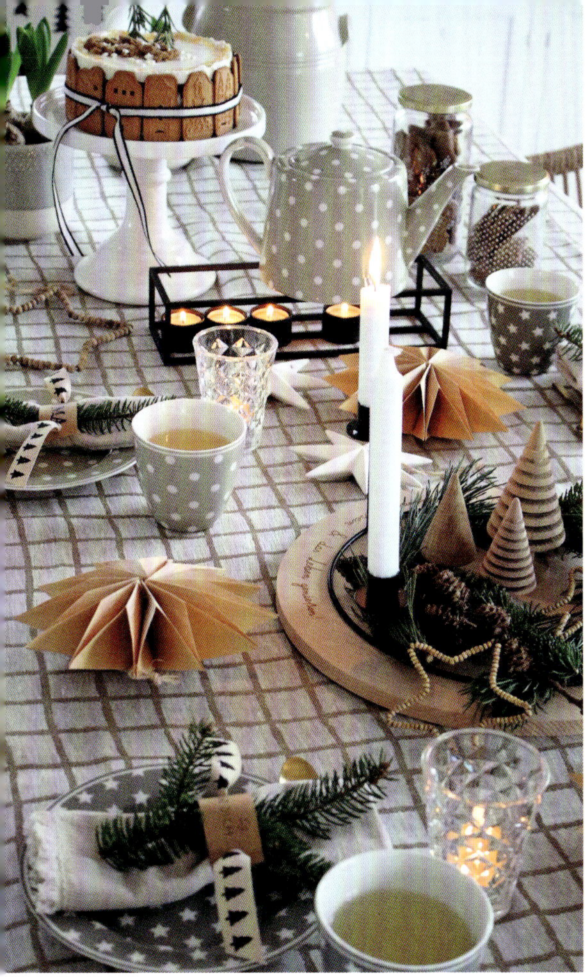

In der Weihnachtszeit laden wir gerne Besuch zu uns ein, und nachdem es in der Weihnachtsbäckerei fleißig zugegangen ist, kommt dann mit das Schönste für mich an die Reihe, nämlich den Tisch weihnachtlich einzudecken. Ich liebe, liebe, liebe es! Schon diese Vorbereitungen sind für mich Hygge pur, und auch die geselligen Zusammenkünfte selbst sind ein Bestandteil von Hygge.

Für unsere Tischdekoration nutze ich gerne eine schöne Tischdecke, Stoffservietten, Kerzen und gesammelte Naturmaterialien wie Zapfen und Lärchenzweige. Vor einigen Jahren bin ich dem zauberhaften Geschirr von GreenGate verfallen, und wie sollte es auch anders sein, die schönen Teller und Tassen kommen aus Dänemark. Auch wenn hier nun schon länger kein neues Geschirrteilchen hinzugekommen ist, freue ich mich noch immer sehr über meine gesammelten Schätze, und durch die verschiedenen Serien mit unterschiedlichen Designs sieht ein dekorierter Tisch auch immer wieder anders aus.

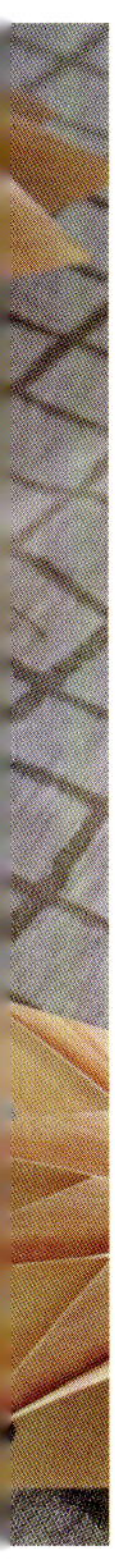

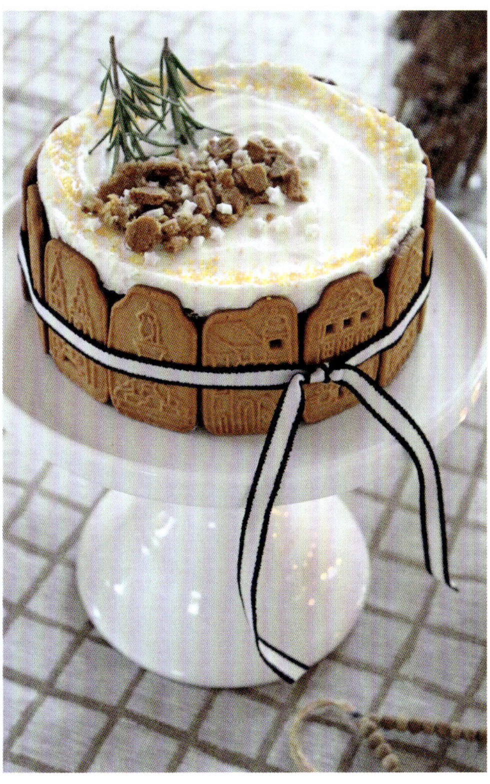

Himmlische Sternenkekse

»Schau mal, die Engel backen im Himmel wieder Plätzchen ...«

Vielleicht kennst du ja auch diese kleine Geschichte, wenn sich an kalten Wintertagen der Himmel im schönsten Abendrot verfärbt und man ganz fest daran glaubt, dass die Engelein nun wieder fleißig am Backen sind. Immer, wenn ich so einen schönen Himmel sehe, muss ich daran denken, und weil die Sternenkekse so lecker sind, könnten sie glatt aus der Himmelsküche stammen. Ich nutze das Keksrezept gerne für unsere Weihnachtsbäckerei, da es schnell und einfach ist und sich der Teig toll verarbeiten lässt. Dazu freut man sich danach über einen Schwung gefüllte Keksdosen oder -gläser, deren Inhalt darauf wartet, verputzt zu werden.

ZUTATEN

(für ca. 80 Stück)

400 g kalte Butter
160 g Zucker
1 Päckchen Vanillezucker
2 Eier
600 g Mehl

AUSSERDEM

Nudelholz
Ausstecher
Backpapier

ZUBEREITUNG

Aus allen Zutaten einen Mürbeteig herstellen und ihn für mindestens eine Stunde kalt stellen.

Nach der Kühlzeit den Teig mit dem Nudelholz ausrollen und mit dem Ausstecher Sterne aus dem Teig ausstechen. Natürlich kannst du auch andere weihnachtliche Ausstecher nutzen.

Den Backofen auf 170 °C Umluft vorheizen. Ein Backblech mit Backpapier auslegen und die Sternenkekse darauflegen. Im vorgeheizten Backofen etwa 10 Minuten lang backen.

Auskühlen lassen, bevor sie luftdicht verpackt in die Dosen oder Keksgläser wandern, wo sie erfahrungsgemäß aber nicht lange bleiben.

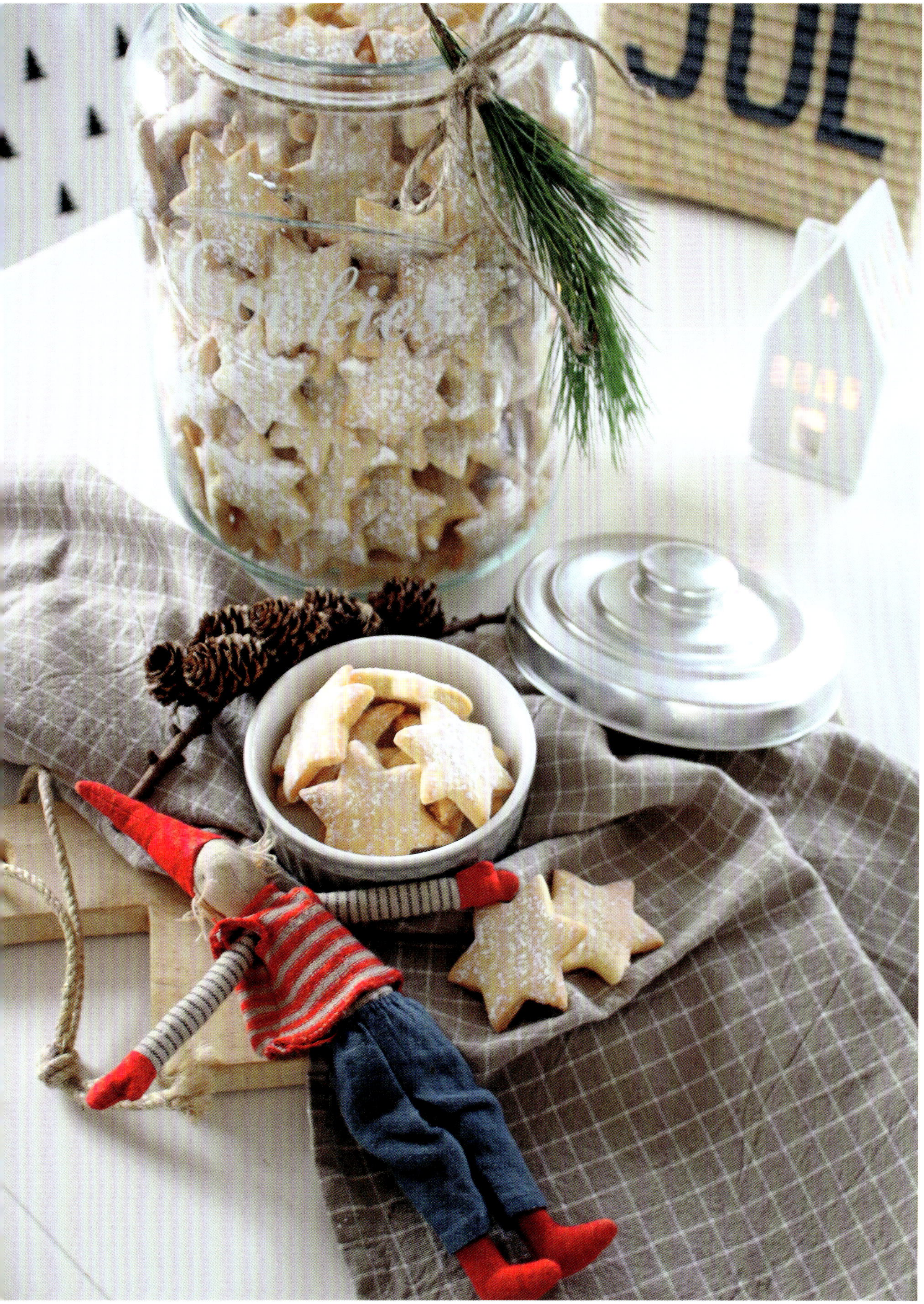
JUL
Cookies

Schneemann am Stiel

Gerade bei uns im Norden freuen wir uns immer riesig über den ersten Schnee. Manchmal lässt er aber ziemlich lange auf sich warten, und dann können die Nachmittage auch einmal lang werden. So kommen nun die Schneemänner am Stiel daher. Sie machen großen und kleinen Leuten Spaß und sind dazu auch noch eine niedliche Geschenkidee.

ZUTATEN

(pro Schneemann)

1 Schaschlikspieß aus Holz
3 Marshmallows
1 Baisertropfen / Schaumgebäck
1 längliches Stück Lakritzschnecke
1 kleiner Rosmarinzweig
1 TL flüssige Zartbitterkuvertüre

AUSSERDEM
1 Zahnstocher oder Schaschlikstäbchen aus Holz

ZUBEREITUNG

Mit dem Schaschlikspieß werden drei Marshmallows so aufgespießt, dass die Spitze noch aus dem oberen Marshmallow herausschaut. Ein Stückchen der Lakritzschnecke wird als Schal zwischen die zwei oberen Marshmallows gebunden und ein Rosmarinzweig zur Dekoration mit hineingesteckt.

Anschließend wird der Baisertropfen auf die herausschauende Spitze des Schaschlikspießes gesetzt.

Zum Schluss wird das Gesicht mit einem Zahnstocher auf den oberen Marshmallow getupft, indem man den Zahnstocher vorsichtig in die flüssige Kuvertüre taucht und ihn als Pinsel benutzt. Auf die zwei unteren Marshmallows kommen noch ein paar Knöpfe – fertig ist ein zum Anbeißen leckerer Schneemann!

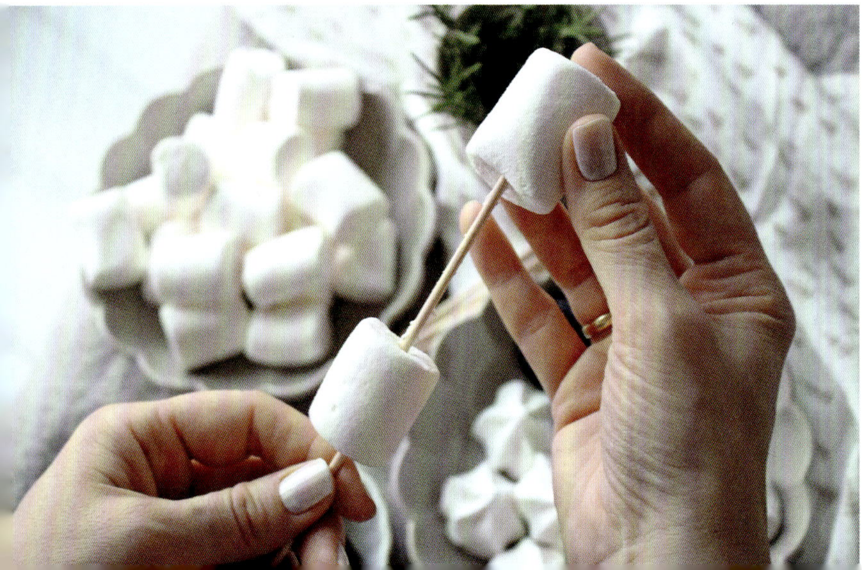

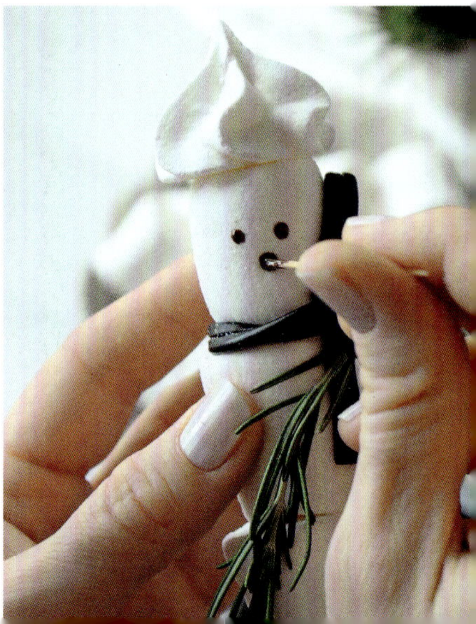

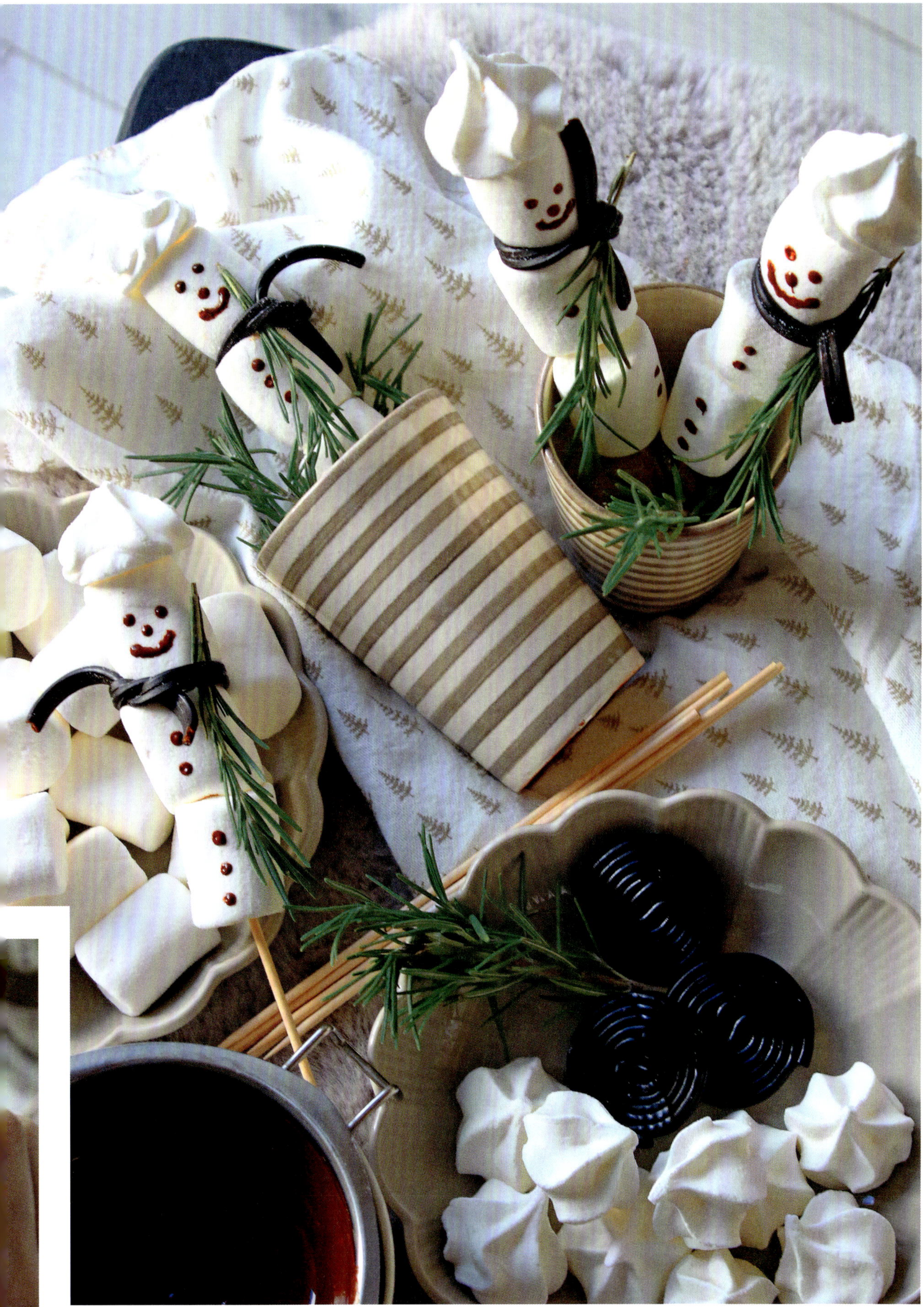

Über unsere offene Küche freue ich mich immer wieder aufs Neue. Gerade in der Weihnachtszeit bin ich mehr als dankbar dafür, denn ob gebacken oder gebastelt wird, man ist beieinander. Ja, und auch wenn ich die Deko auf dem Esstisch fürs Essen immer wieder beiseiteschieben muss, ohne geht es einfach nicht.

Auch das ist Hygge – mit Freunden oder der Familie gemütlich beisammensitzen und sich beim gemeinsamen Essen an den elementaren Dingen des täglichen Lebens erfreuen und sie bewusst genießen. Das Gefühl der Zusammengehörigkeit ist für Hygge ganz wichtig, und indem wir einen hyggeligen Lebensstil leben, bleiben wir auch empfänglich für die kleinen Freuden des Alltags, auf die wir uns einlassen.

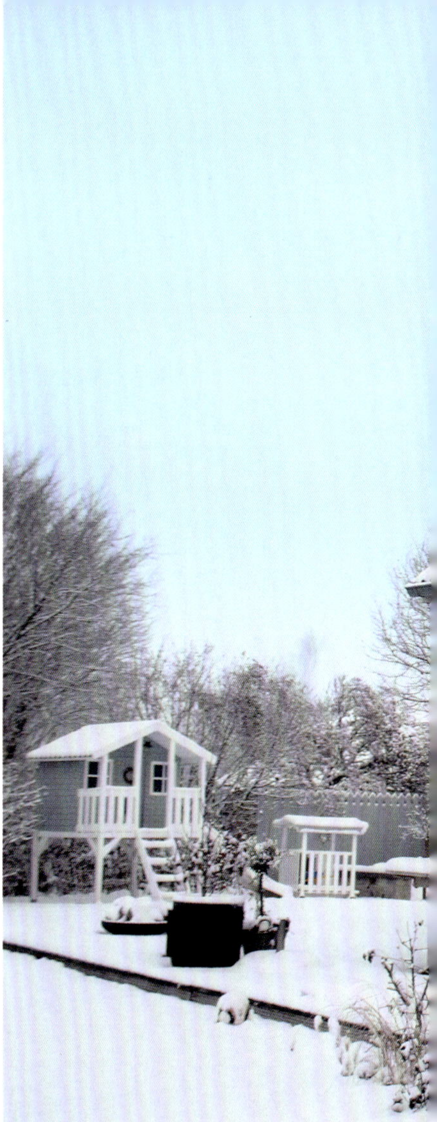

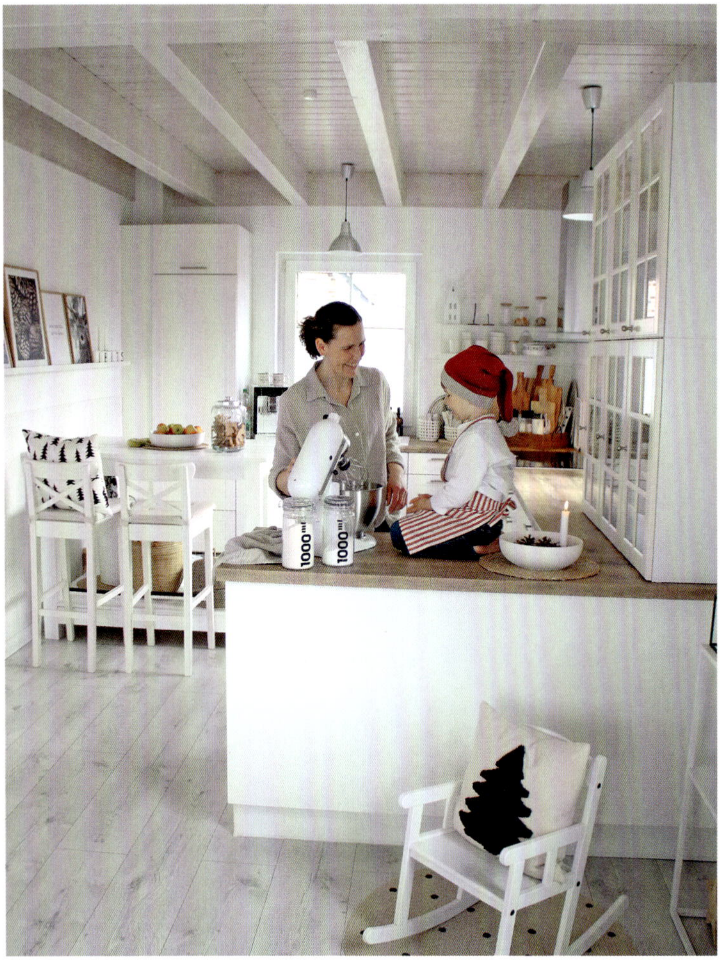

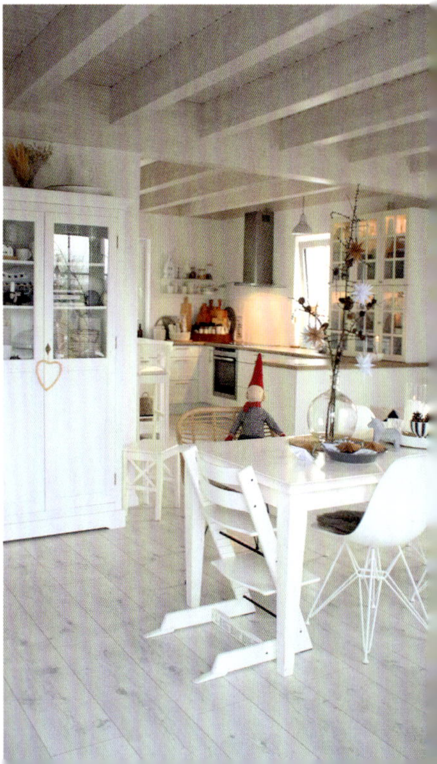

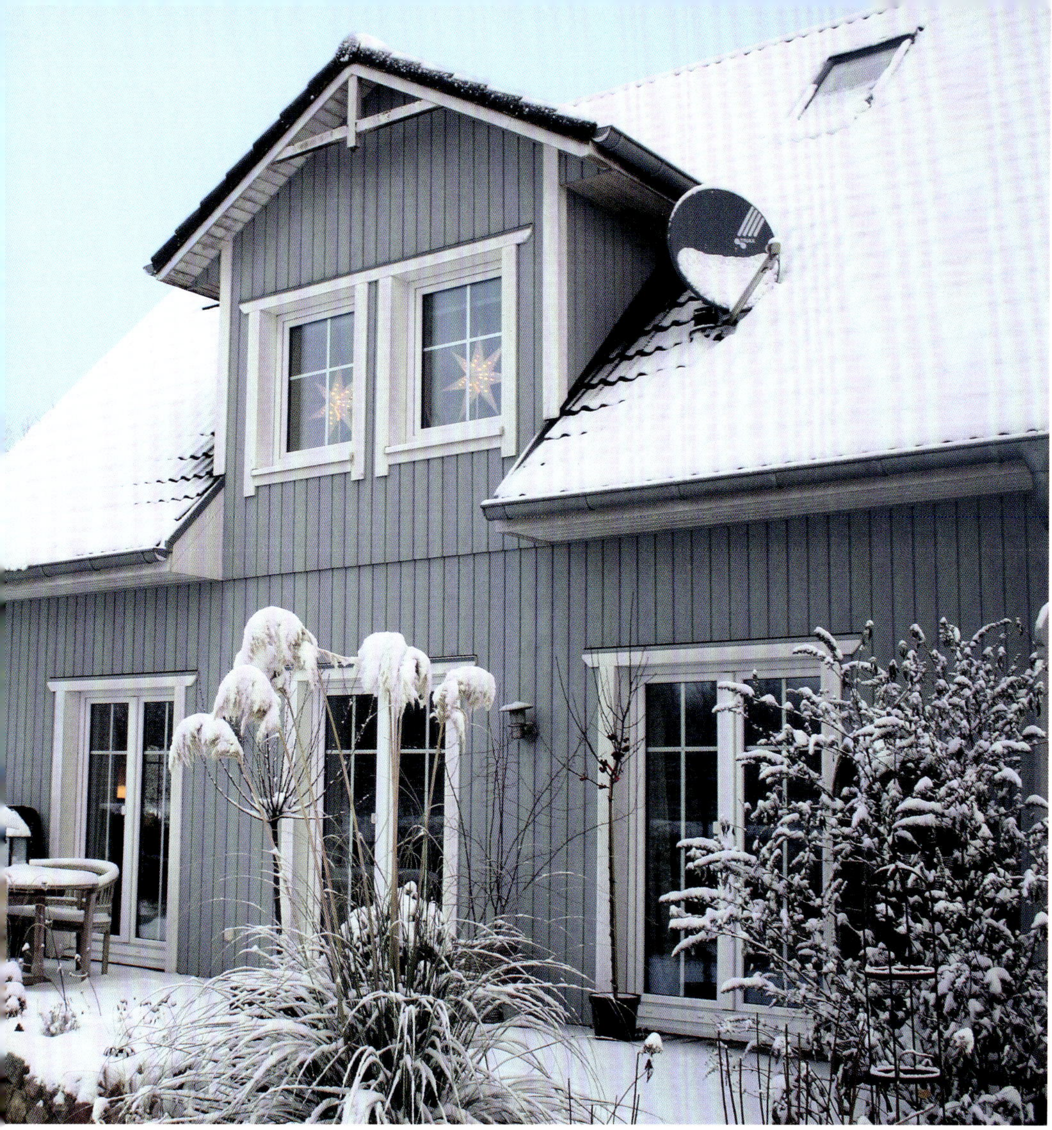

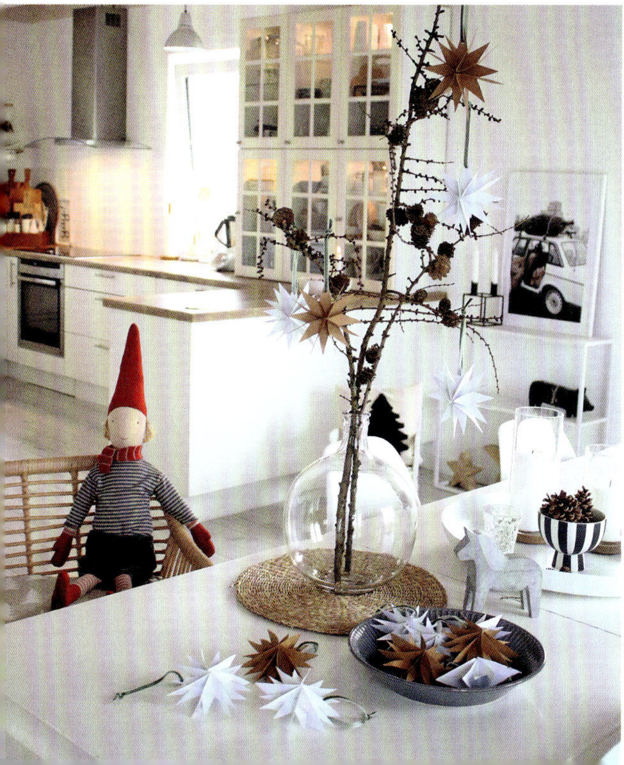

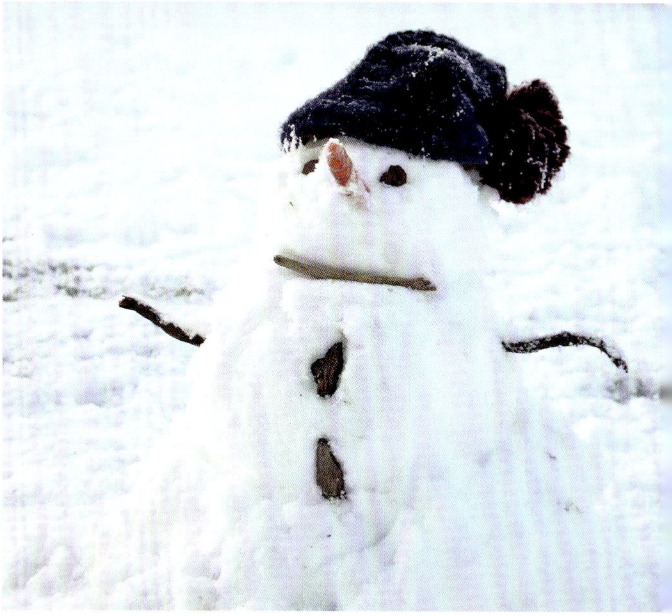

God-Jul-Kuchen

Ich liebe es ja, wenn Rezepte schnell gehen und dazu noch lecker sind. Gerade in der Weihnachtszeit ist mir das umso wichtiger. Für den God-Jul-Kuchen hat man meist alle Zutaten im Haus, und er eignet sich super für spontanen Weihnachtsbesuch. Der köstliche Duft hüllt dein Zuhause wohlig und gemütlich ein, und die Vorfreude auf das Weihnachtsfest steigt immer mehr. Die Wimpelkette fand ich noch ganz hübsch dazu, und während der Kuchen im Ofen backt, ist diese in der Zwischenzeit schnell gemacht.

ZUTATEN

(für 1 Springform, 24 cm Ø)

FÜR DEN TEIG

4 Eier
175 g Zucker
1 Päckchen Vanillezucker
200 g Mehl
4 EL Kakao
100 g gemahlene Mandeln
125 ml ÖL (Rapsöl)
125 ml Sprudelwasser
2–3 Äpfel
100 g gehackte Mandeln oder Nüsse
1 Prise Zimt
1 TL Lebkuchengewürz nach Belieben
Butter zum Einfetten der Form

FÜR DIE DEKORATION

100 g Kuchenglasur,
ca. 150 g gehackte Haselnüsse
1 Prise Puderzucker

ZUBEREITUNG

Die Eier mit dem Zucker und dem Vanillezucker aufschlagen. Mehl, gemahlene Mandeln, Öl, Kakao und Sprudelwasser dazugeben und alles gut verrühren.

Die Äpfel schälen, reiben und mit den gehackten Mandeln oder Nüssen unter den Teig heben.

Eine leckere Prise Zimt dazugeben .

Für uns ist der Kuchen nun gut so wie er ist, aber für noch etwas mehr Weihnachtsgeschmack 1 TL Lebkuchengewürz hinzufügen.

Den Teig in eine gefettete Springform geben und bei 180 °C Umluft ca. 40–50 Minuten backen.

Den Kuchen nach der Backzeit auf einem Gitter auskühlen lassen und anschließend auf die gewünschte Tortenplatte legen.

Die Kuchenglasur gemäß Herstellerangaben erwärmen und auf die Oberseite des Kuchens auftragen. Erkalten lassen und zum Schluss den Kuchen mit Puderzucker bestäuben und die gehackten Haselnüsse mittig darauf streuen.

In der Zwischenzeit die God-Jul-Wimpelkette basteln. Dafür ein Stück Kraftpapier doppelt legen und daraus sieben Dreiecke schneiden.

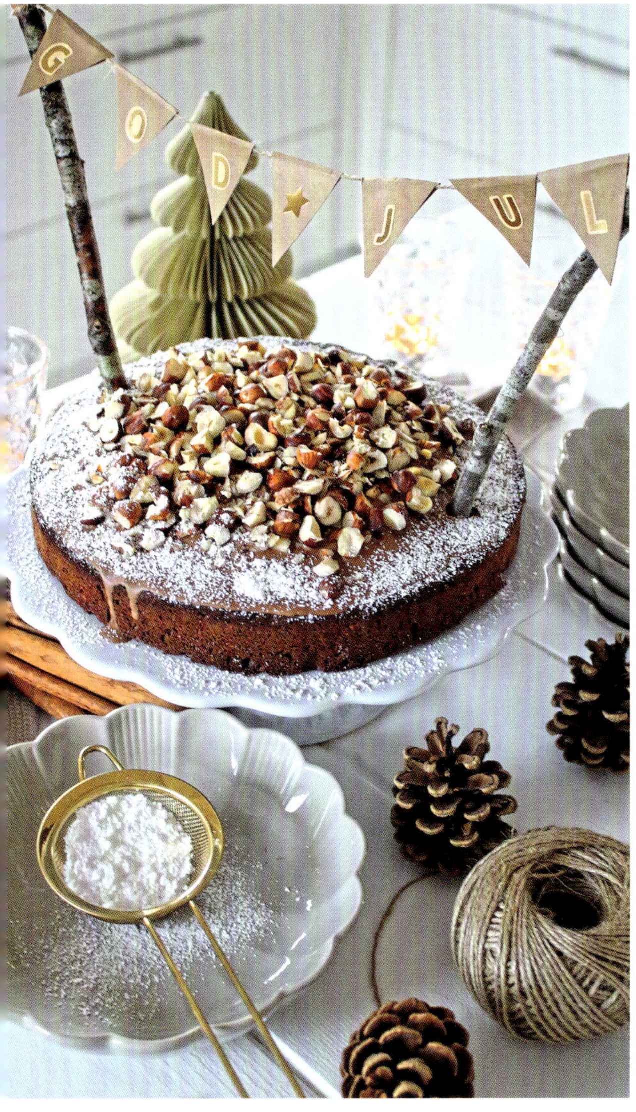

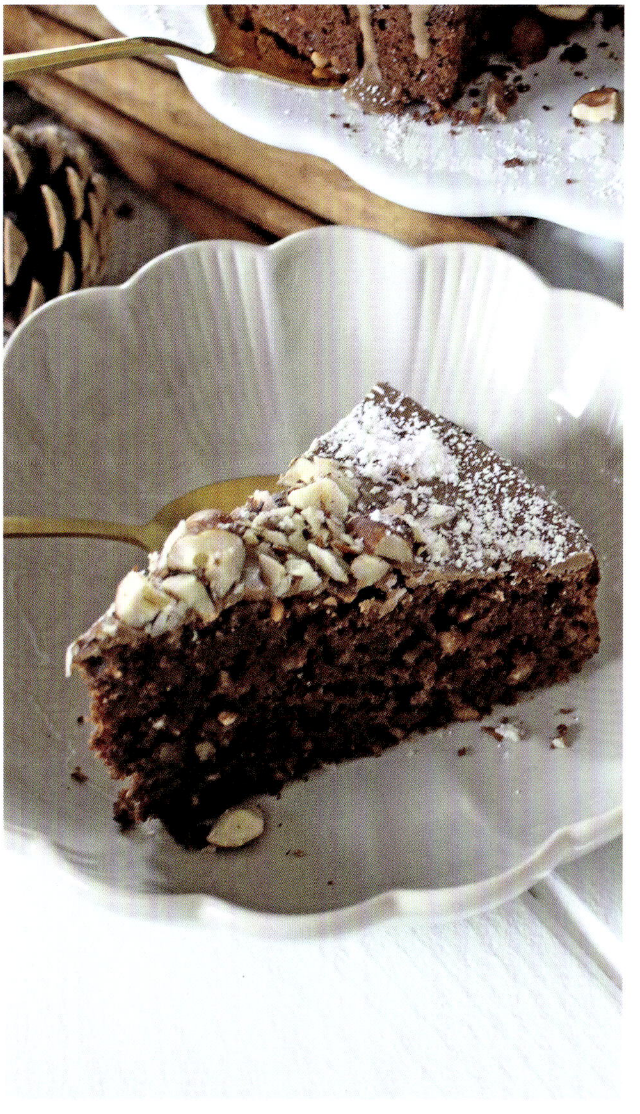

MATERIAL FÜR DIE WIMPELKETTE:

2 gesammelte Holzstöckchen
Kraftpapier
Juteband
Stern- und Buchstabenaufkleber
Klebestift
Frischhaltefolie

Die Dreiecke öffnen, das Juteband in die Mitte legen und die Dreiecke nun mit einem Klebestift zusammenkleben. Die Buchstabenaufkleber so aufkleben, dass der Schriftzug GOD JUL zu lesen ist.

Zum Schluss beide Bandenden an jeweils einem Stock befestigen, dann die unteren Enden der Stöckchen mit etwas Frischhaltefolie umwickeln und diese nacheinander in den Kuchen stecken.

Leckere Kugeln

Sollte es dir an Leckereien zur Weihnachtszeit doch einmal zu süß sein, habe ich dieses Rezept der leckeren Kugeln für dich. Bei diesem Rezept kannst du auch ein bisschen variieren und Zutaten nutzen, die dir am besten schmecken. Denn was wäre Weihnachten ohne Naschereien?

Die Kugeln kannst du anschließend für eine kleine Pause gut in einem Weckglas aufbewahren, und für Lehrer oder Erzieher eignen sie sich in Muffin-Förmchen als kleines Geschenk.

ZUTATEN

(für ca. 40 Kugeln)

200 g getrocknete Datteln
150 g getrocknete Aprikosen
120 g Haselnüsse
120 g Mandeln
4 EL Haferflocken
4 EL Apfelsaft
1 TL Zimt

ZUBEREITUNG

Für den Teig alle Zutaten in eine Rührschüssel geben und diese zerkleinern. Ich habe dafür den Thermomix genutzt und bei Stufe 8 ca. 25 Sekunden eingestellt. Danach habe ich noch einmal nach der Masse geschaut und für einen kleinen Moment nachgestellt.

Anschließend aus der Teigmasse ca. 2 cm große Kugeln formen und in gemahlenen Haselnüssen wälzen. Alternativ kann man auch gemahlene Mandeln oder Kokosflocken dafür verwenden.

Hier kann man ganz nach dem eigenen Geschmack und den eigenen Vorräten vorgehen.

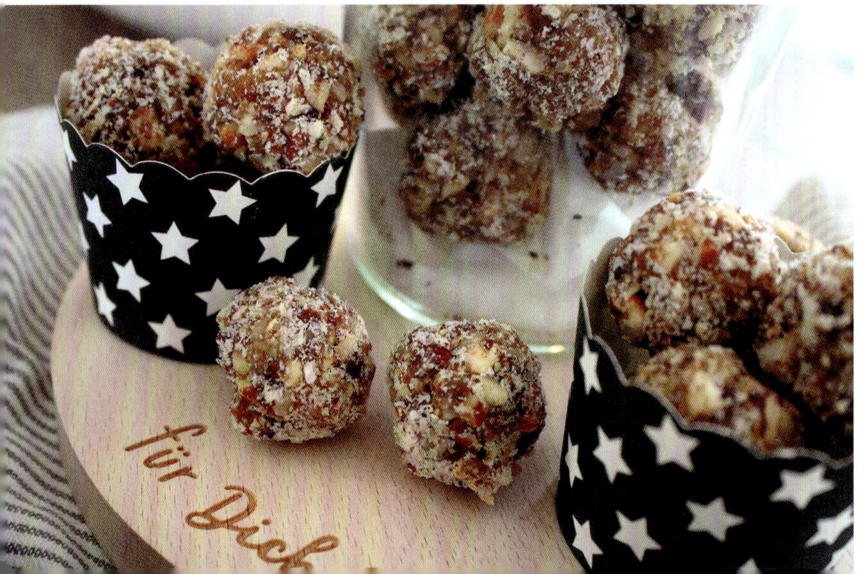

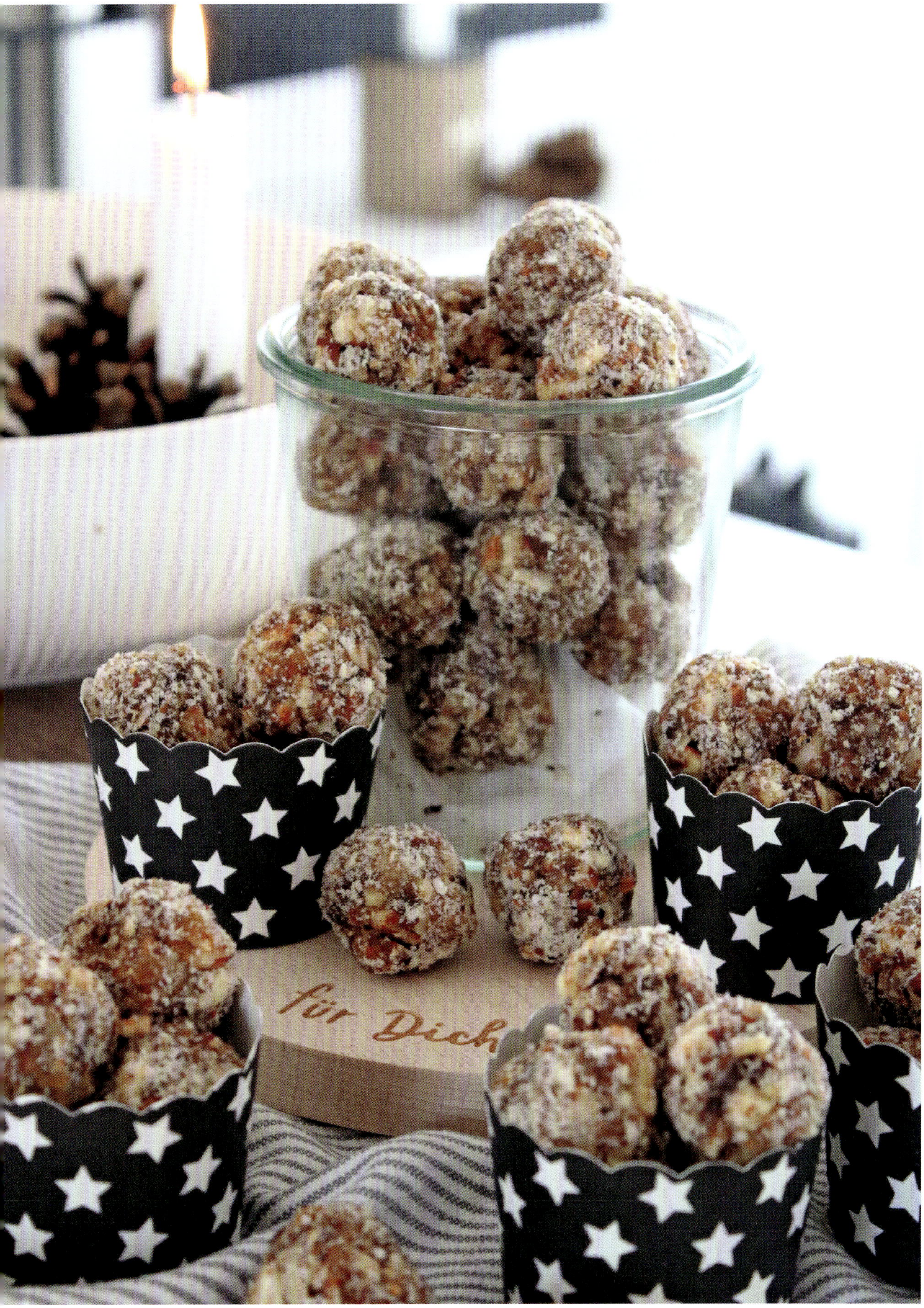
für Dich

Apfel-Glögg-Marmelade

Eins kann ich dir sagen – wenn du diese Marmelade erst einmal probierst, dann kannst du nicht mehr aufhören mit dem Essen. Sie ist sooo köstlich und bei einem Weihnachtsfrühstück mit der Familie oder Freunden ein richtig kleiner Hit. Du kannst die Marmelade mit Glögg zubereiten oder alternativ einen alkoholfreien Früchtepunsch verwenden, denn so können auch die kleinen Schleckermäulchen davon naschen.

ZUTATEN

(für 6 Gläser à 200 ml)

600 g Äpfel (Boskop)
500 g Gelierzucker
100 ml frisch gepressten Orangensaft
300 ml Glögg od. alkoholfreier Früchtepunsch
1 TL Zimt
1 Msp. gemahlener Kardamom
1 Msp. gemahlene Nelken

ZUBEREITUNG

Die Äpfel waschen, vierteln und entkernen. Danach fein raspeln und mit dem Gelierzucker erwärmen. Das Ganze 30 Minuten im Topf ziehen lassen.

In der Zwischenzeit Gläser mit heißem Wasser oder im Backofen sterilisieren und den Orangensaft pressen.

Nun zu der Apfel-Zucker-Mischung den Orangensaft, den Glögg und die Gewürze geben. Alle Zutaten unter ständigem Rühren vier Minuten sprudelnd köcheln lassen. Bevor die Marmelade in die bereitgestellten Gläser abgefüllt wird, eine Gelierprobe auf einem kleinen Teller machen.

Die heiße Marmelade in die Gläser füllen, den Deckel fest zudrehen und die Gläser für 10–15 Minuten auf den Kopf stellen. Die Marmelade dann auskühlen lassen.

TIPP

Am besten gleich die doppelte Menge machen, dann hat man zusätzliche Gläser als kleine Geschenke aus der Weihnachtsküche auf Vorrat!

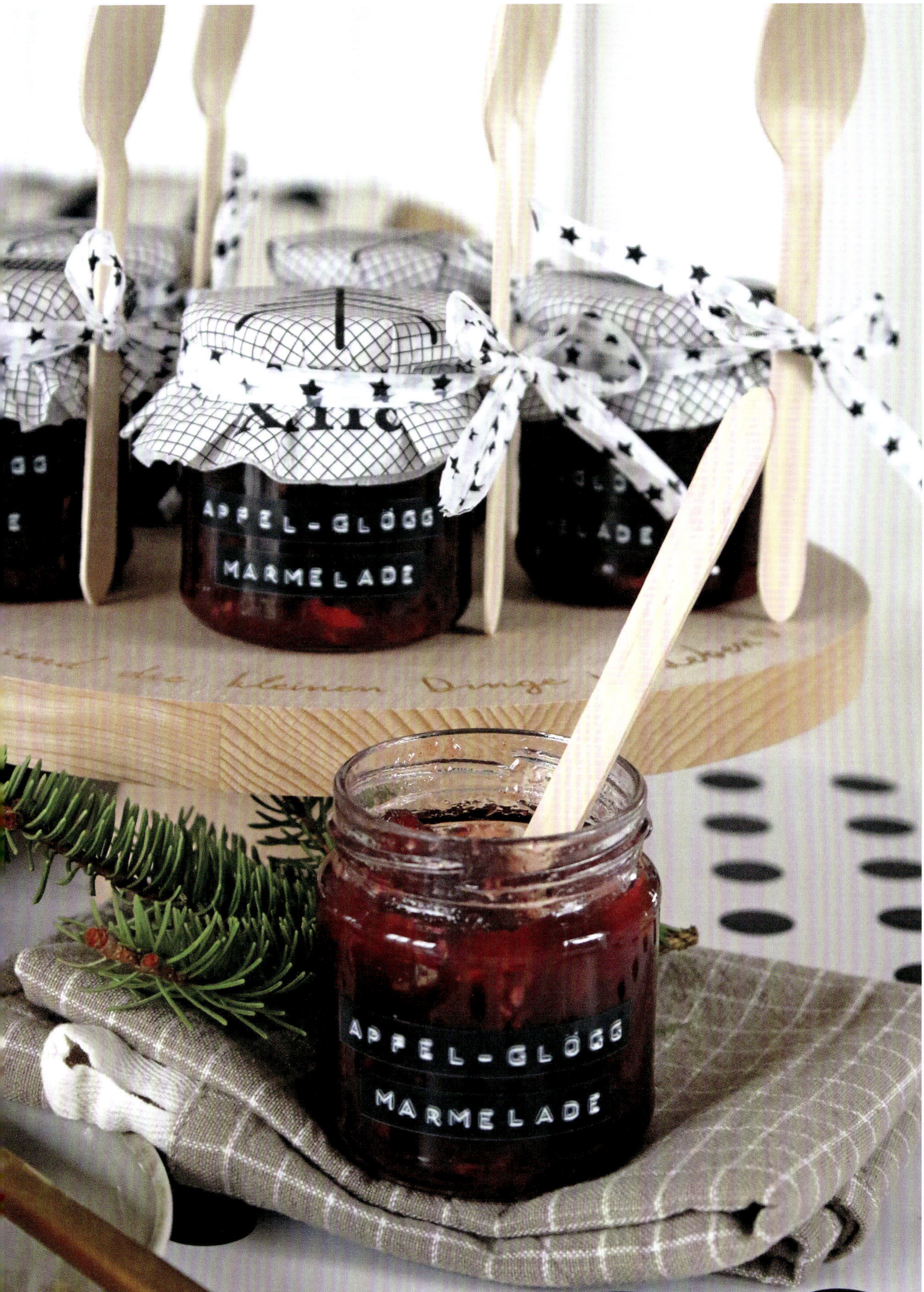
APPEL-GLÖGG
MARMELADE
APPEL-GLÖGG
MARMELADE

Köstliche Weihnachtsmuffins

Bei den Muffins hatte ich einen fleißigen kleinen Helfer dabei. Lasse liebt es zu backen, und wenn die KitchenAid ihre Runden dreht, ist er meist nicht weit und kommt ganz schnell um die Ecke geflitzt. Die Muffins duften herrlich nach Zimt und schmecken mit den Äpfeln und dem Marzipan unglaublich lecker. Für die Weihnachtstafel, fürs Mitnehmen oder zum sofort Vernaschen – die köstlichen Weihnachtsmuffins dürfen bei uns einfach nicht fehlen!

ZUTATEN

(für ca. 12 Stück)

FÜR DEN TEIG

4 Äpfel
100 g Marzipanrohmasse
2 Eier
100 g Zucker
1 Päckchen Vanillezucker
125 g flüssige Butter
200 ml Milch
½ Päckchen Backpulver
250 g Mehl
1 Prise Salz
1 TL Zimt

AUSSERDEM

12 Muffin-Förmchen

ZUBEREITUNG

Vor der Teigherstellung die Äpfel schälen und in kleine Würfel schneiden, ebenso mit dem Marzipan verfahren. Die Butter außerdem zum Schmelzen bringen und abkühlen lassen.

Für den Teig alle Zutaten miteinander vermischen und anschließend die Äpfel und das Marzipan hinzufügen. Dann die Masse mit einem Löffel auf die 12 Muffin-Förmchen verteilen. Bei 180 °C Umluft werden die Muffins ca. 10 Minuten lang gebacken.

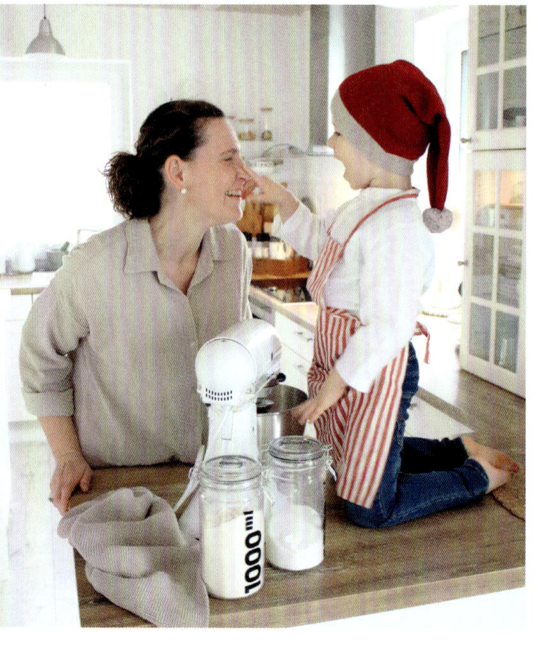

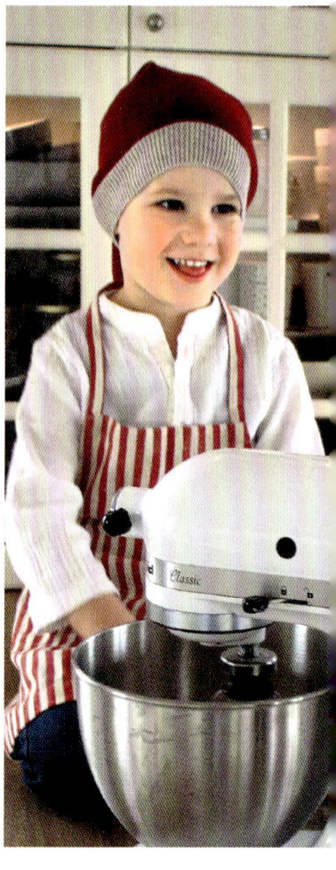

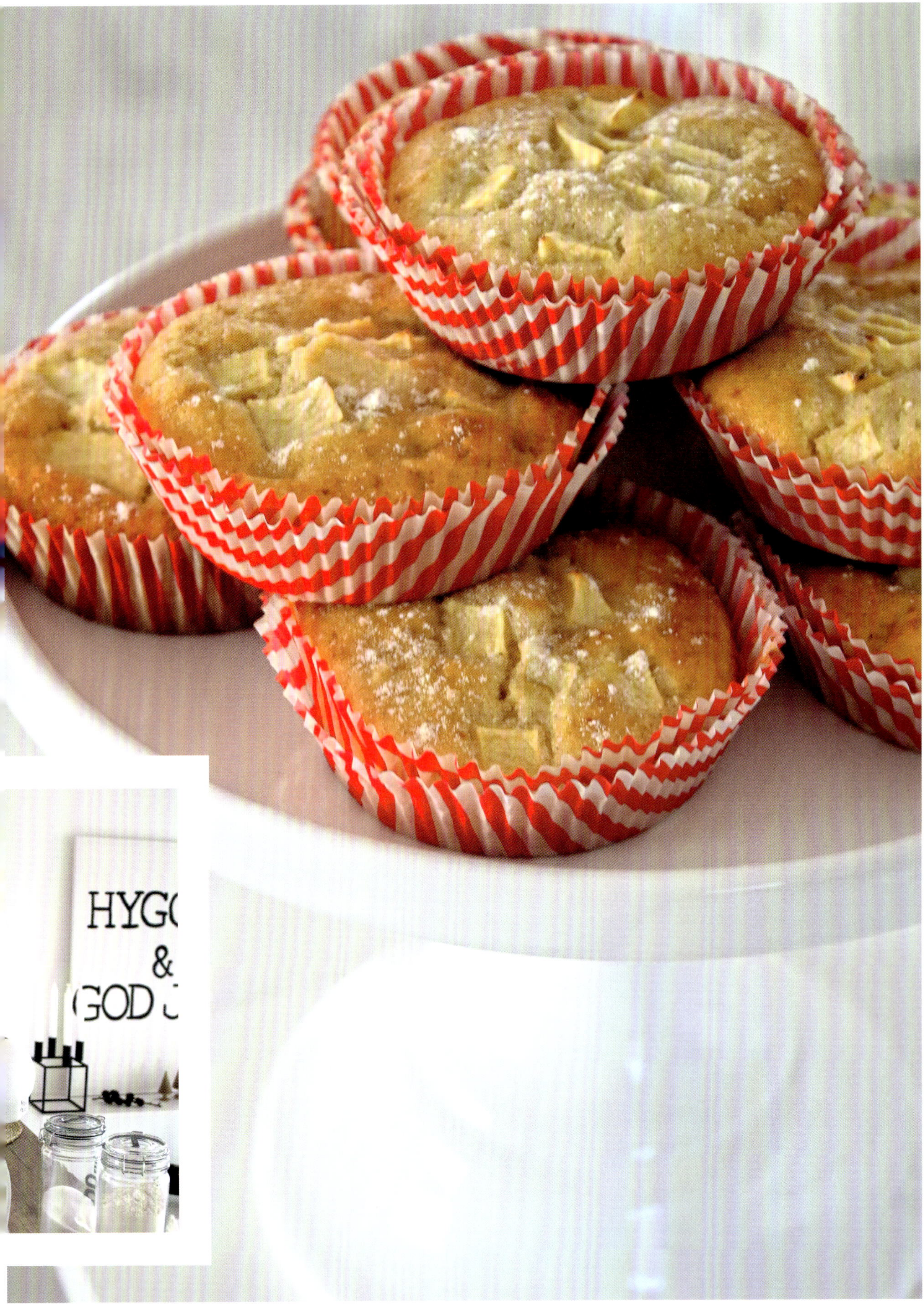

Dänische Traestammer

Wenn wir in Dänemark Urlaub machen, führt es uns meist schon am ersten Tag in eine Bageri, in eine Bäckerei. Die Dänen sind einfach unschlagbar in ihrer Vielfalt an süßen Gebäckteilchen, und die Traestammer wandern bei uns immer mit als Erstes in die Tüte.

Dass sie es hier nun tatsächlich in dieses Buch geschafft haben, habe ich meinen Eltern zu verdanken. Denn was ich nicht so wirklich mag und auch nicht kann, ist das Marzipan herzustellen und auszurollen. Was soll ich sagen: Mit dem Rezept hatte ich zuhause angefangen, und zum Schluss stand ich dann mit meinen Eltern in ihrer Küche. Gestaunt habe ich, dass es doch funktioniert, aber so ist das, wenn der eigene Papa Bäcker ist und Mütter ja einfach immer alles können. Danke euch beiden für euren spontanen Einsatz, für alles und dass es euch gibt.

ZUTATEN

(für ca. 18 Stück)

FÜR DIE FÜLLUNG

400 g Schokoladenkuchen
250 g Butter
8 TL Backkakao
250 g Puderzucker
10 EL Rum

FÜR DEN MARZIPANMANTEL

500 g Marzipanrohmasse
250 g Puderzucker

FÜR DIE SCHOKOLADEN-DEKORATION

150 g Zartbitterkuvertüre

ZUBEREITUNG

Ich habe einen fertigen Kuchen gekauft, ein dunkler Tortenboden würde aber auch gehen. Den Kuchen zunächst einmal fein zerbröseln und in eine Schüssel geben.

Butter in Stückchen, Kakao, Puderzucker und Rum dazu geben und alle Zutaten mit dem Knethaken verkneten. Die Masse für mindestens zwei bis drei Stunden oder über Nacht in den Kühlschrank stellen.

Dann das Marzipan mit dem Puderzucker verkneten. Dafür nimmst du dir am besten ein Sieb und lässt den Puderzucker immer wieder abwechselnd über das Marzipan rieseln. So lange unterheben, bis eine geschmeidige Marzipanmasse entstanden ist.

Jetzt kannst du die Füllung aus dem Kühlschrank nehmen und drei bis vier Stränge in einer Dicke von 3 cm rollen. Diese beiseitelegen.

Auf einem sauberen Untergrund als Nächstes das Marzipan zu einem Rechteck ausrollen, sodass man die Stränge mit dem Marzipan einmal komplett einschlagen kann. Sollte die Marzipanmasse noch kleben, diese einfach mit ein bisschen Puderzucker bestäuben.

Danach jeweils einen Strang auf der Marzipandecke platzieren und rings herum einschlagen. Die überstehenden Ränder kann man mit einem Messer abschneiden.

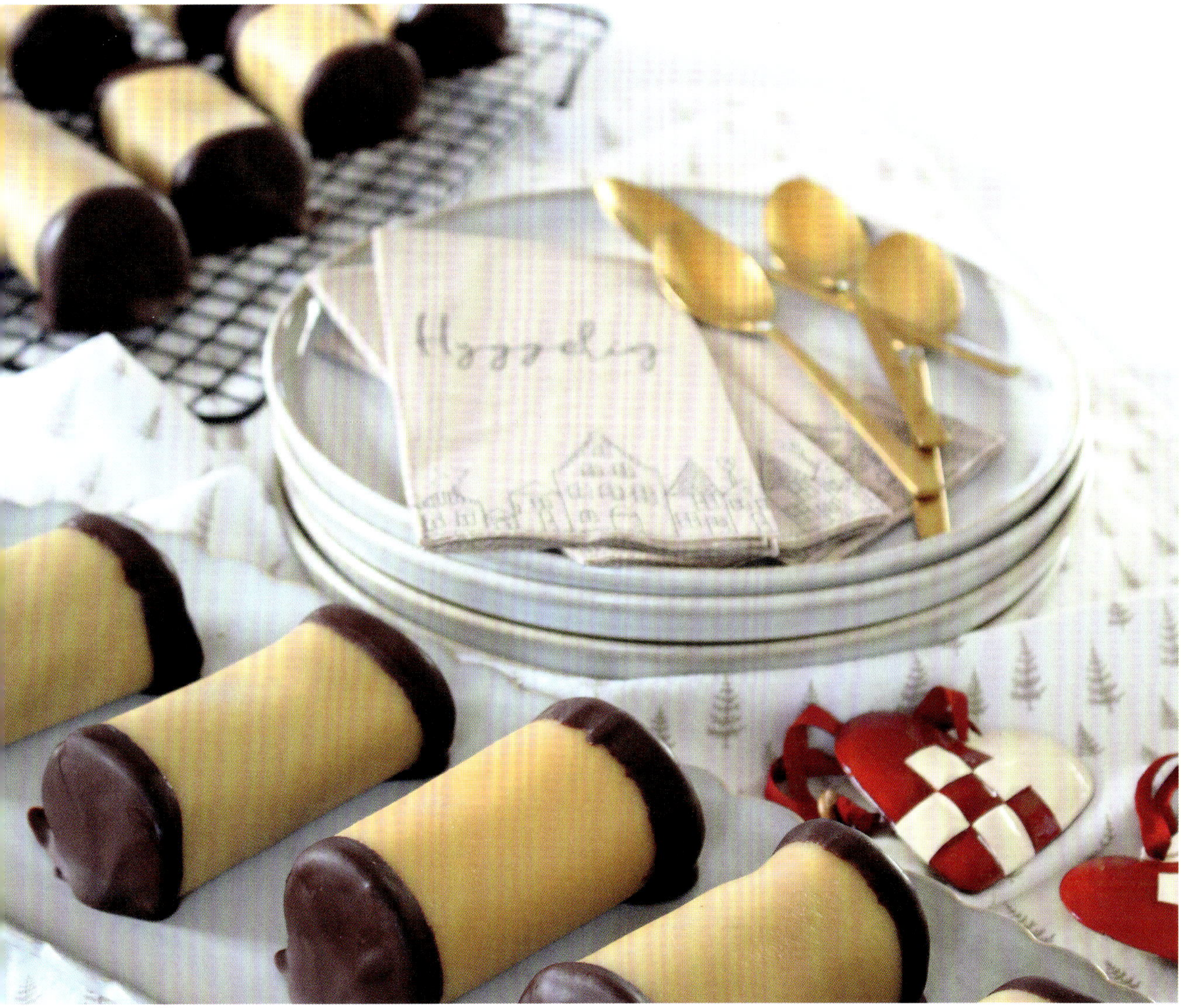

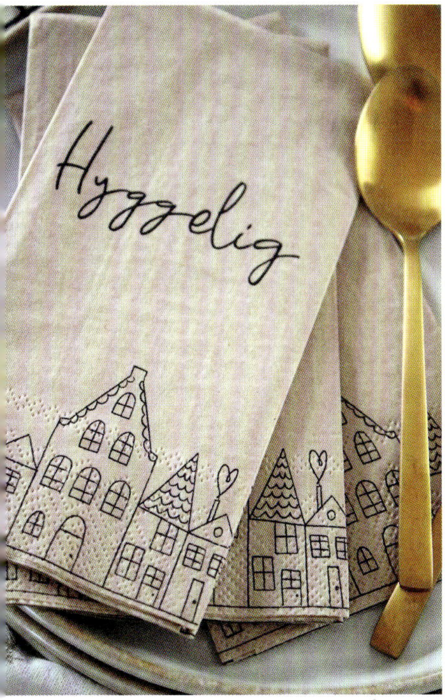

Mit einem scharfen Messer die Rollen in ca. 6–7 cm lange Traestammer schneiden.

Die Kuvertüre im warmen Wasserbad erwärmen und die Schnittkanten darin eintunken. Abtropfen und auf einem Stück Backpapier trocknen lassen.

TIPP

Die Traestammer können bis zu einer Woche (fünf bis sieben Tage) kühl gelagert und verzehrt werden.

Kreatives aus allerlei

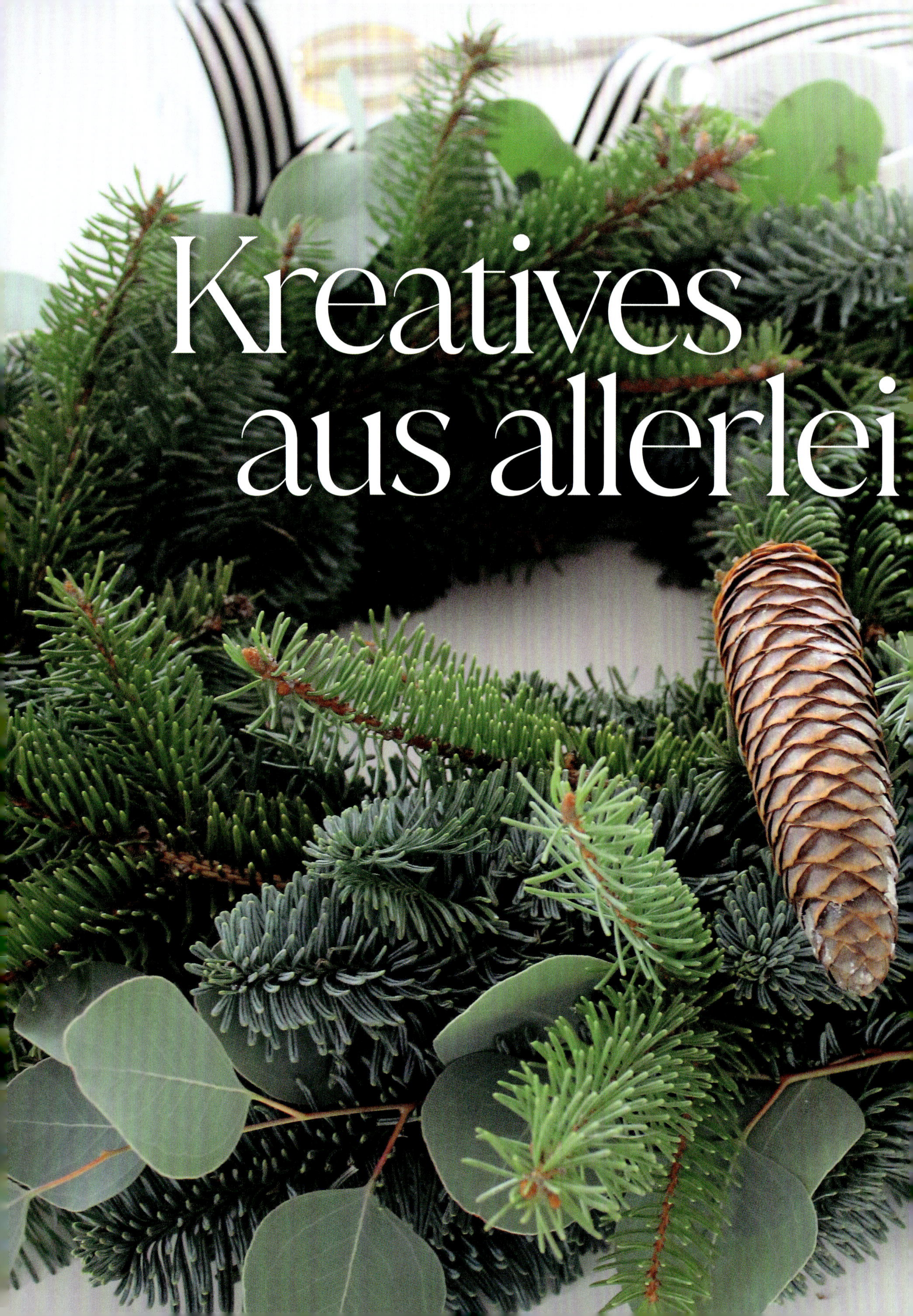

Grün

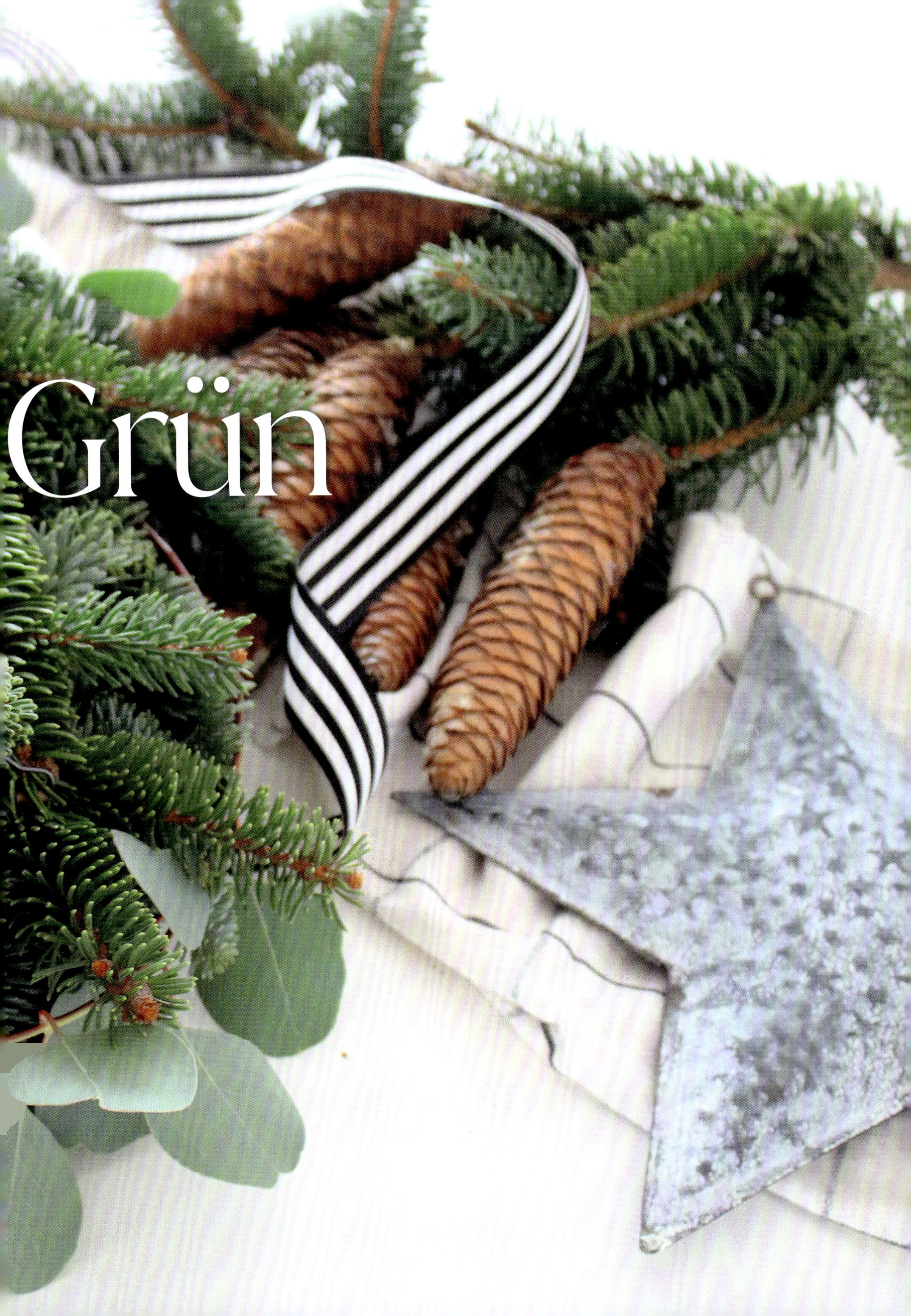

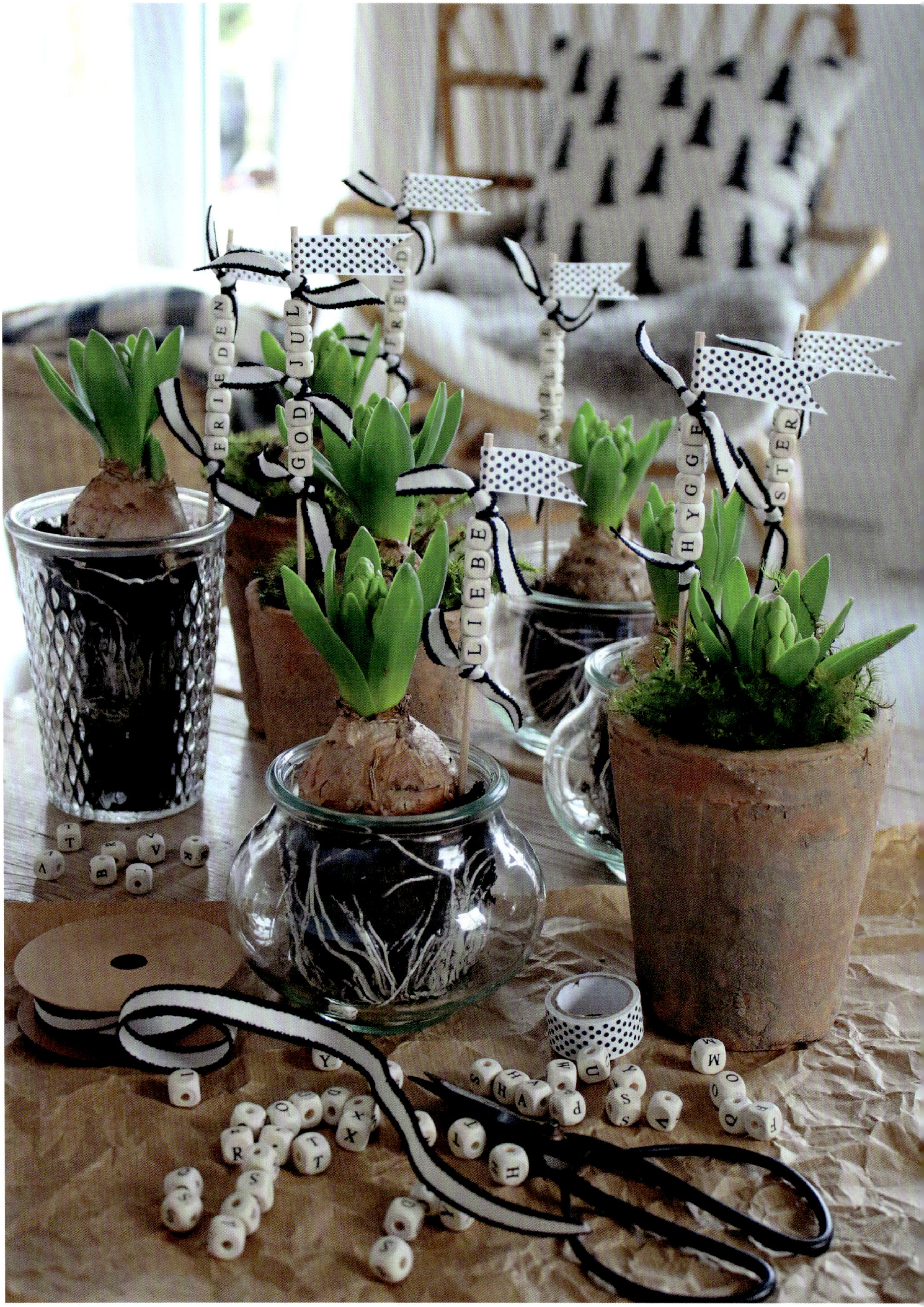
FRIEDEN
GOD JUL
LIEBE
HYGGE

Hyazinthen im Glas

Wie die Skandinavier mag auch ich das frische Grün im Dezember sehr, und am allerliebsten sind mir die Hyazinthen, wenn sie ihren Blütenkopf erst ganz vorsichtig zwischen ihren grünen Blättern hervorstrecken. Für ein kleines Mitbringsel oder für die nächste Tischdekoration sind die Hyazinthen im Glas mit dem Wunschfähnchen eine schnelle und hübsche Weihnachtsidee.

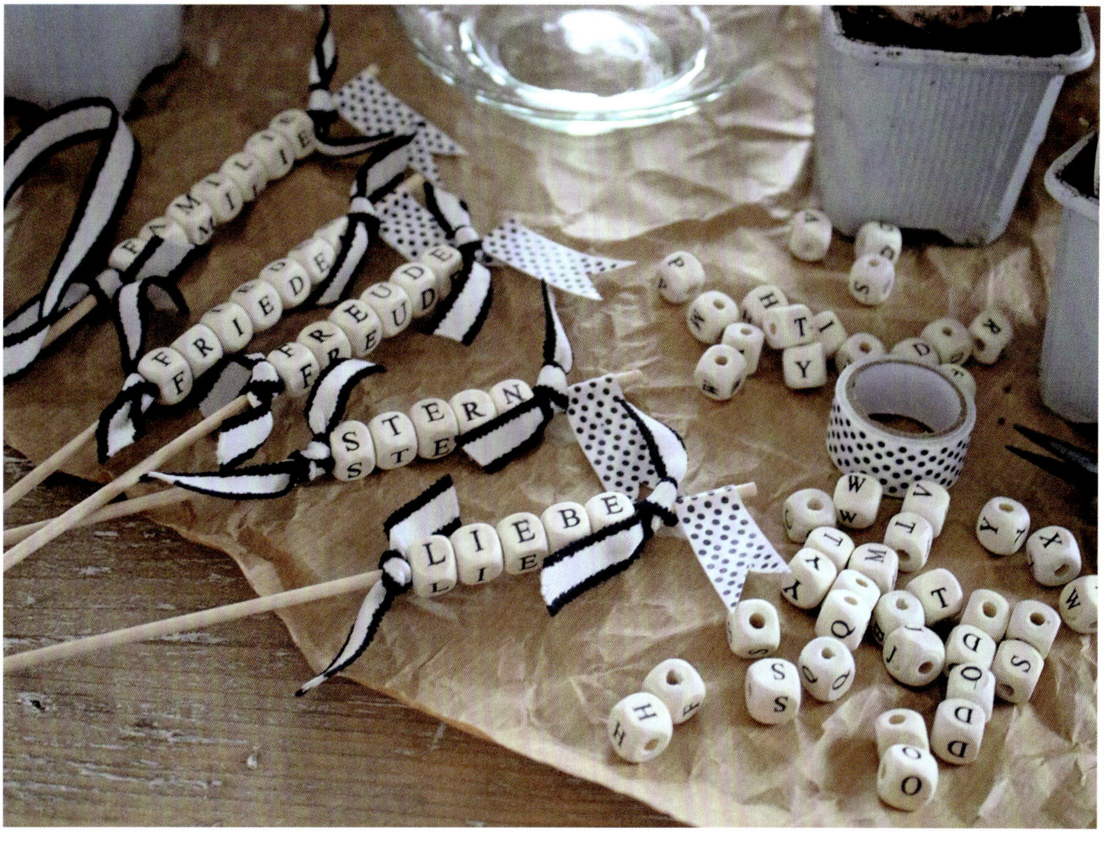

BENÖTIGTES MATERIAL

Hyazinthen
verschiedene kleine Gläser und Tontöpfe
Moos
Holzperlen mit aufgedruckten Buchstaben
Schaschlikspieße aus Holz
Schleifenband
Masking Tape

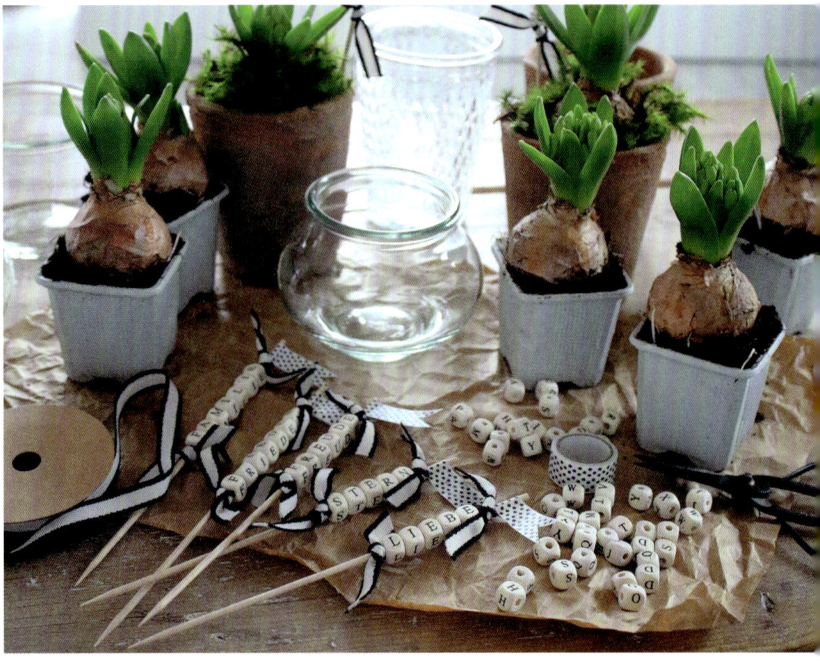

SO WIRD'S GEMACHT

Die Hyazinthen aus dem Blumentopf nehmen und überschüssige Erde entfernen. Dann die Hyazinthen in die dafür bereitgestellten Gläser setzen. Bei Tontöpfen ebenso verfahren, oben dann aber etwas Moos zum Abdecken verwenden.

Wunschwörter für die Wunschfähnchen überlegen und dafür die passenden Buchstaben der Holzperlen heraussuchen. Die Perlen dann auf einen Holzspieß stecken und unter und über den Perlen ein kurzes Stückchen Schleifenband zur Fixierung festbinden.

Ein Stück Masking Tape zurechtschneiden, um das obere Ende des Holzstäbchens kleben und in der Mitte zu einem Fähnchen schneiden.

Abschließend die Wunschfähnchen zu den Hyazinthen in die Gläser stecken.

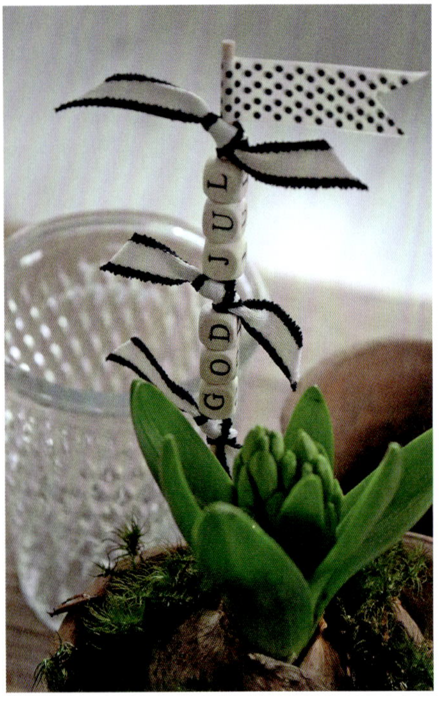

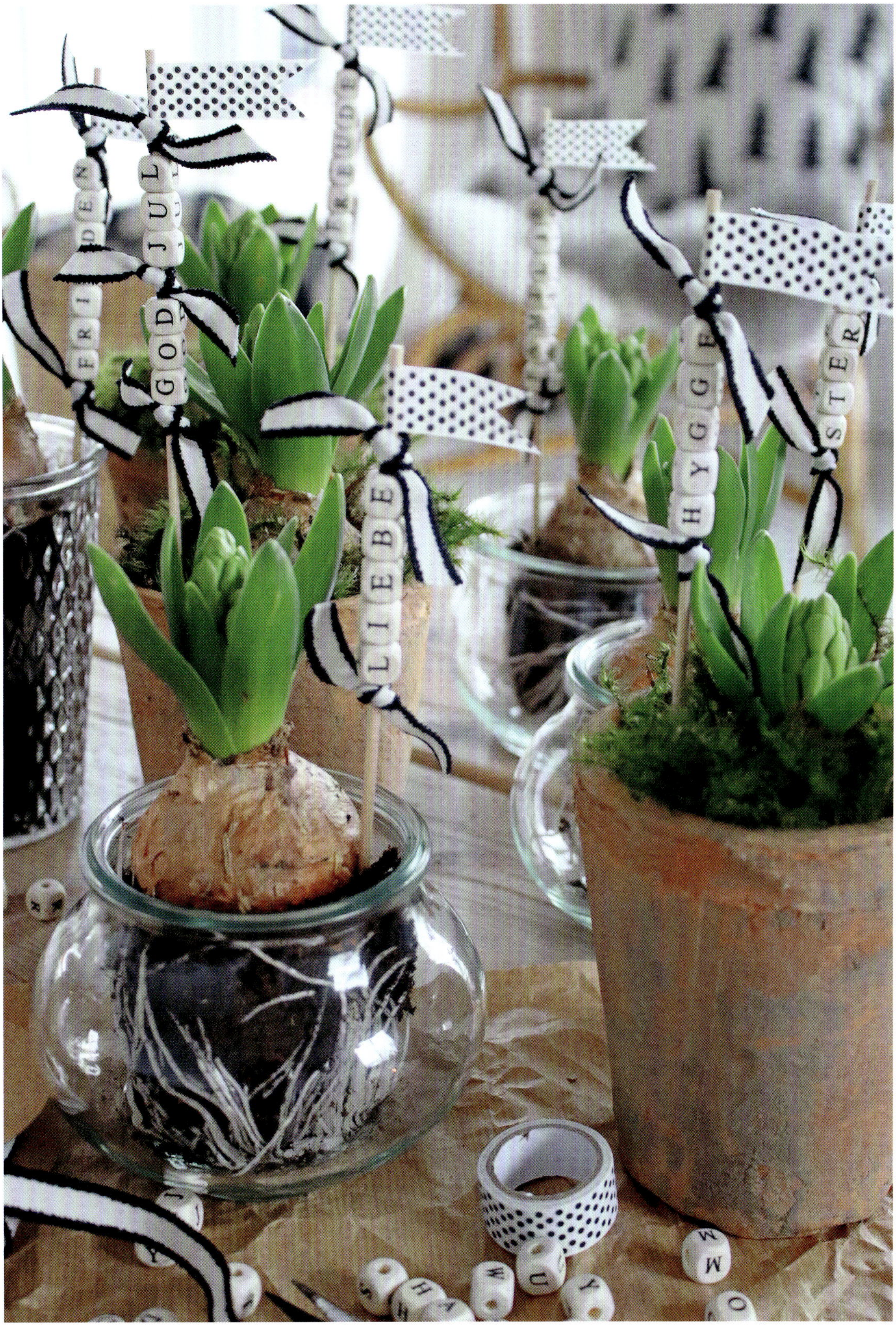
GOD JUL
LIEBE
HYGGE

Türkranz mit Stern

Eigentlich binde ich meine Kränze nur allzu gerne selbst, aber wir kennen das alle: Manchmal kommt uns der Alltag einfach dazwischen. Gerade für einen Türkranz greife ich da gerne einmal zu einem fertig gebundenen Nobilis-Kranz, um ihn mit etwas anderem Tannengrün, Tannenzapfen und Eukalyptus-Grün aufzuhübschen. Den schönen Zinkstern habe ich vor ein paar Jahren von meiner Freundin geschenkt bekommen, und seitdem kommt er immer mit an den Haustürkranz. Natürlich kannst du so auch deinen Adventskranz nach deinem Geschmack aufhübschen. Denn das Wichtigste in der Weihnachtszeit ist doch die Zeit, die wir für unsere Lieben übrig haben.

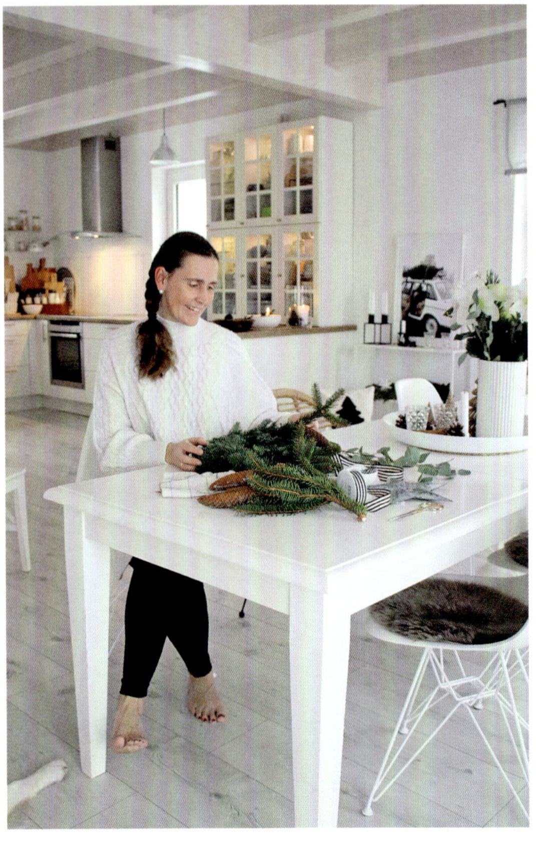

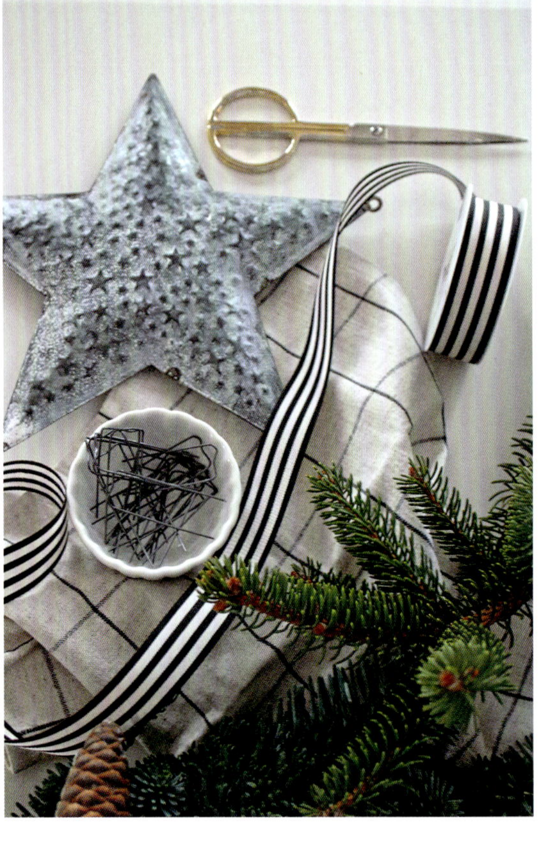

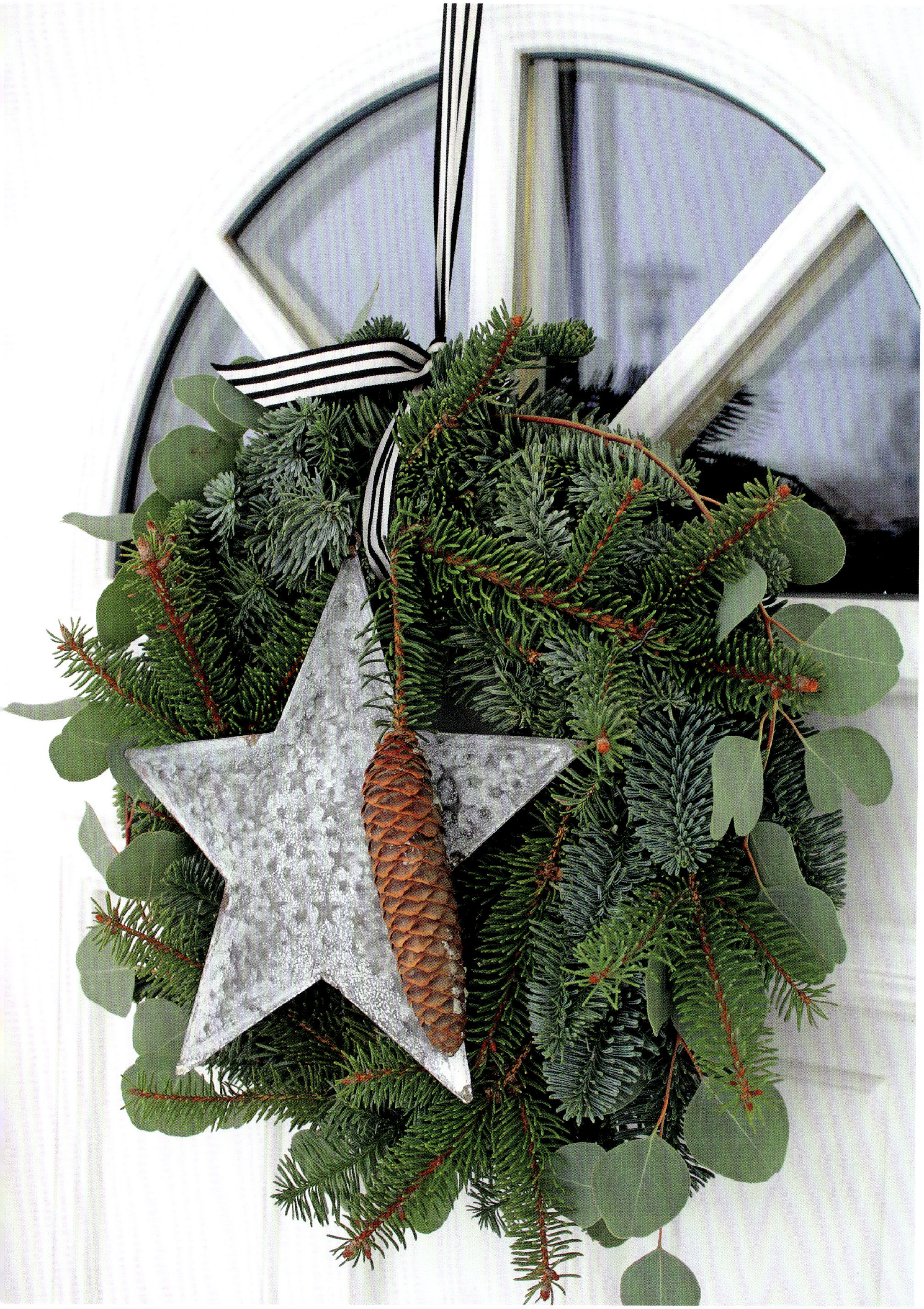

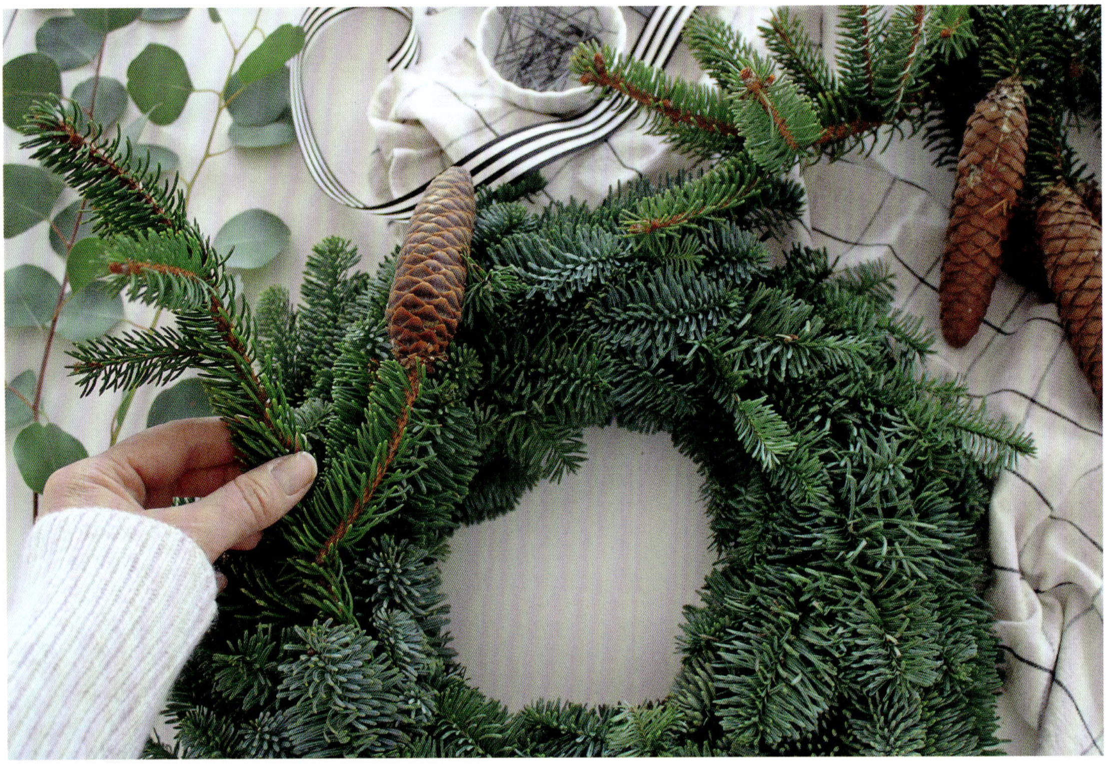

BENÖTIGTES MATERIAL

Kranz aus Nobilis-Tanne, ca. 30 cm Ø
2–3 Eukalyptus-Zweige
Patenthaften
2–3 Kiefernzapfen am Zweig
Deko-Element mit Aufhängeschlaufe (z. B. Stern)
Schleifenband

SO WIRD'S GEMACHT

In den bereits gebundenen Tannenkranz frische Eukalyptus-Zweige einflechten und wenn nötig mit Patenthaften zusätzlich fixieren. Die Zapfen am Zweig in den Kranz stecken und mit Patenthaften fixieren. Ein Deko-Element ebenfalls mit einer Patenthafte im Kranz befestigen und abschließend ein Schleifenband als Aufhängung um den Kranz schlingen und mit einer dekorativen Schlaufe versehen.

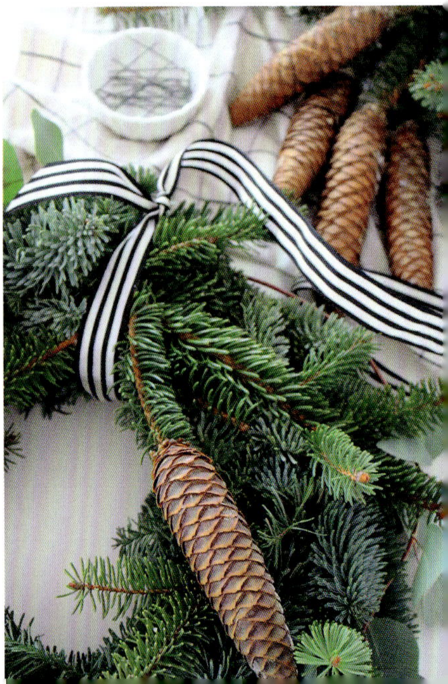

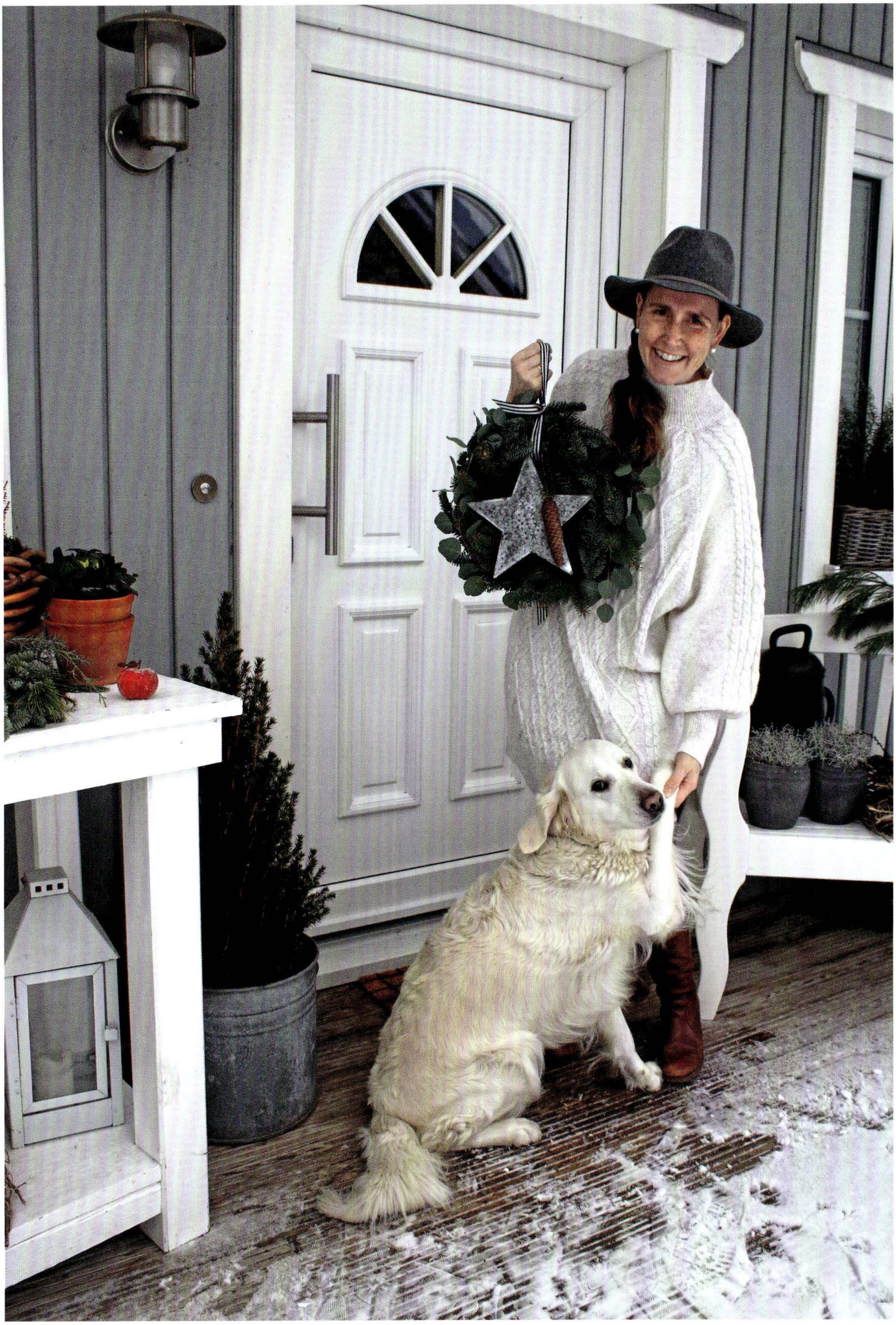

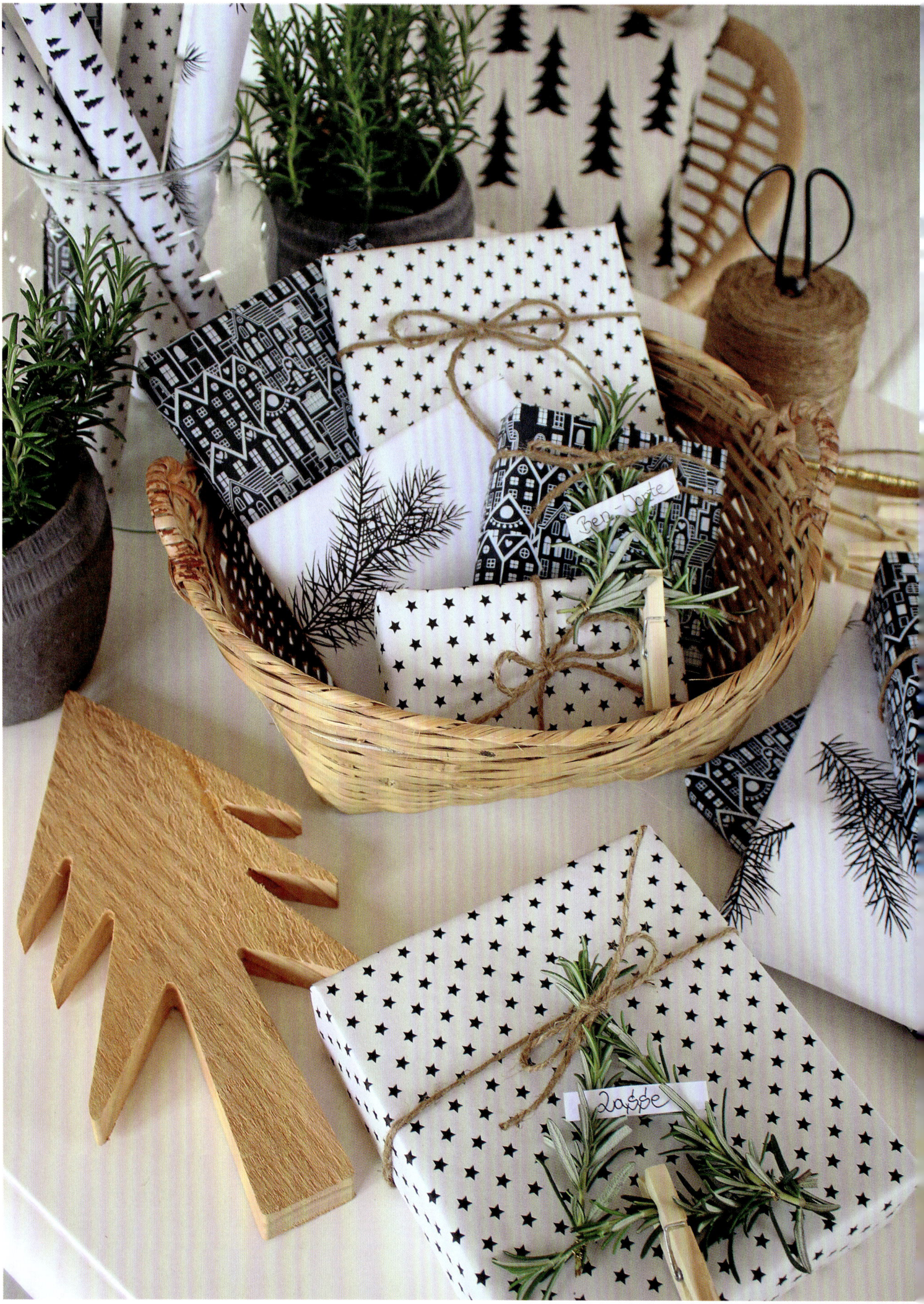
Lasse

Rosmarin-Bäumchen für Geschenke

Geschenke zu verpacken mag ich ja richtig gerne, nur nicht unbedingt am 22. oder 23. Dezember. Manchmal bin ich wirklich auf den letzten Drücker, aber sollte dir das auch passieren, schaffst du noch geschwind die süßen kleinen Rosmarin-Bäumchen dazu.

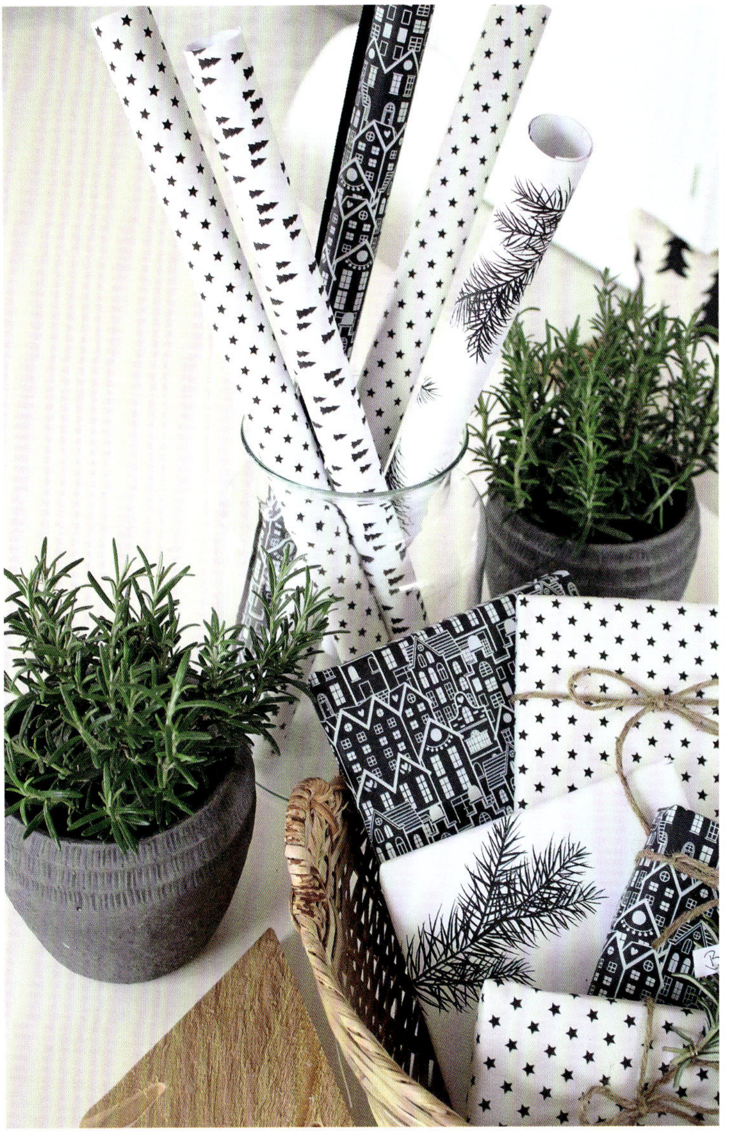

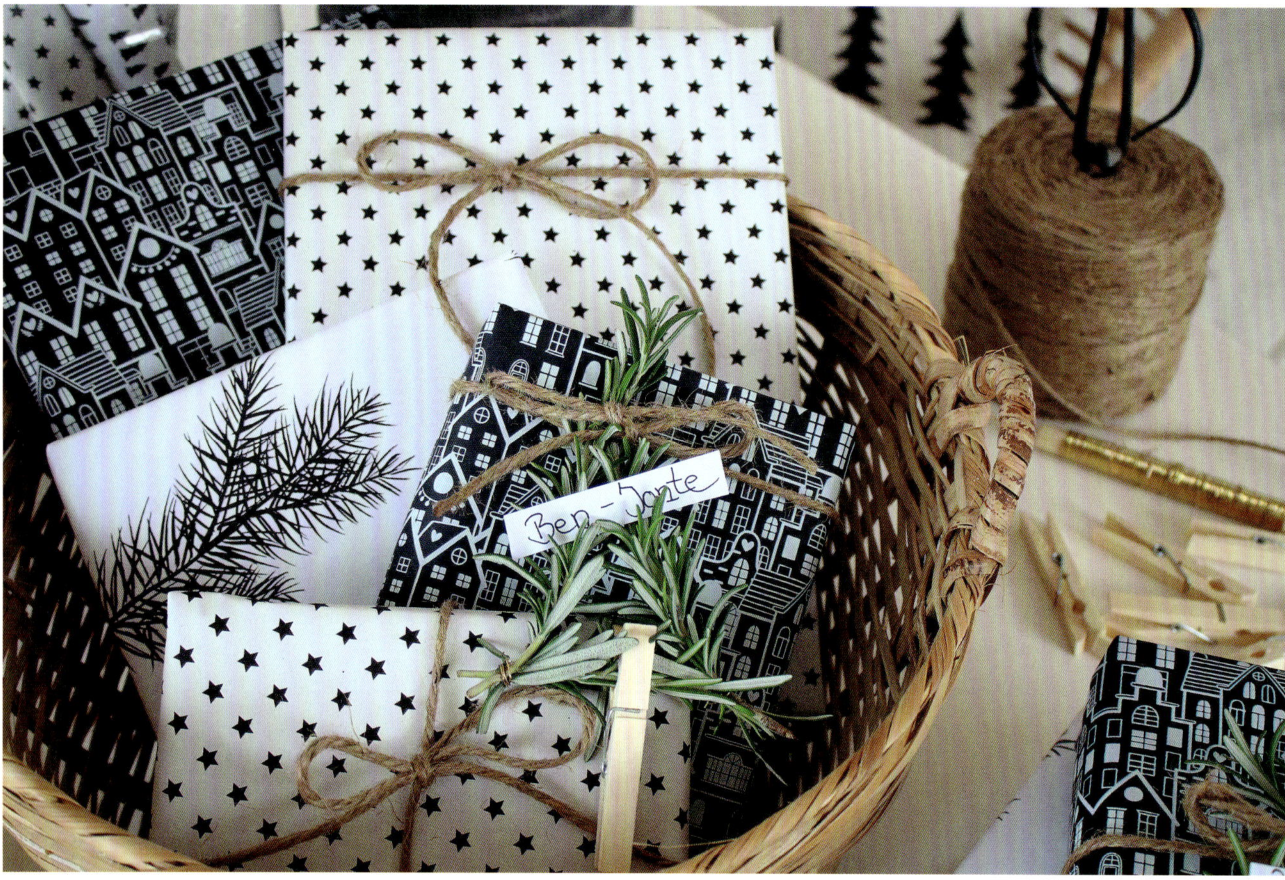

BENÖTIGTES MATERIAL

(für 1 Bäumchen)

Rosmarinzweige
Golddraht
Wäscheklammer (Holz)
Schere
weißes Tonpapier
schwarzer Fineliner
Fotokleber

SO WIRD'S GEMACHT

Für ein Bäumchen werden drei Rosmarinzweige benötigt. Die Zweige zu einem Dreieck legen und die übereinanderliegenden Enden mit dem Golddraht zusammenbinden.

An die Mitte des unteren Zweiges anschließend eine Wäscheklammer als Baumstamm klemmen.

Aus weißem Tonpapier einen Streifen zurechtschneiden, der mit einem Namen versehen werden kann. Den Streifen mit Fotokleber mittig auf das Bäumchen kleben.

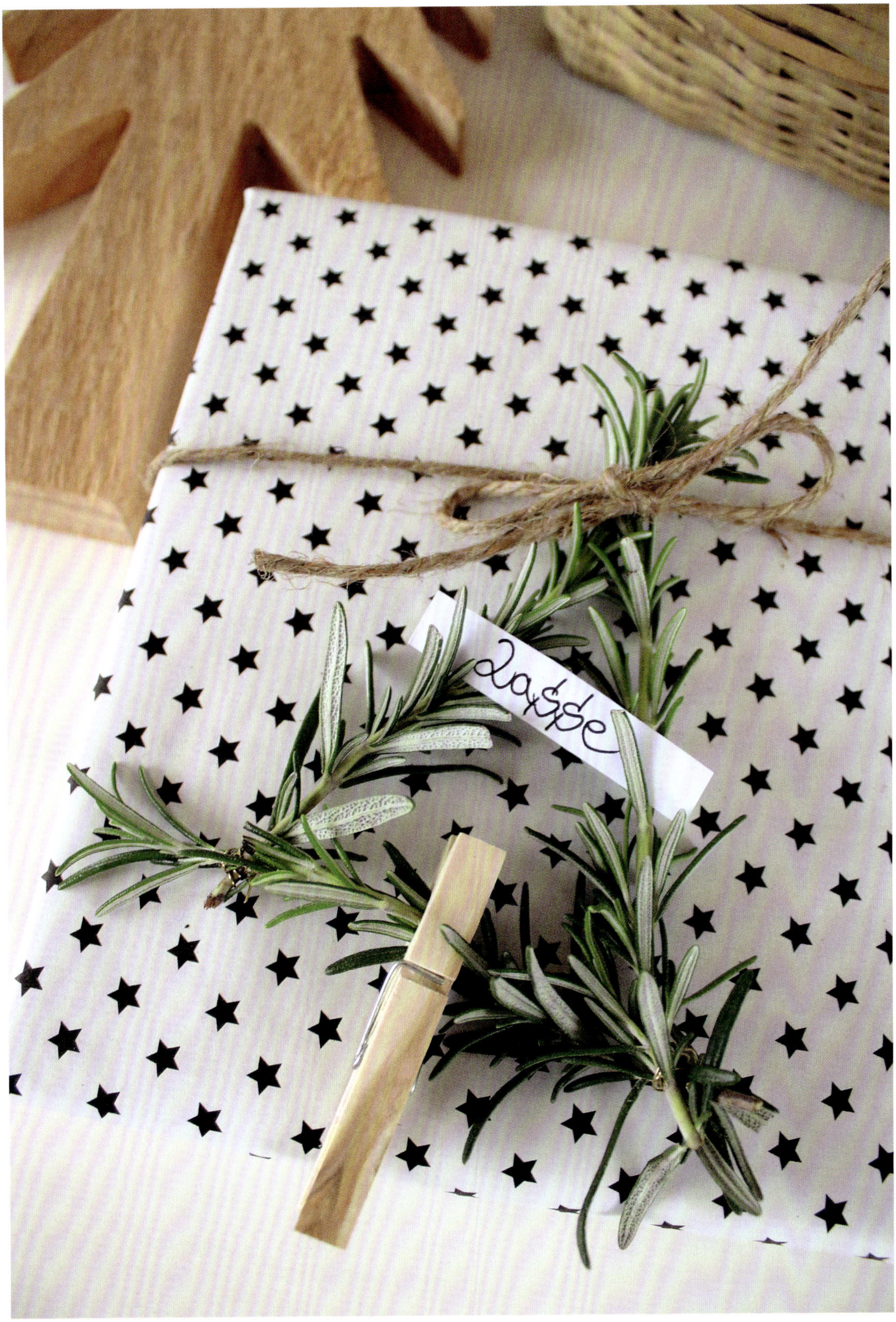
Lasse

Grüner Tannenkranz

Ich liebe es, in der Weihnachtszeit Kränze zu binden. Das ganze Haus duftet dann herrlich nach Tanne – etwas, worauf ich mich schon das ganze Jahr über gefreut habe. Weihnachtsmusik läuft im Hintergrund, und eine warme Tasse Tee steht dazu bereit. Oft schwelge ich dabei in Erinnerungen.

Meist muss ich an diesen einen Nachmittag denken, an dem ich als junges Mädchen mit meiner Mama und meiner Oma in der Küche meiner Eltern saß und wir Adventskränze für die Weihnachtszeit gebunden haben. Meine Oma hat mit ihrer roten Gartenschere fleißig kleine Tannenzweige zurechtgeschnitten, und die Kränze von meiner Mama und mir füllten sich. Auch wenn meine Oma heute nicht mehr bei uns ist, bleiben sie und auch mein Opa durch solche Erinnerungen für immer in meinem Herzen. Ja, auch das ist Weihnachten – Erinnerungen.

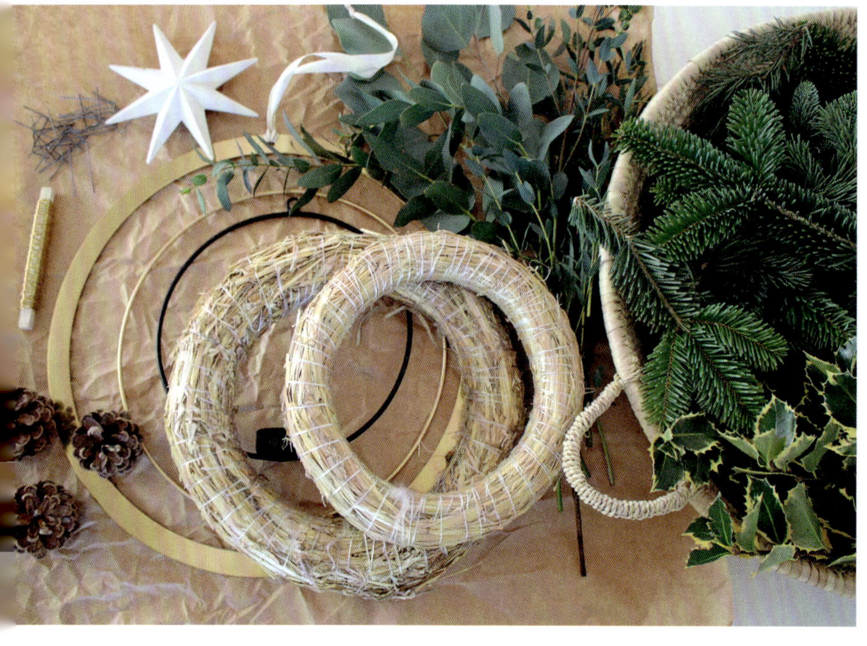

BENÖTIGTES MATERIAL

Strohkranz, 30 cm Ø
verschiedene Sorten Nadelgrün
Eukalyptus-Zweige
Ilex-Zweige
Golddraht
Gartenschere
Patenthaften

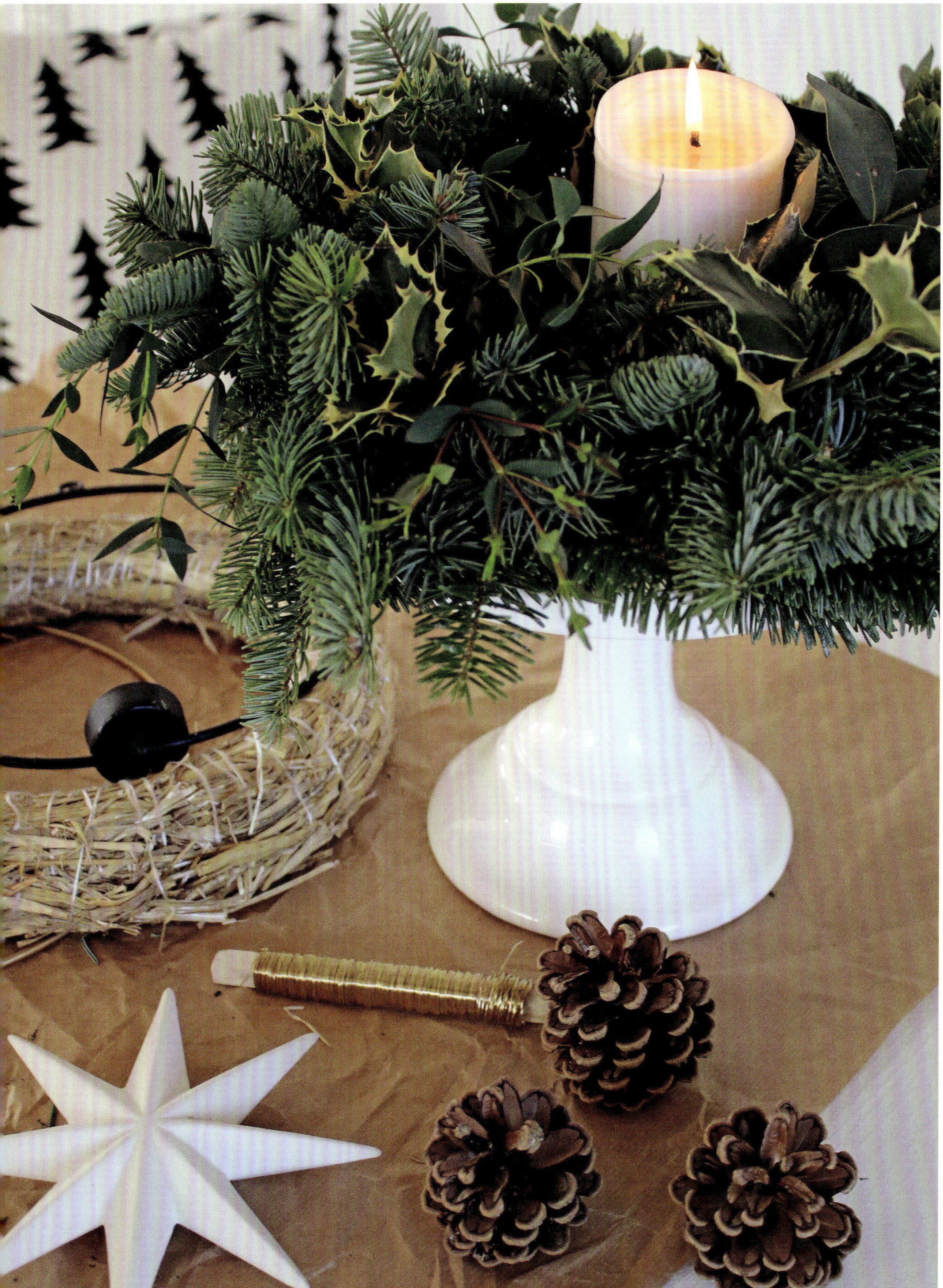

SO WIRD'S GEMACHT

Ausreichend Tannenzweige bereitlegen. Man unterschätzt doch so manches Mal, wie viel Grün für einen Kranz benötigt wird. Praktisch ist, wenn man sich bereits vorher die Tannenzweige mit einer Gartenschere in kleinere Zweige zurechtschneidet.

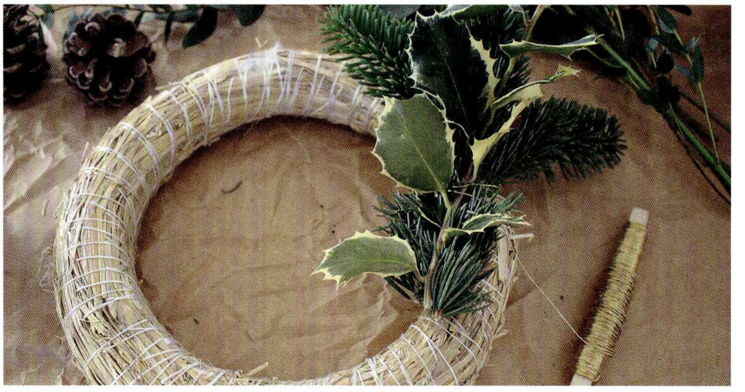

Den Golddraht um den Strohkranz verzwirbeln, sodass er fest um ihn herumgebunden ist.

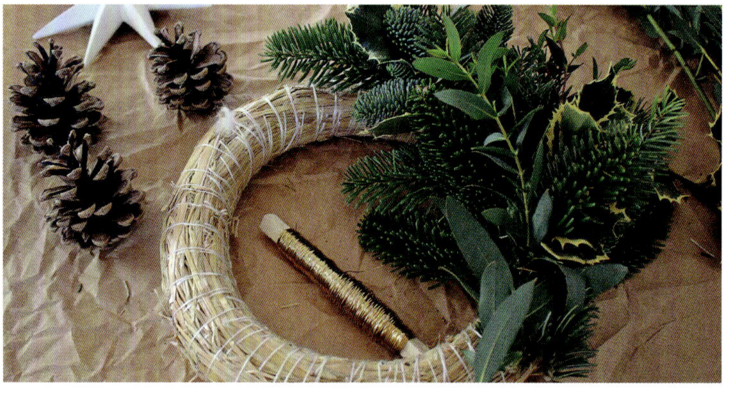

Aus dem zurechtgeschnittenen Tannengrün nun zwei bis drei Tannenzweige zu einem Sträußchen bündeln und auf den Kranz legen. Mit dem Draht die Tannenzweige festbinden und ein neues Tannensträußchen überlappend an das erste legen, sodass man die Ansätze nicht sieht. Damit fortfahren und auch an die Innen- und Außenseiten denken. Auch Eukalyptus-, Oliven- und Ilex-Zweige können auf diese Weise mit eingebunden werden. Am Schluss die angefangenen unteren Zweige einfach unter den Spitzen des zuletzt gebundenen Tannensträußchens verstecken. Sollte doch einmal eine Lücke entstanden sein, kann man diese einfach mit einem Tannenzweig und den praktischen Patenthaften füllen.

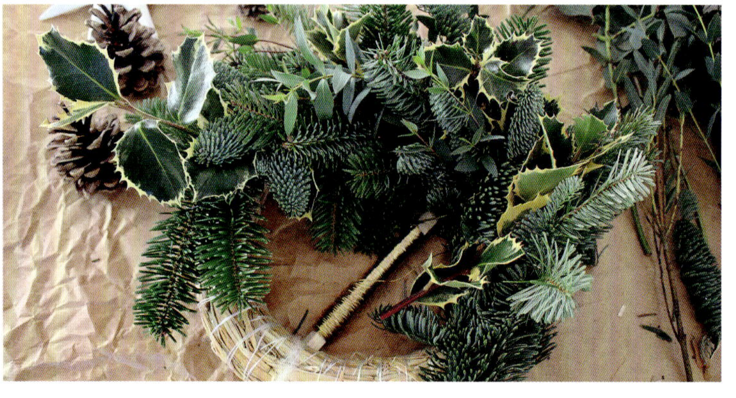

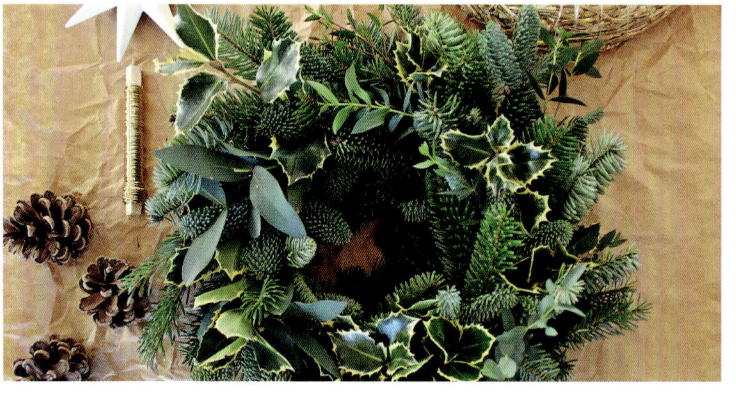

TIPP

Eine schöne Dekorationsidee ist es, den fertigen Kranz auf eine Tortenplatte zu legen und eine Kerze in die Mitte zu stellen.

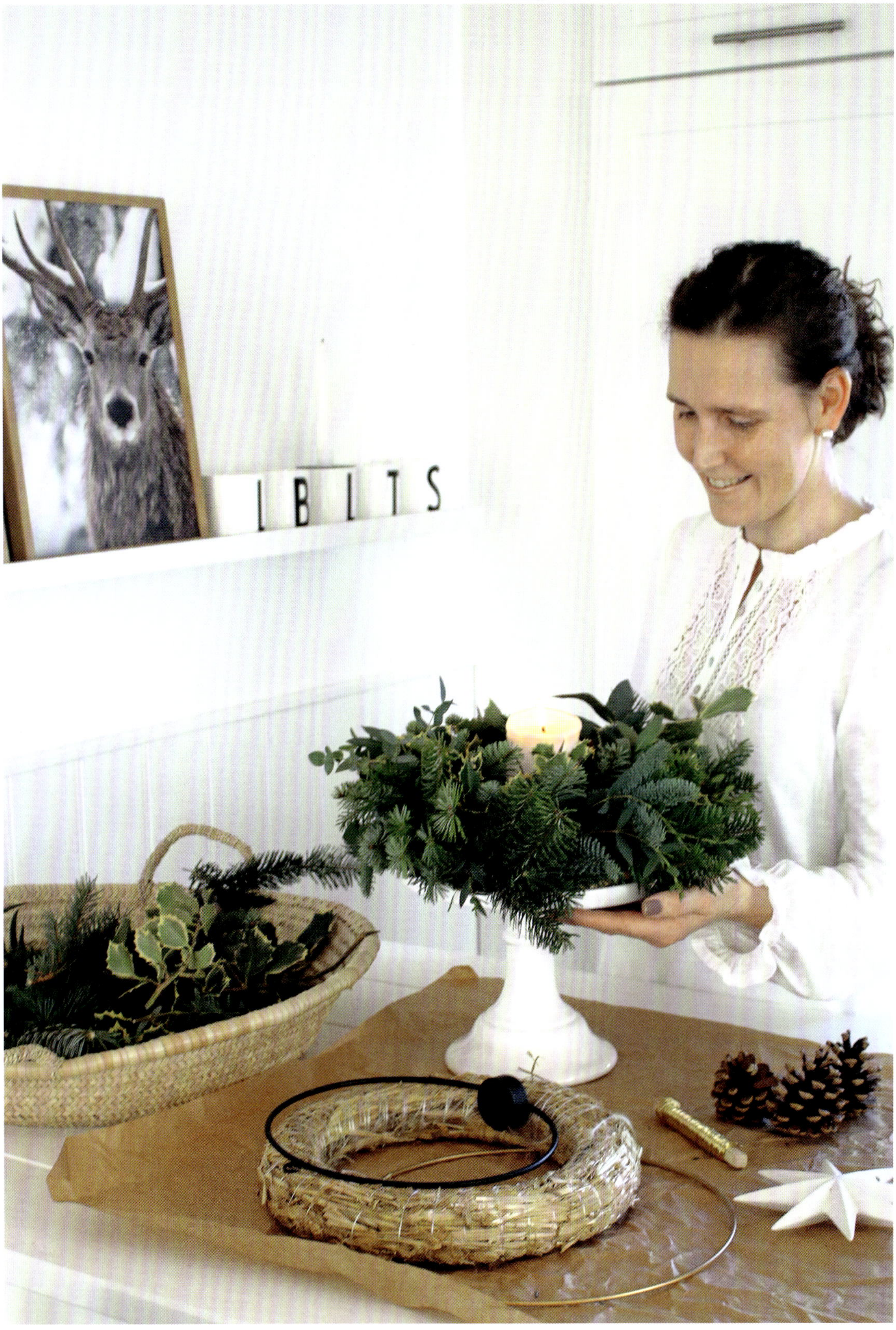

Damit zum Heiligen Abend der Weihnachtsbaum im Wohnzimmer leuchten kann, geht es für uns meist mit allen zusammen in den Wald, und wir suchen den Tannenbaum gemeinsam aus. Nicht immer sind wir uns gleich einig. Aber wenn der Baum dann mit vielen Lichtern in unserem Zuhause leuchtet, ist es doch immer wieder der allerschönste Baum.

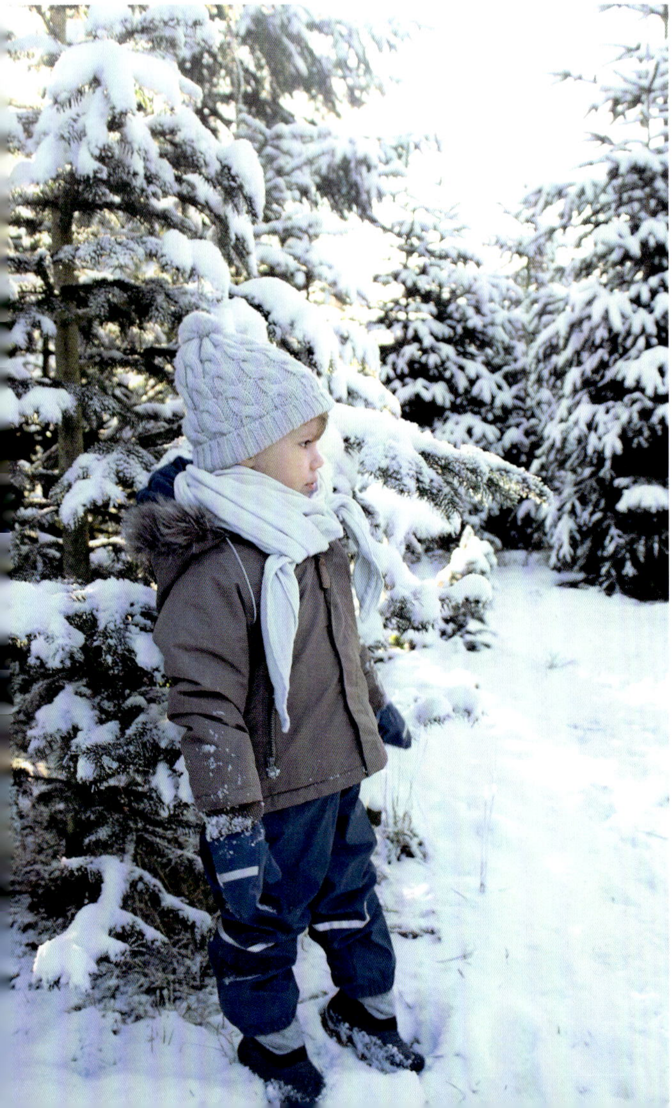

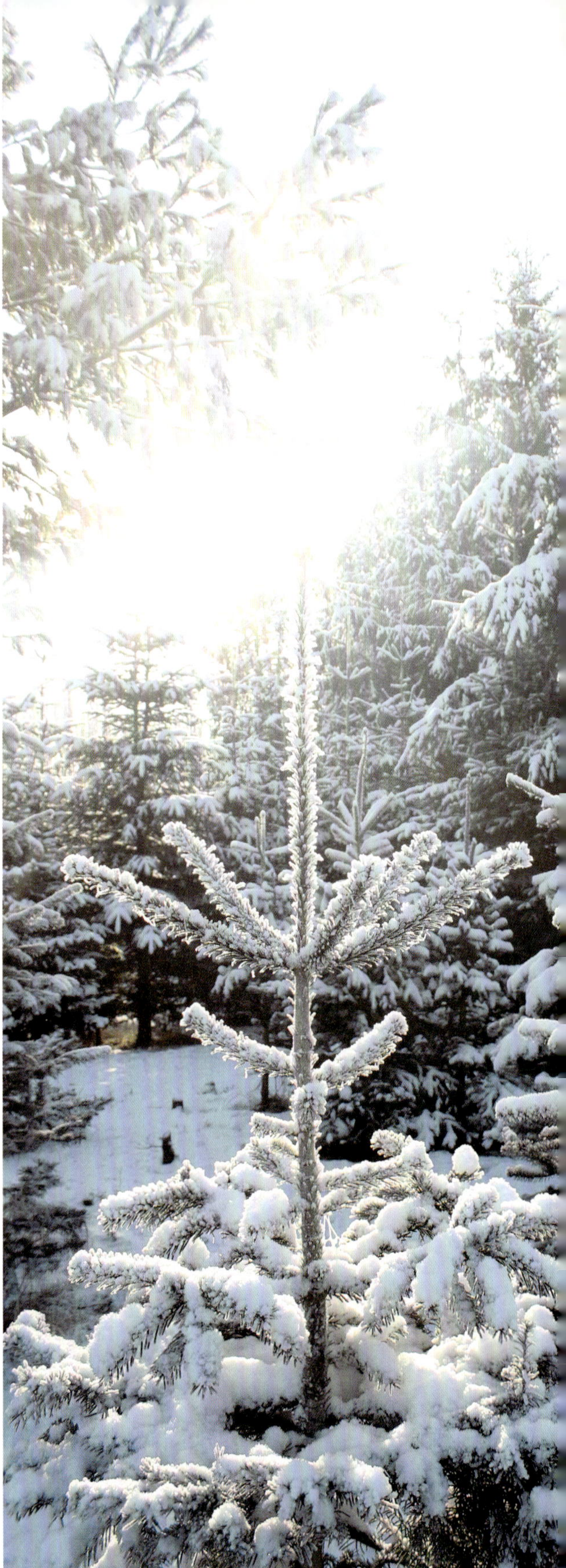

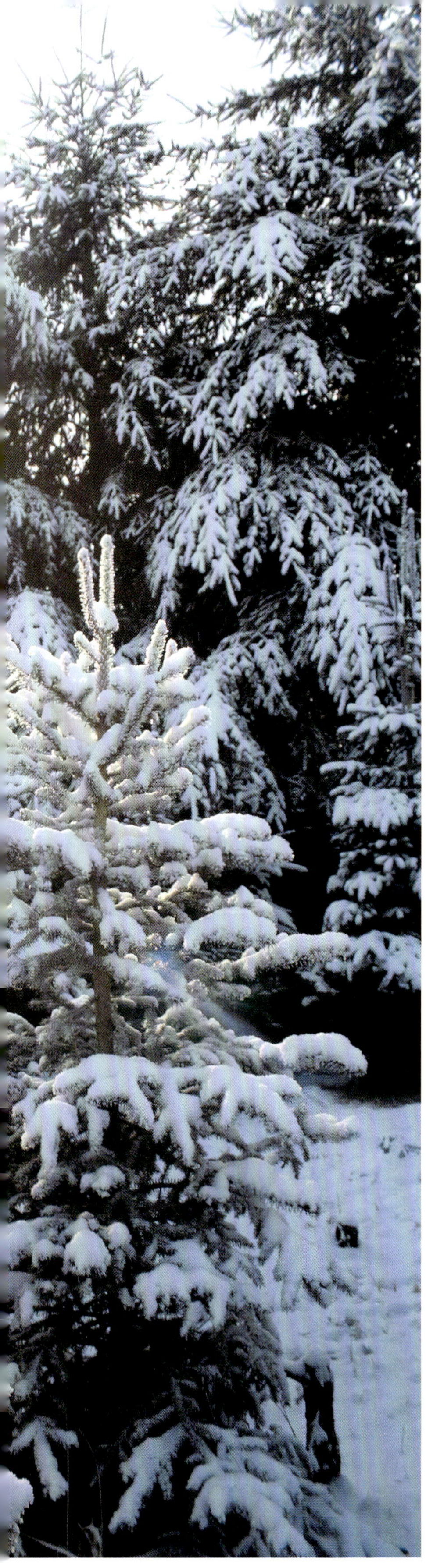

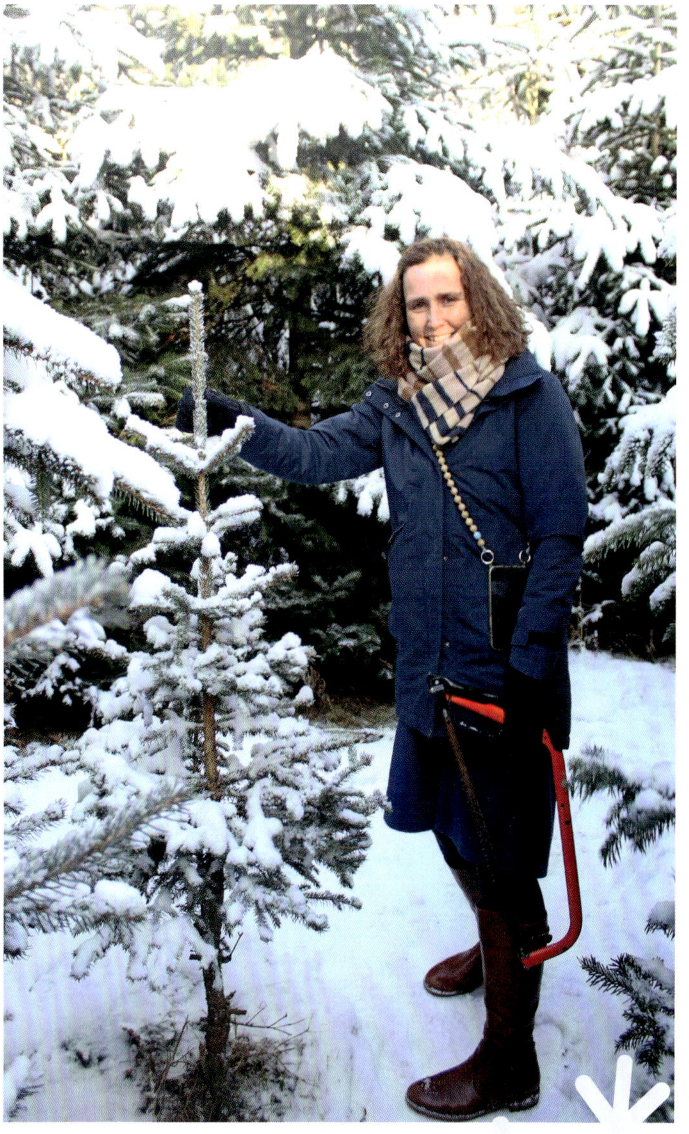

Adventskranz-Gesteck in der Schale

Die letzten Jahre habe ich unseren Adventskranz immer selbst gebunden, aber manchmal muss auch einfach mal etwas anderes her, und als ich diese weiße Schale entdeckt habe, fand ich sie gleich schlicht und schön. Mit etwas Klarsichtfolie habe ich sie ausgelegt und anschließend mit Moos, kleinen Tannen- und Olivenzweigen gefüllt. Hyazinthen habe ich auch dazu gegeben, denn wie auch die Skandinavier mag ich das frische Grün schon richtig gerne in der Weihnachtszeit. Bei meiner Schale ist es praktisch, dass bereits vier Kerzenhalter befestigt sind. Du kannst aber auch einfach eine beliebige Schale bzw. Form nehmen und sie an einer Seite mit Steckmoos auslegen und vier Adventskerzenhalter hineinstechen. Diese Möglichkeit hält sehr gut, und vielleicht hast du ja auch eine Lieblingsschale bei dir zuhause, auf der schon bald die erste Adventskerze leuchtet.

BENÖTIGTES MATERIAL

1 weiße Keramikschale ca. 20 cm Ø
Klarsichtfolie zum Auskleiden
Steckschaum
4 Stabkerzenhalter
2 weiße Hyazinthen
2–3 kleine Tannenzweige
2–3 kleine Kiefernzweige
2 kleine Olivenzweige
Moos
2–3 Kiefernzapfen
4 weiße Stabkerzen
4 weiße Geschenketiketten
schwarze Klebezahlen
Jutegarn

SO WIRD'S GEMACHT

Eine flache Keramikschale zum Schutz vor Nässe mit Klarsichtfolie auslegen. Die Hyazinthen aus dem Topf nehmen und in der Schale platzieren. Die Schale nun mit Moos, Tannen- und Kiefernzweigen ausfüllen und kleine Olivenzweige am Rand dazustecken.

Die kleinen Etiketten mit den Zahlen 1–4 bekleben und mit einem Stück Jutegarn wie abgebildet an den Stabkerzen befestigen und mit einer dekorativen Schleife versehen. Die Stabkerzen abschließend in die vorhandenen Kerzenhalter stecken, alternativ kann man die Schale aber auch partiell mit Steckschaum auslegen und dort vier Stabkerzenhalter einstecken. Den Steckschaum dann mit etwas Moos abdecken, sodass er nicht mehr sichtbar ist.

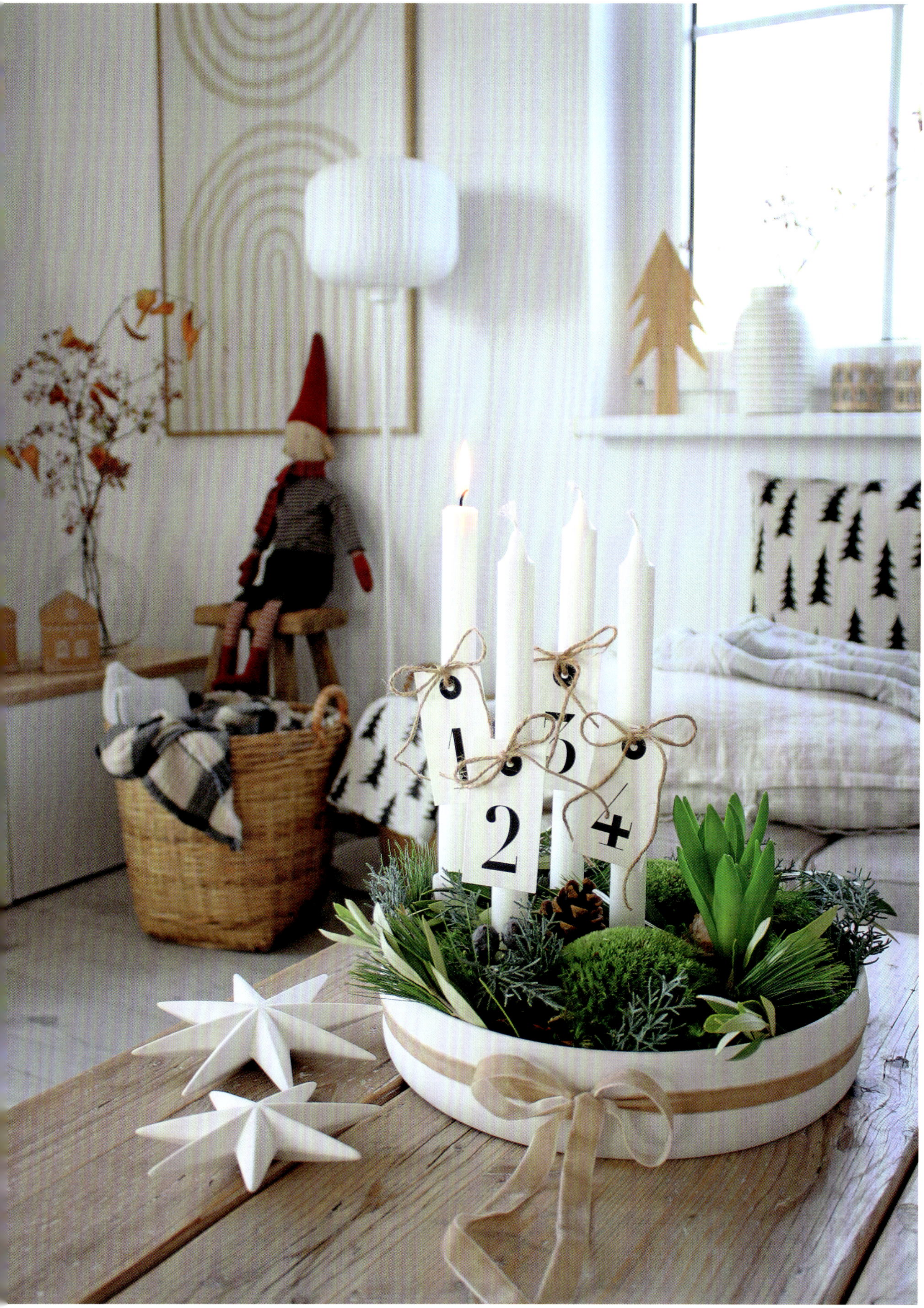
1
3
2
4

Für mich, für andere ... Geschenk

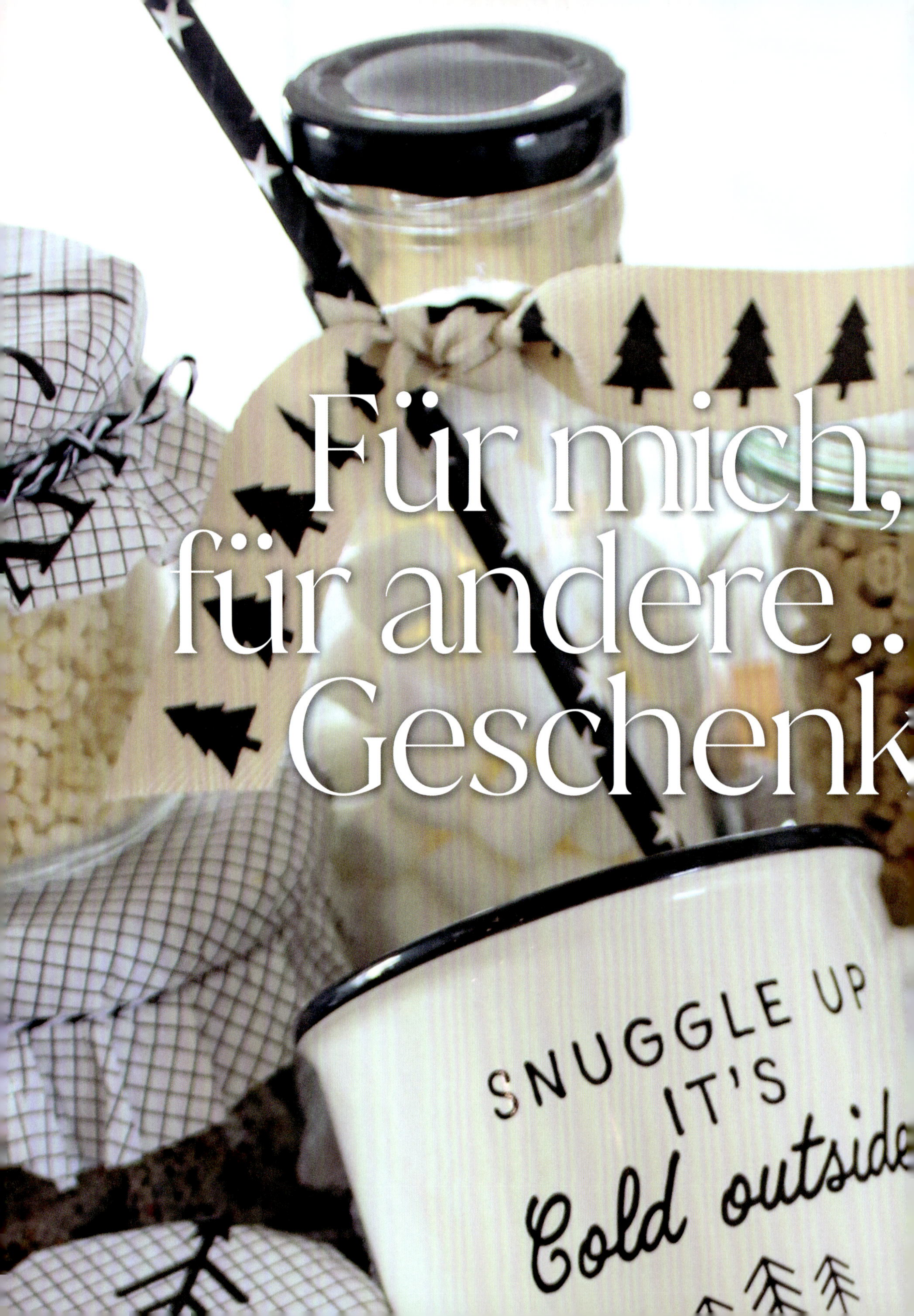

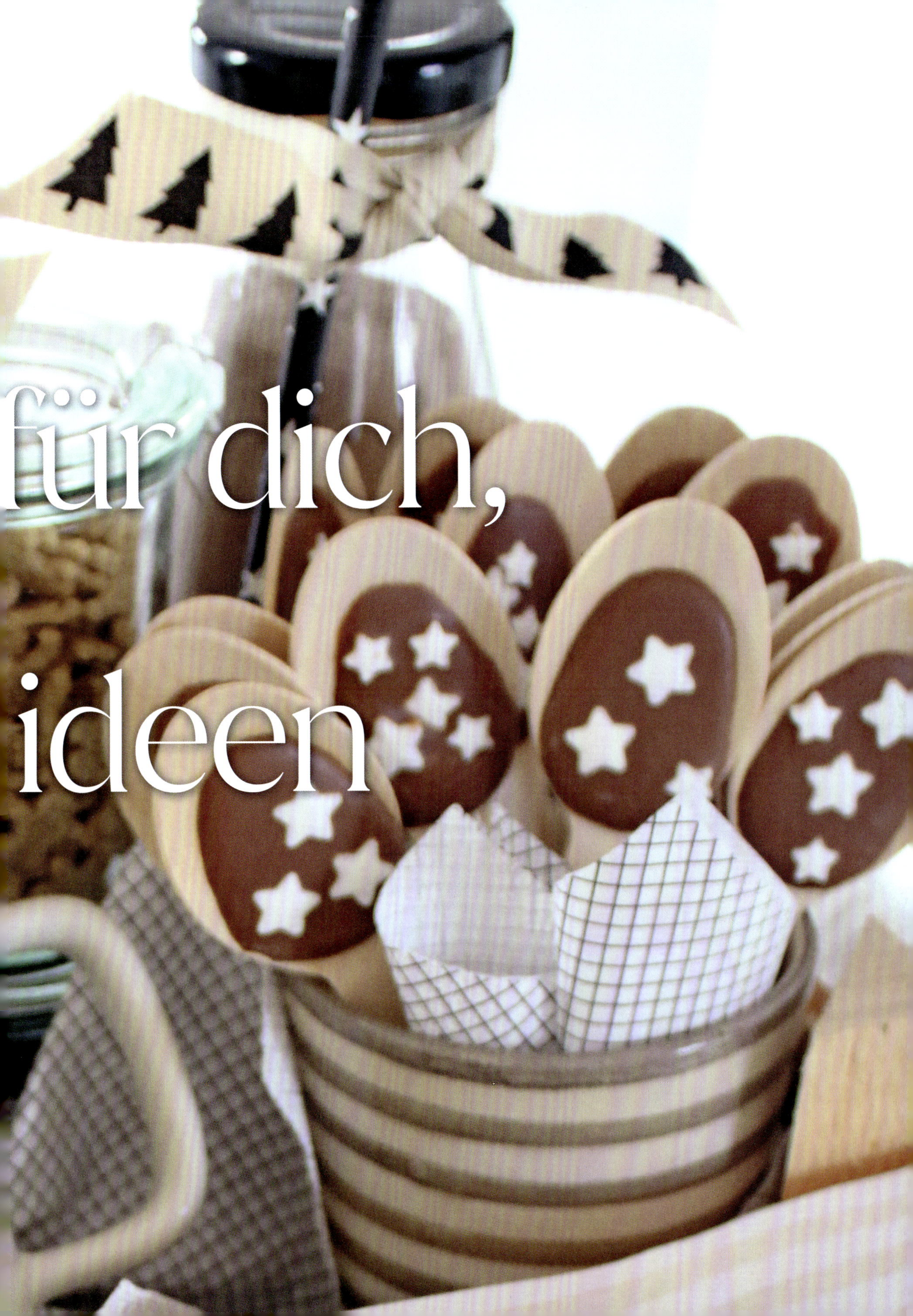

für dich,

ideen

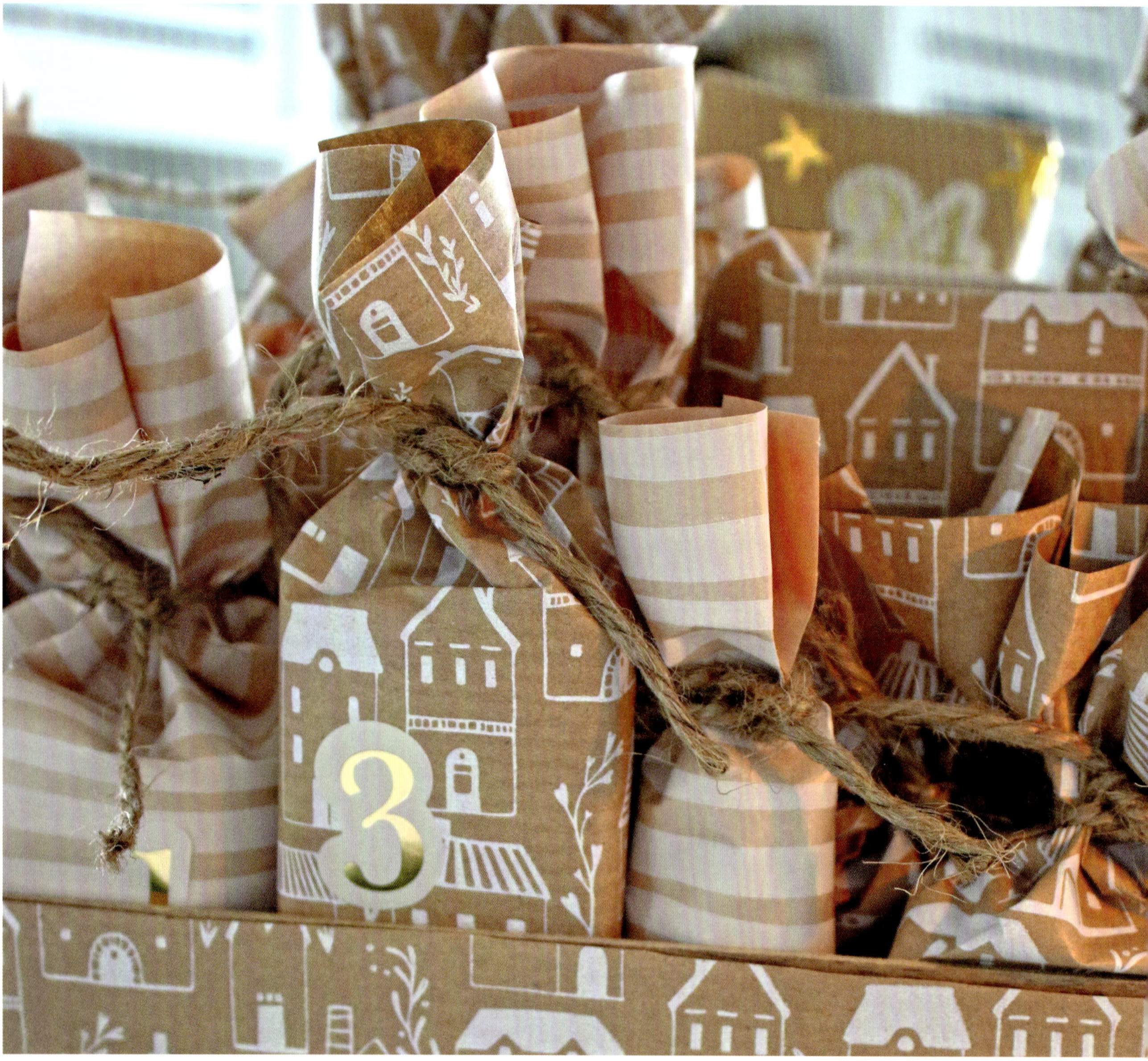

Upcycling-Ideen für Clementinen-Kisten

Vielleicht isst du im Winter ja auch so gerne Clementinen wie wir. Meist stapeln sich bei uns schon nach kurzer Zeit die Holzkisten, in denen sie zuvor gelagert wurden. Da ich diese Holzkisten zum Wegwerfen immer viel zu schade finde, habe ich hier zwei Upcycling-Ideen für dich, wie du die Kisten zum Verschenken in der Weihnachtszeit noch ganz wunderbar nutzen kannst.

Adventskalender

Ob Klein oder Groß – über einen Adventskalender (dänisch heißt er Jule-Kalender) freut sich doch wirklich jeder. Diesen habe ich für meinen Bruder und meine Schwägerin angefertigt. An den ungeraden Tagen durfte mein Bruder sein kleines Päckchen öffnen und an den geraden Tagen meine Schwägerin.

BENÖTIGTES MATERIAL

1 Clementinen-Kiste aus Holz
24 Kleinigkeiten (z. B. Süßigkeiten, Tee, Kerzenhalter mit Kerze, kleines Kartenspiel, Weihnachtsanhänger)
Geschenkpapier
Klebefilm
Paketband oder Schleifenband
Zahlenaufkleber 1–24

SO WIRD'S GEMACHT

Für die Holzkiste ein langes Stück Geschenkpapier passend zurechtschneiden. Dafür die Höhe und die Länge der jeweils vier Seiten der Holzkiste ausmessen. Dann den Geschenkpapierstreifen um die Kiste legen und mit einem Klebestreifen festkleben. Vierundzwanzig Kleinigkeiten in Geschenkpapier verpacken. Eine Kordel oder ein Schleifenband um die Geschenke binden. Für die einzelnen Tage kann man praktische Zahlenaukleber von 1 bis 24 nutzen.

Abschließend alle Päckchen dekorativ in der Kiste arrangieren – und schon kann man jemandem ein Lächeln ins Gesicht zaubern und ihr oder ihm die Weihnachtszeit versüßen.

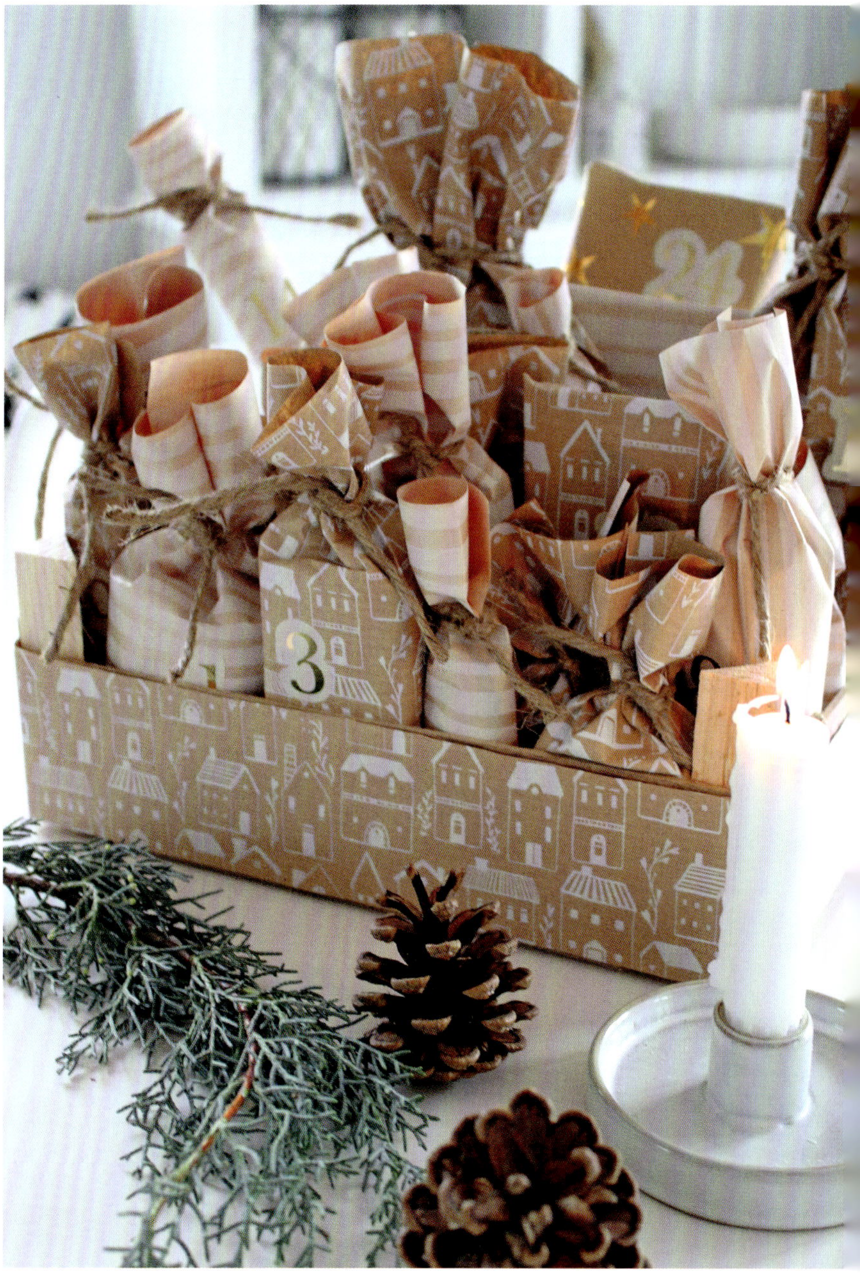

Hot-Chocolate-Bar

An kalten, verschneiten oder auch verregneten Wintertagen macht eine warme Schokolade doch immer wieder gute Laune. Die Hot-Chocolate-Bar kannst du mit deiner Familie oder auch Freunden zum Beispiel beim gemeinsamen Schlittenfahren genießen, oder du nutzt sie als kleines Geschenk für einen lieben Herzensmenschen.

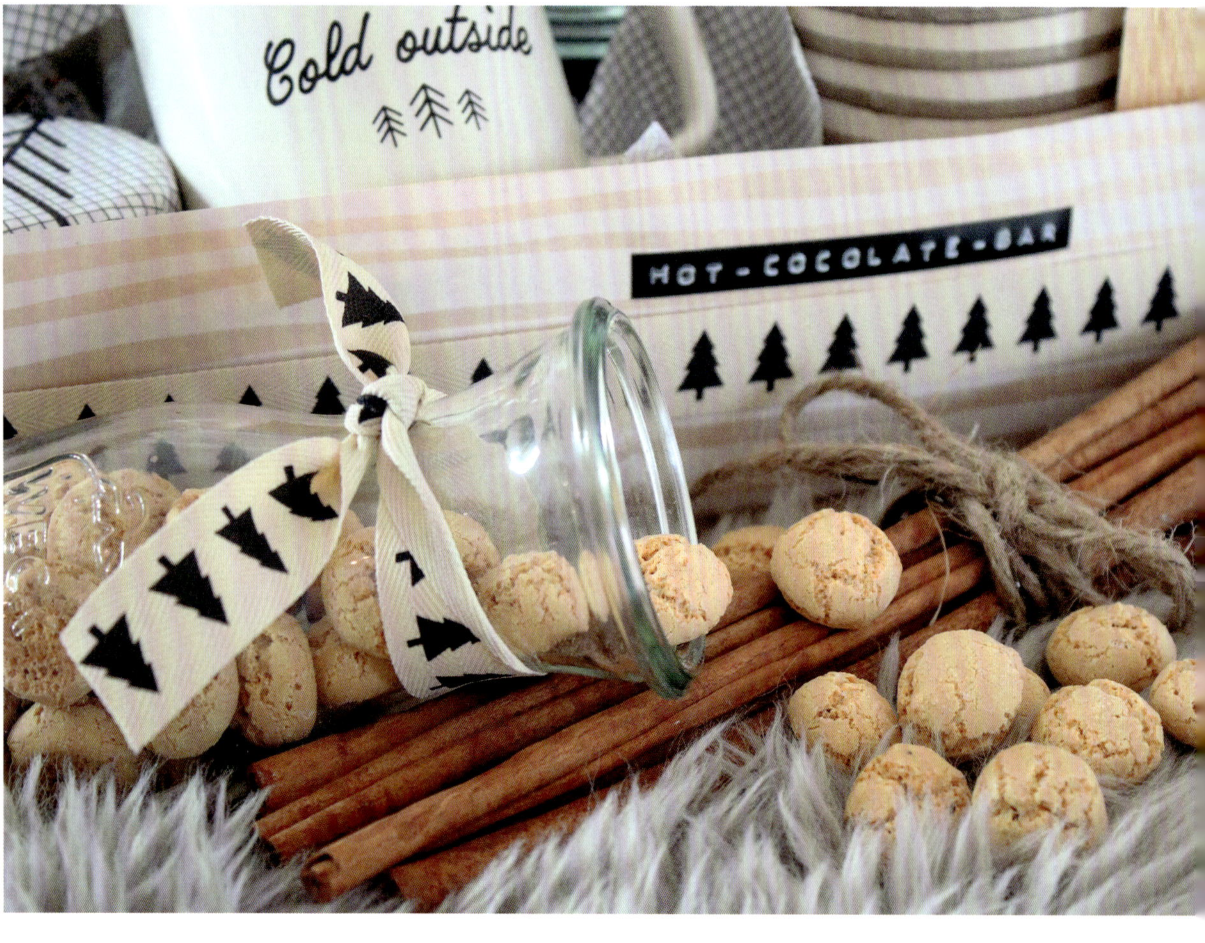

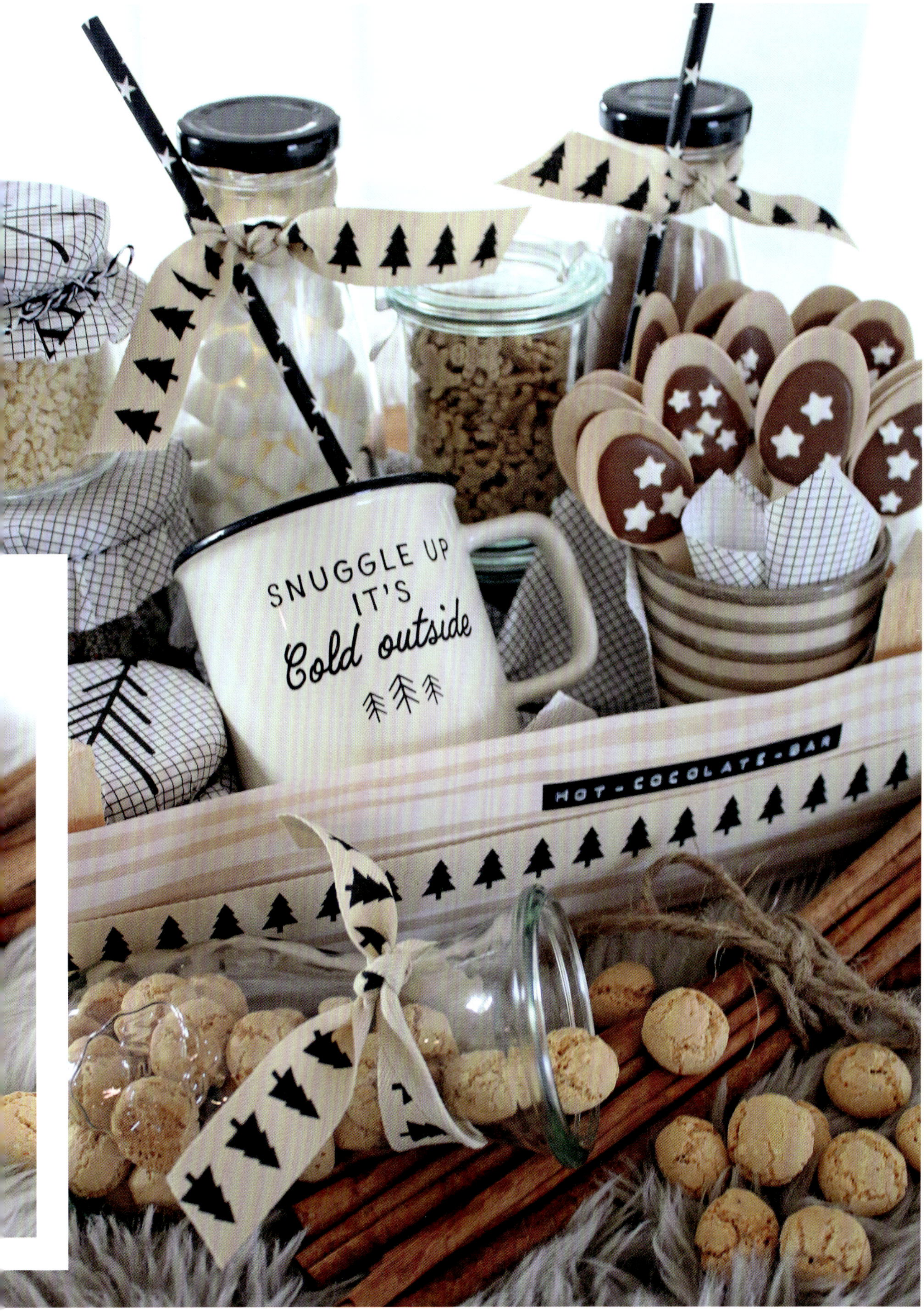
SNUGGLE UP
IT'S
Cold outside
HOT-COCOLATE-BAR

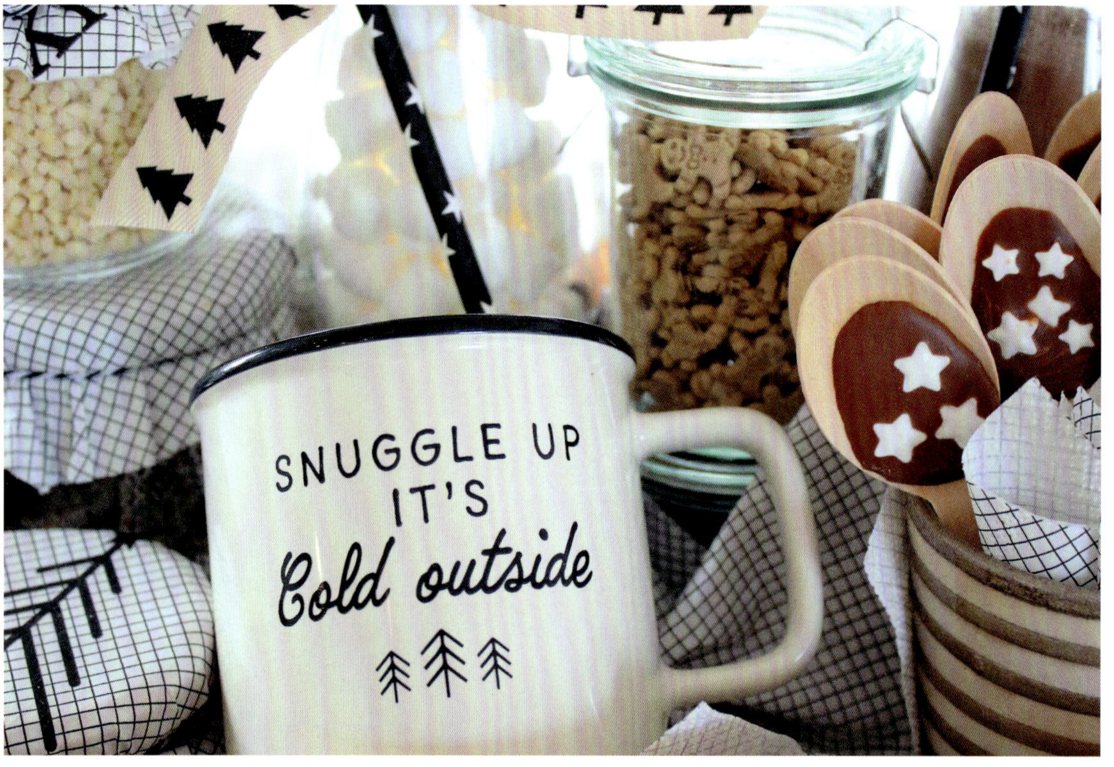

BENÖTIGTES MATERIAL

1 Clementinen-Kiste aus Holz
Geschenkpapier
verschiedene Flaschen und Gläser
250 g Kakaopulver
kleine Marshmallows
verschiedene Zuckerstreusel und Zuckersterne
150 g gehackte Nüsse
10 Holzlöffel
100 g Kuvertüre
1–2 Trinkbecher
Servietten

SO WIRD'S GEMACHT

Die Holzkiste wie bei dem Adventskalender zuvor beschrieben mit Geschenkpapier umwickeln.

Die Flaschen und Gläser mit Kakao, Marshmallows, gehackten Nüssen und Zuckerstreuseln füllen.

Für die Schokolöffel 100 g Kuvertüre im Wasserbad erwärmen und auf die einzelnen Holzlöffel verteilen. Zuckersterne auf die noch warme Glasur geben und alles erkalten lassen.

Die Kiste kann mit Servietten oder Geschenkpapier ausgelegt und mit den Flaschen, Gläsern, Holzlöffeln und Trinkbechern gefüllt werden.

TIPP

Für eine Schlitten- oder Schneeballpause braucht man natürlich noch die warme Milch. Diese einfach in eine Thermosflasche abfüllen und mit einpacken.

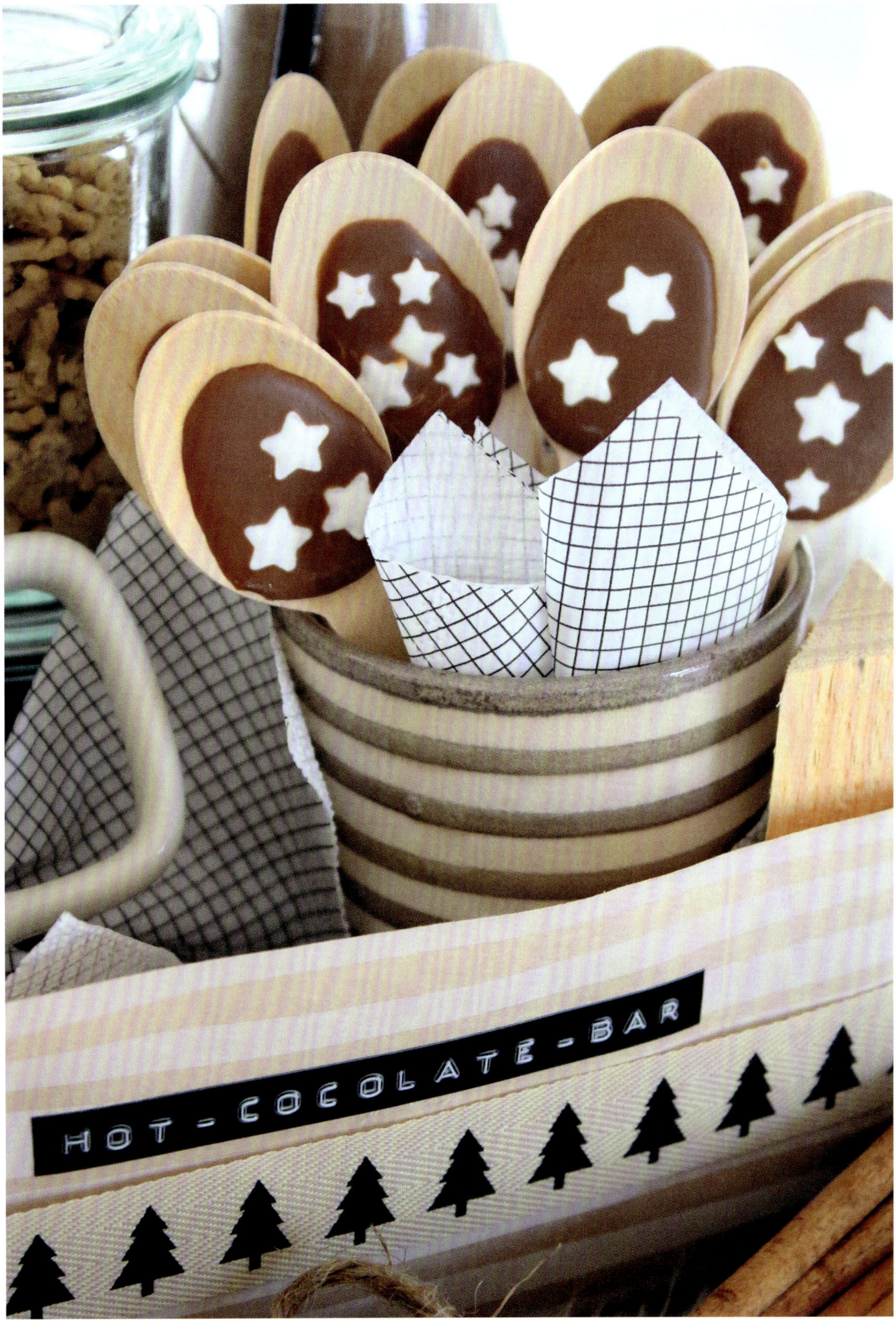
HOT-COCOLATE-BAR

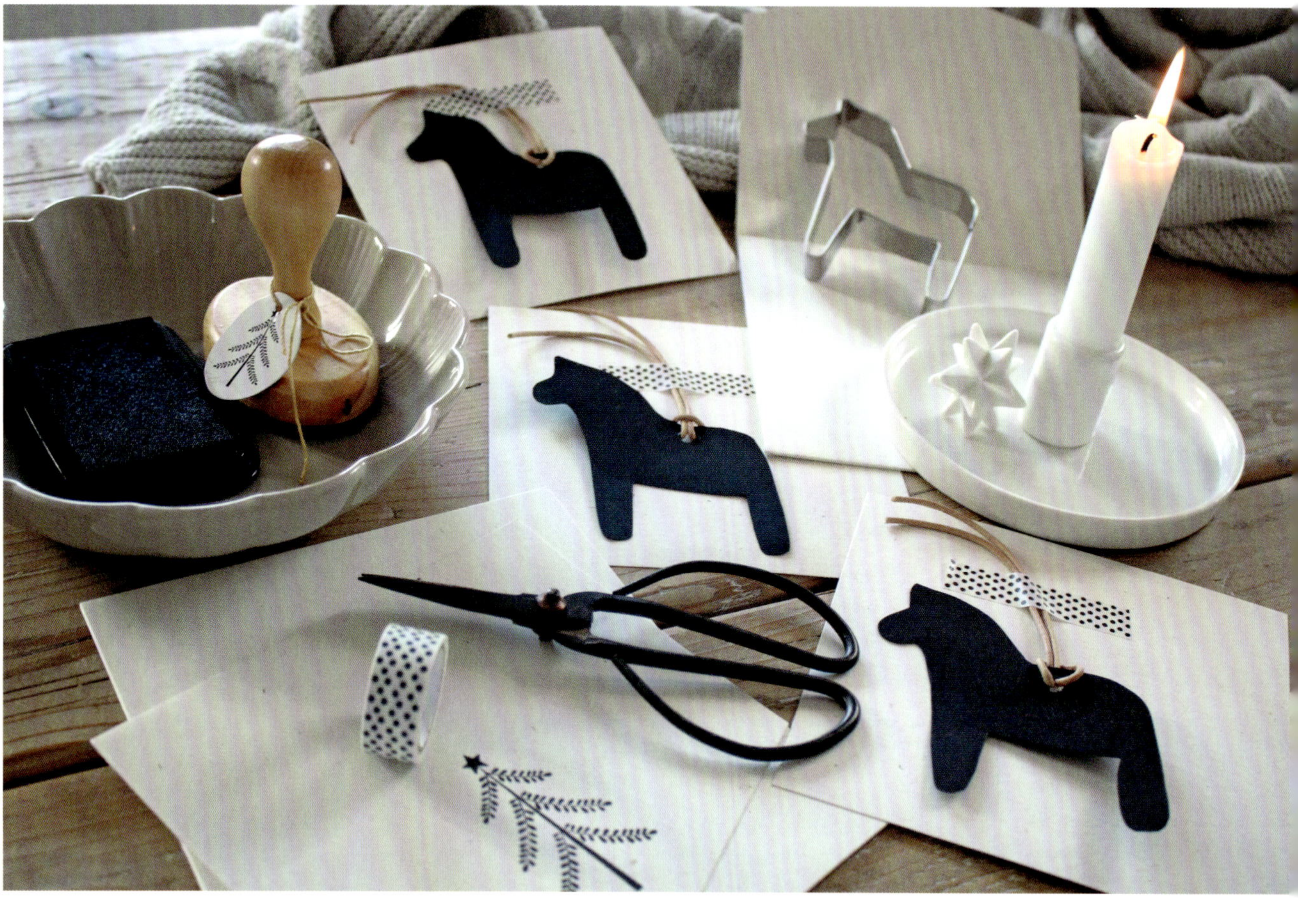

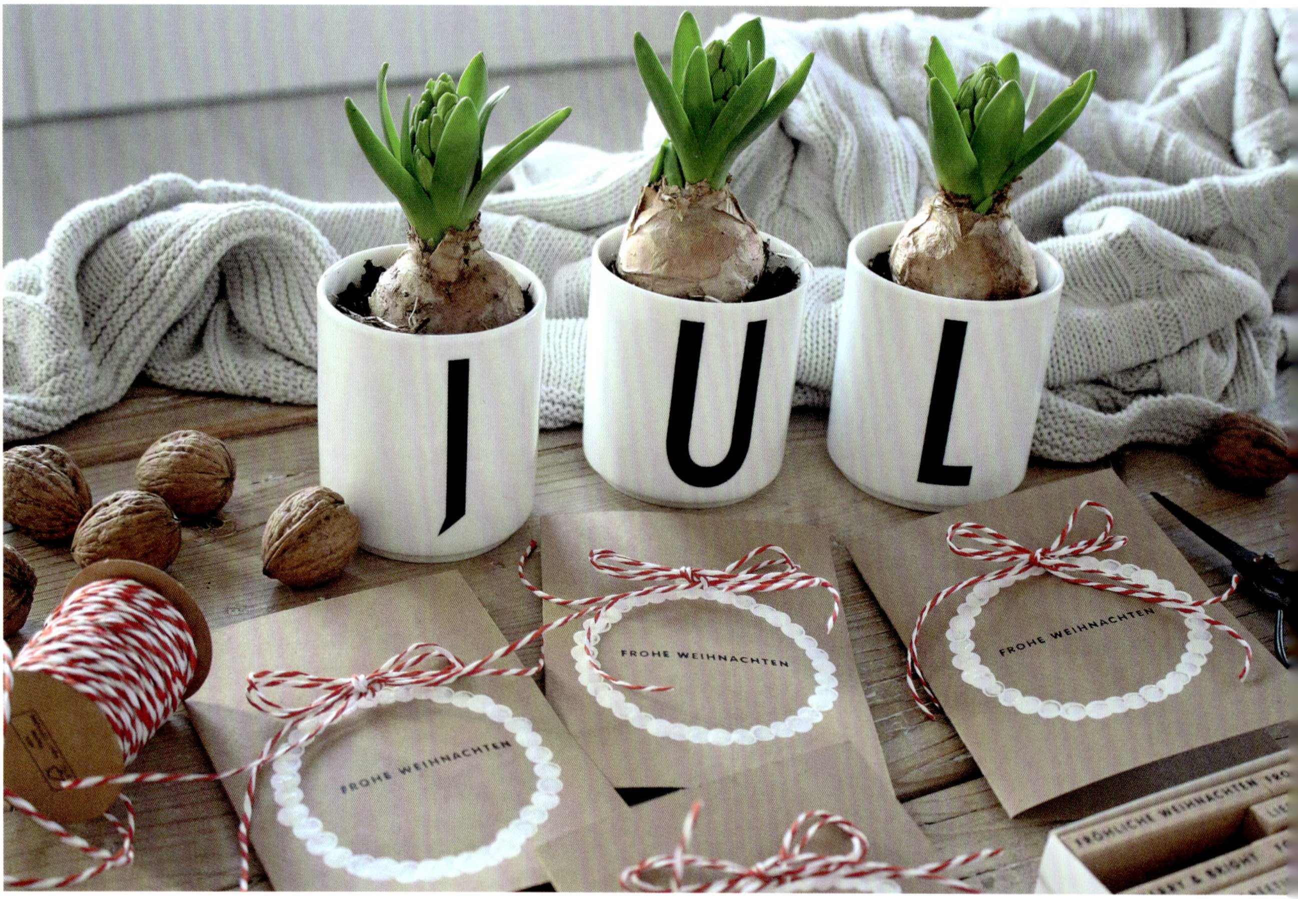
J U L
FROHE WEIHNACHTEN
FROHE WEIHNACHTEN
FROHE WEIHNACHTEN
FRÖHLICHE WEIHNACHTEN

Individuelle Weihnachtskarten

Liebevoll mit der Hand geschriebene Zeilen als Weihnachtswünsche sind in der heutigen Zeit wirklich zu etwas ganz Besonderen geworden. Ich muss schon zugeben, dass ich selbst immer ganz glücklich bin, wenn an uns gedacht wird und ein paar Weihnachtskarten in unserem Briefkasten liegen. Viele Jahre habe ich die Weihnachtskarten für unsere Liebsten auch gerne selbst gebastelt. Manchmal haben wir auch noch ein Foto von uns oder unseren Jungs dazugelegt. Dann kamen aber auch Jahre dazwischen, wo die Zeit nicht reichte und eine gekaufte Karte herhalten musste. Auch das finde ich überhaupt nicht schlimm. Man muss einfach schauen, wie man sich die freien Momente in der Vorweihnachtszeit einteilt, sodass der Weihnachtszauber bei einem bleibt und jeder ihn genießen kann. Wenn du nun aber Zeit hast und auch noch basteln möchtest, habe ich diese Weihnachtskarten für dich. Auch die Kleinen können dir hier fleißig helfen ...

Weihnachtskarte mit Dala-Pferd

BENÖTIGTES MATERIAL

1 cremefarbene Karte mit Umschlag
schwarzes Kartonpapier
Keksausstecher Dala-Pferd oder Schablone
Schere
Bleistift
Lochzange
Lederband
Masking Tape

SO WIRD'S GEMACHT

Für das Dala-Pferd habe ich einen Keksausstecher genutzt – er eignet sich nicht nur für Kekse, sondern auch als Schablone zum Basteln. Alternativ kann jeder andere Keksausstecher (Stern, Glocke, Pfefferkuchenmännchen, Tannenbaum) verwendet werden oder die beigefügte Dala-Pferd-Vorlage.

Den Ausstecher auf das Kartonpapier legen und mit dem Bleistift umfahren. Die Zeichnung mit der Schere ausschneiden. Mit der Lochzange an der oberen Seite des Pferdes mittig ein Loch ausstanzen. Das Dala-Pferd auf das Lederband auffädeln und mit einem Streifen Masking Tape auf der Karte festkleben. Fehlen nur noch die handgeschriebenen Zeilen und lieben Wünsche zum Fest.

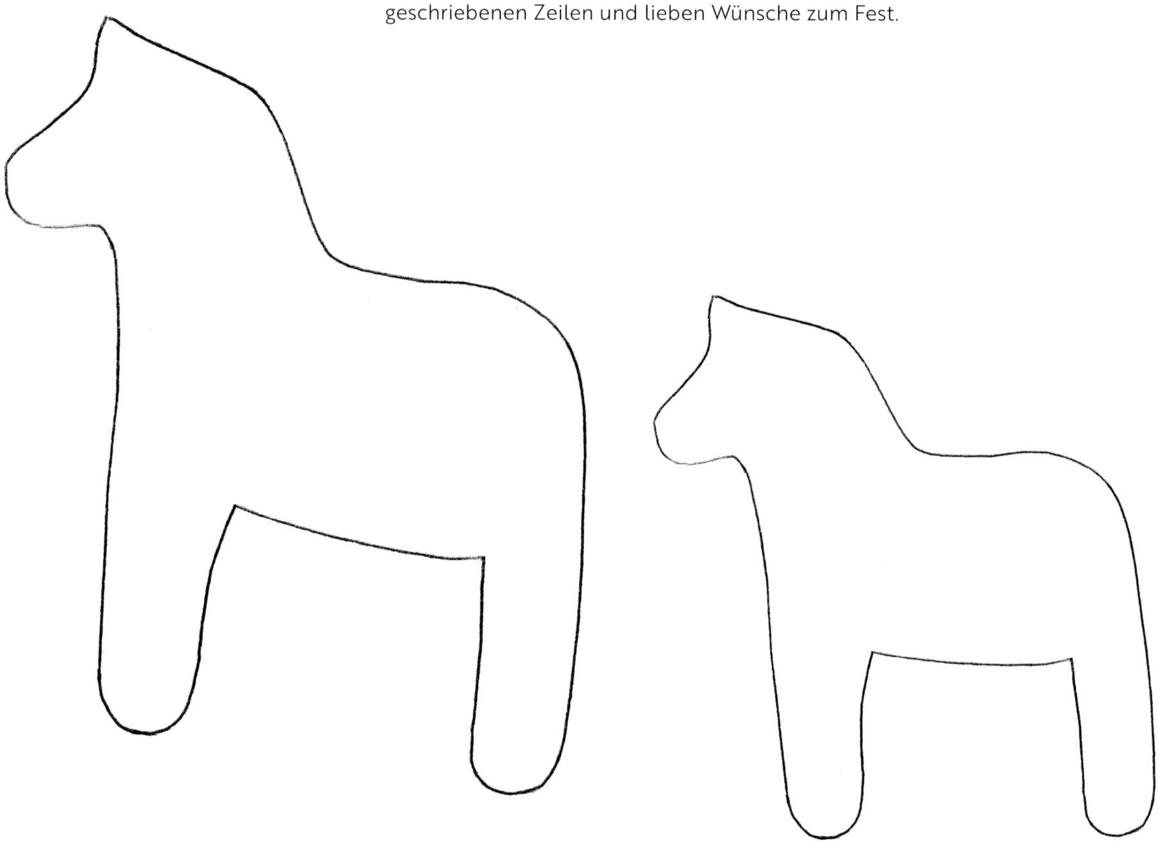

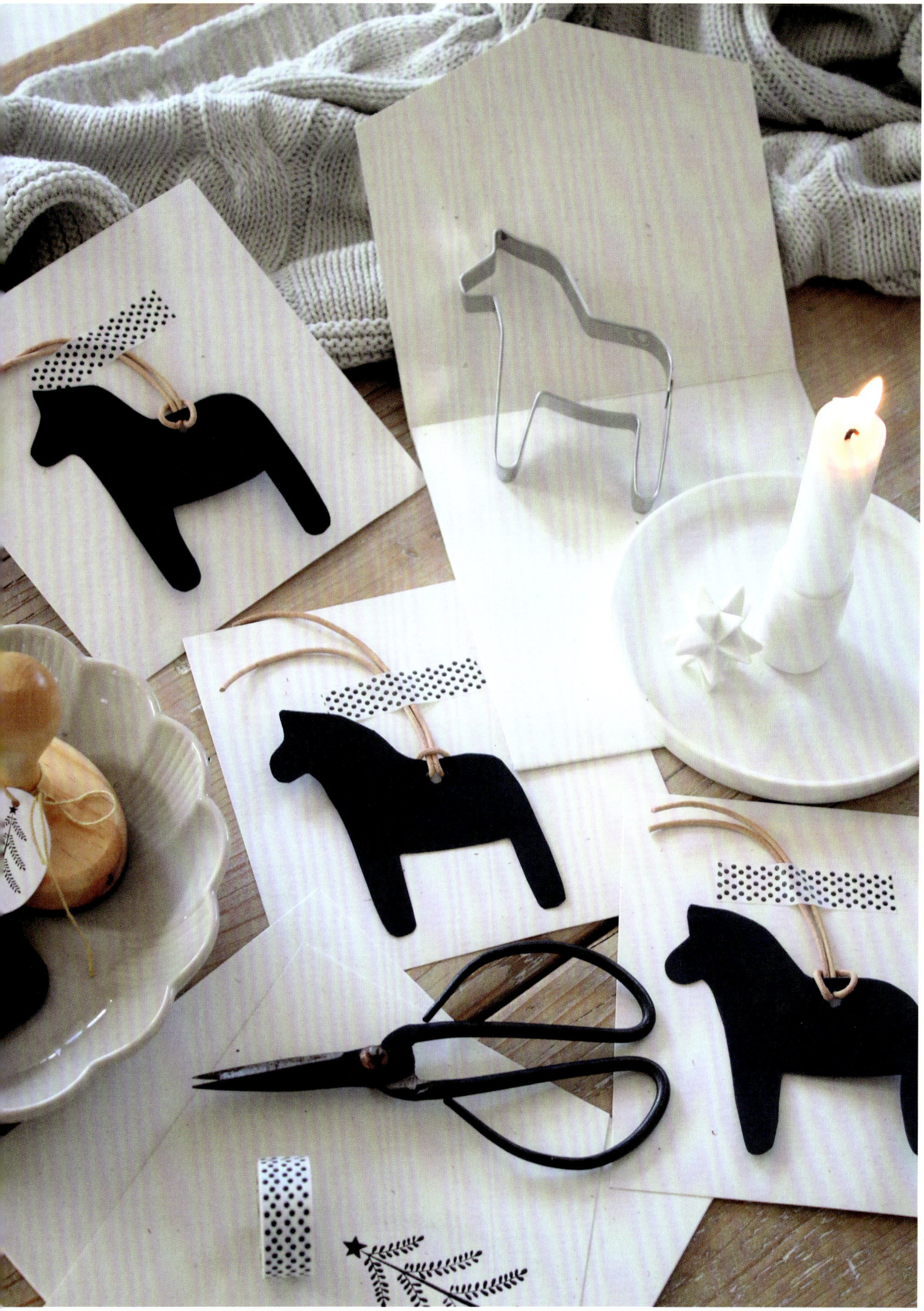

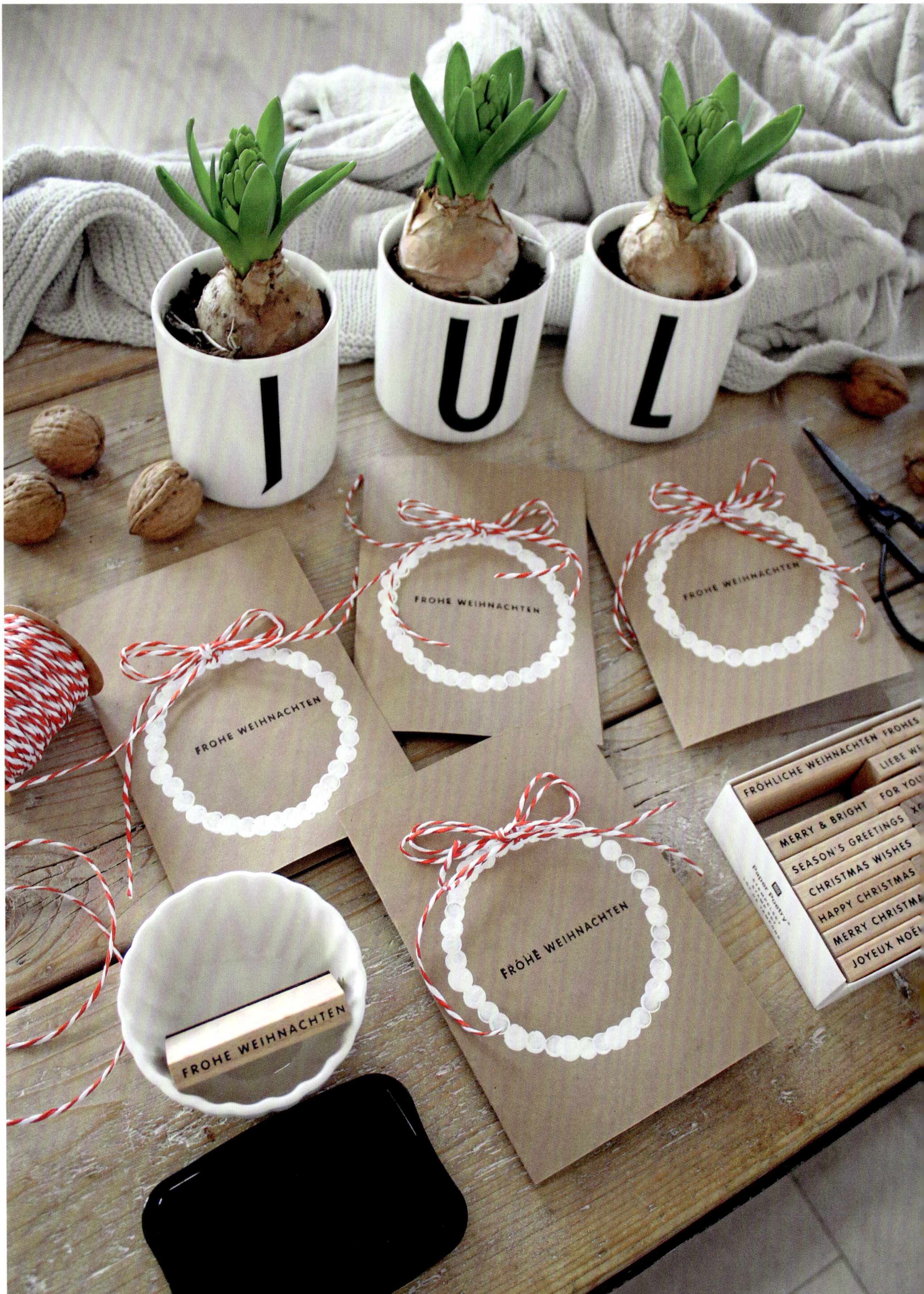
JUL
FROHE WEIHNACHTEN
FROHE WEIHNACHTEN
FROHE WEIHNACHTEN
FROHE WEIHNACHTEN
FROHE WEIHNACHTEN
FRÖHLICHE WEIHNACHTEN
MERRY & BRIGHT
SEASON'S GREETINGS
CHRISTMAS WISHES
HAPPY CHRISTMAS
MERRY CHRISTMAS

Weihnachtskarte mit Kranz

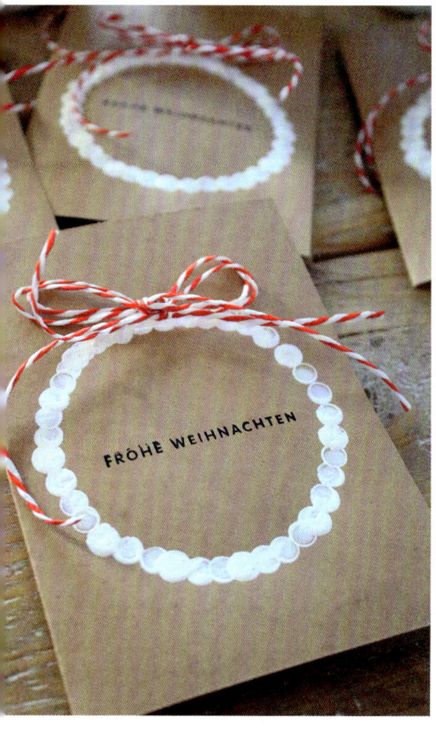

SO WIRD'S GEMACHT

Diese Karte ist eigentlich für kleine Bastler wie gemacht, und Kinder können hier toll mithelfen.

Eine kleine Schüssel oder ein Glas als Schablone auf die Karte setzen und mit dem Bleistift leicht umfahren. Den Radiergummi des Bleistifts nun in die Acrylfarbe tauchen (alternativ geht auch Deckweiß) und damit entlang der Kreislinie kleine Punkte auftupfen. Dabei für jeden Tupfen das Radiergummi erneut in die Farbe tauchen, um ein deckendes Ergebnis zu erzielen. Das können kleine Kinderfinger übrigens genauso gut übernehmen, und dann kommt noch eine ganz persönliche Note mit ins Spiel.

Während der Kranz trocknet, kann man einen Stempel nutzen und einen Schriftzug nach Wunsch wie z. B. »Frohe Weihnachten« hineinstempeln.

Ist der Kranz vollständig getrocknet, das Kordelband hinzufügen. Damit eine herkömmliche Schleife binden und auf der Rückseite ein kleines, zurechtgeschnittenes Stückchen Fotokleber setzen. Die Schleife auf die obere Seite des Kranzes auflegen und festkleben.

BENÖTIGTES MATERIAL

1 hellbraune Karte mit Umschlag
kleine Schüssel oder Glas als Schablone
Bleistift mit Radiergummi
weiße Acrylfarbe oder Deckweiß
rotweißes Kordelband
Stempel
Stempelkissen
Fotokleber

Zündhölzer

Zu einer hyggeligen Weihnachtszeit gehören Kerzen einfach dazu. Es müssen nicht unbedingt viele sein. Schon eine Kerze bringt sehr viel Licht und Wärme in dein Zuhause. Um das Licht zu entzünden, sind hübsch verpackte Zündhölzer immer eine tolle Idee. Diese hier kam mir, als mir bei einem kleinen Einkaufsbummel der schöne Holzstempel mit dem Tannenbaum in die Hände fiel. Du kannst dafür natürlich auch Stempel benutzen, die du schon zuhause hast. Die kleinen Zündholzpäckchen eignen sich auch wunderbar als kleines Mitbringsel zum Verschenken. Vielleicht legst du noch eine Kerze dazu!

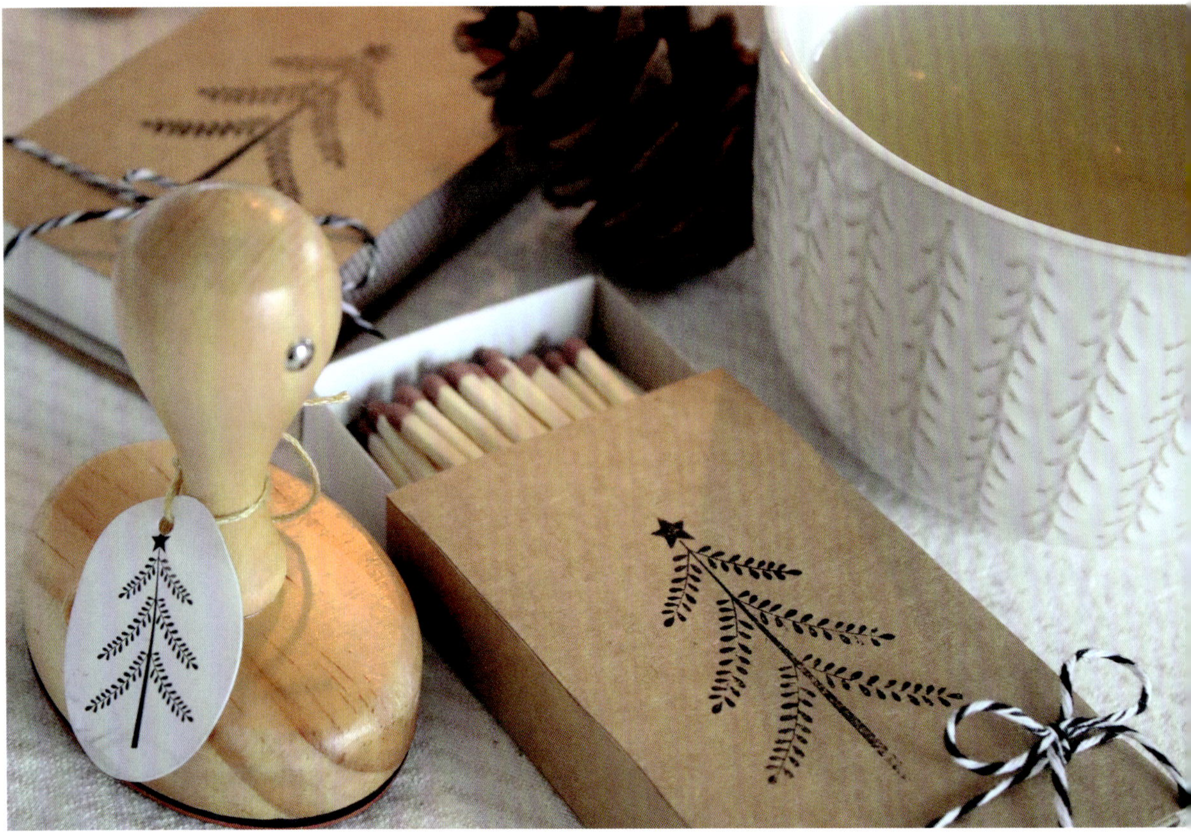

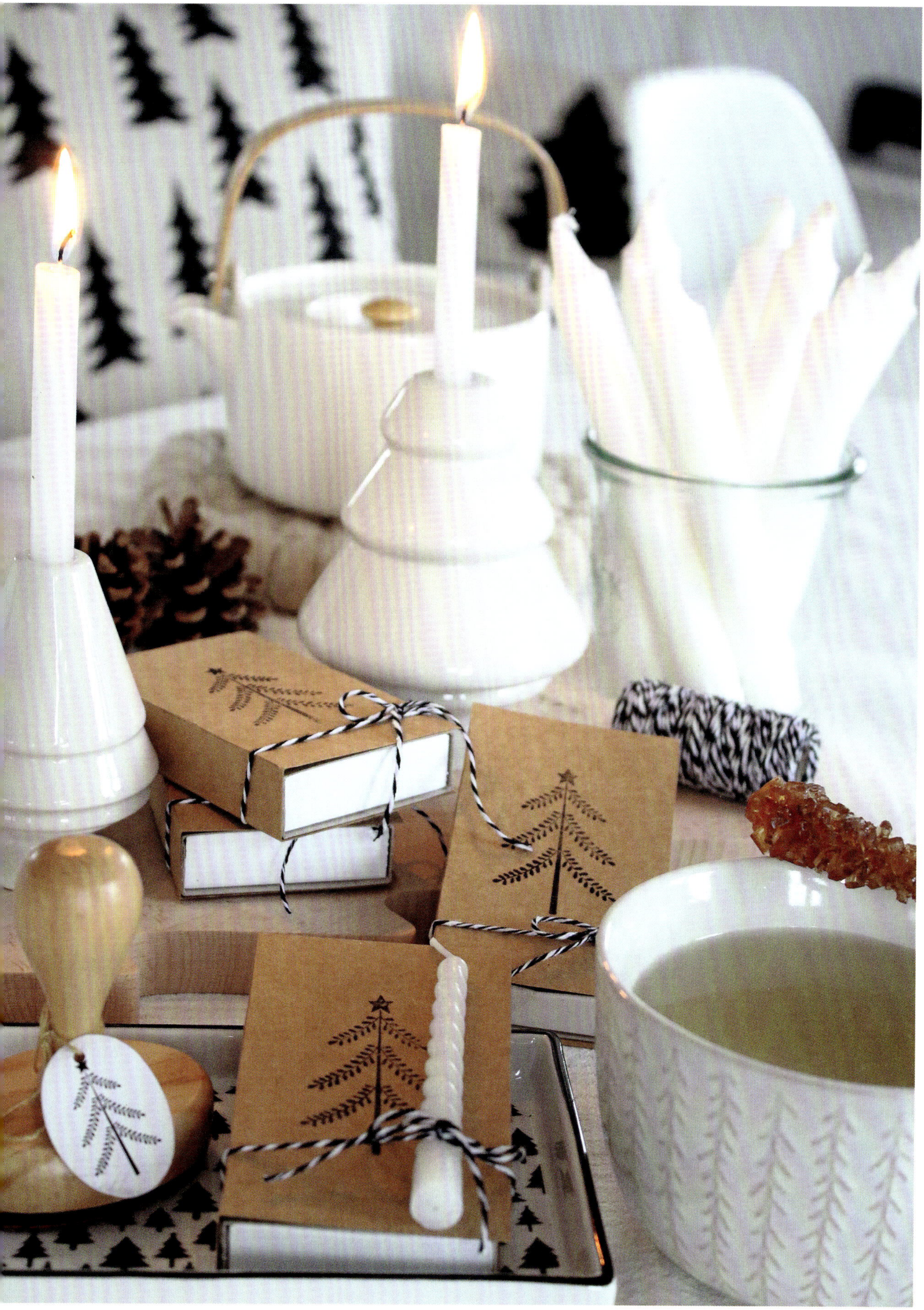

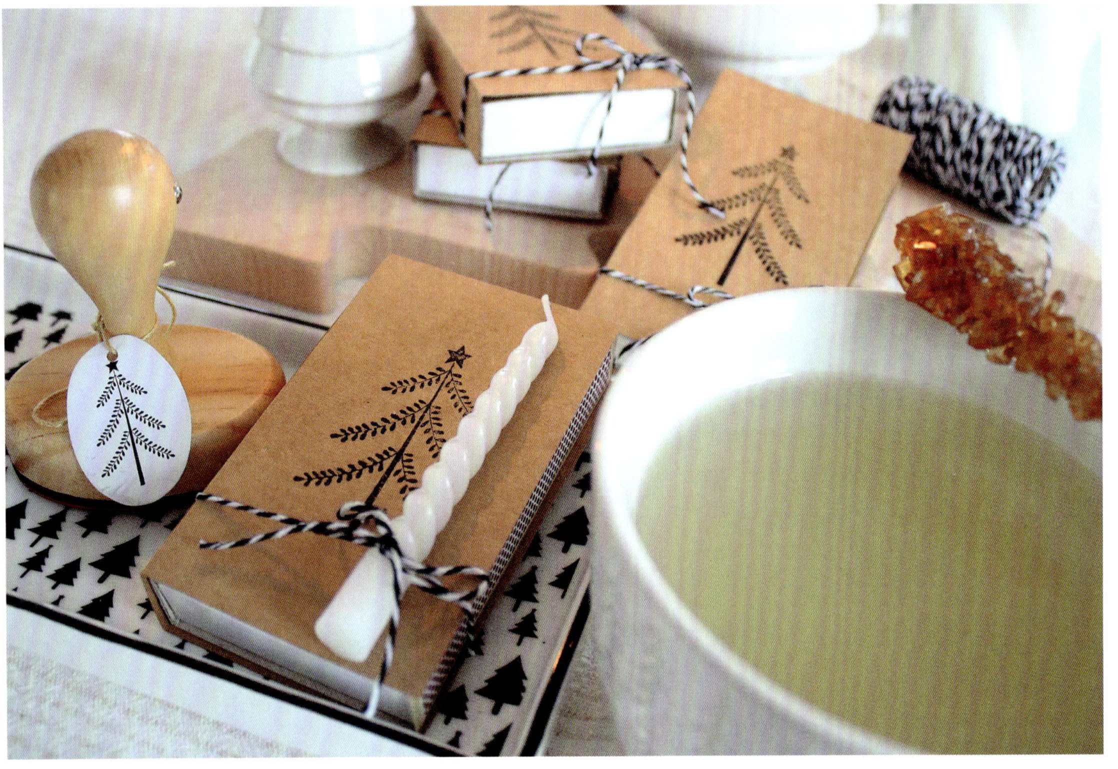

BENÖTIGTES MATERIAL

Zündholzschachteln-Pappe für die Schablone
naturbraunes Kraftpapier
Stempel Tannenbaum (z.B. von Rico Design)
Stempelkissen
Schere
Lineal
Cuttermesser
Klebestift
schwarzweißes Kordelband

SO WIRD'S GEMACHT

Um eine Schablone für das Kraftpapier zu erstellen, ringsherum die Maße der Zündholzschachtel nehmen, dabei aber die Seite zum Anzünden auslassen. Dafür 2–3 mm an den Seiten hinzurechnen, sodass diese später etwas überstehen, und auch die beiden Faltlinien einkalkulieren. Alle Maße auf die Pappe übertragen und die Schablone ausschneiden.

Die Schablone auf das Kraftpapier legen und mit dem Bleistift umzeichnen. Auch die Faltlinien einzeichnen und die Form ausschneiden. Die beiden Faltlinien vorsichtig mit einem Cuttermesser einritzen (nicht durchschneiden), sodass sich die beiden Seiten anschließend nach innen falten lassen.

Die Oberseite zurechtlegen und mit einem Stempel ein Motiv nach Wahl aufstempeln. Die Zündholzschachtel so in die vorbereitete gefaltete Schachtel legen, dass der Zündstreifen an der freien Seite zu liegen kommt. Mit dem Klebestift an den anderen drei Seiten festkleben und abschließend zur Dekoration noch eine kleine Kordel mit Schleife um die Schachtel binden.

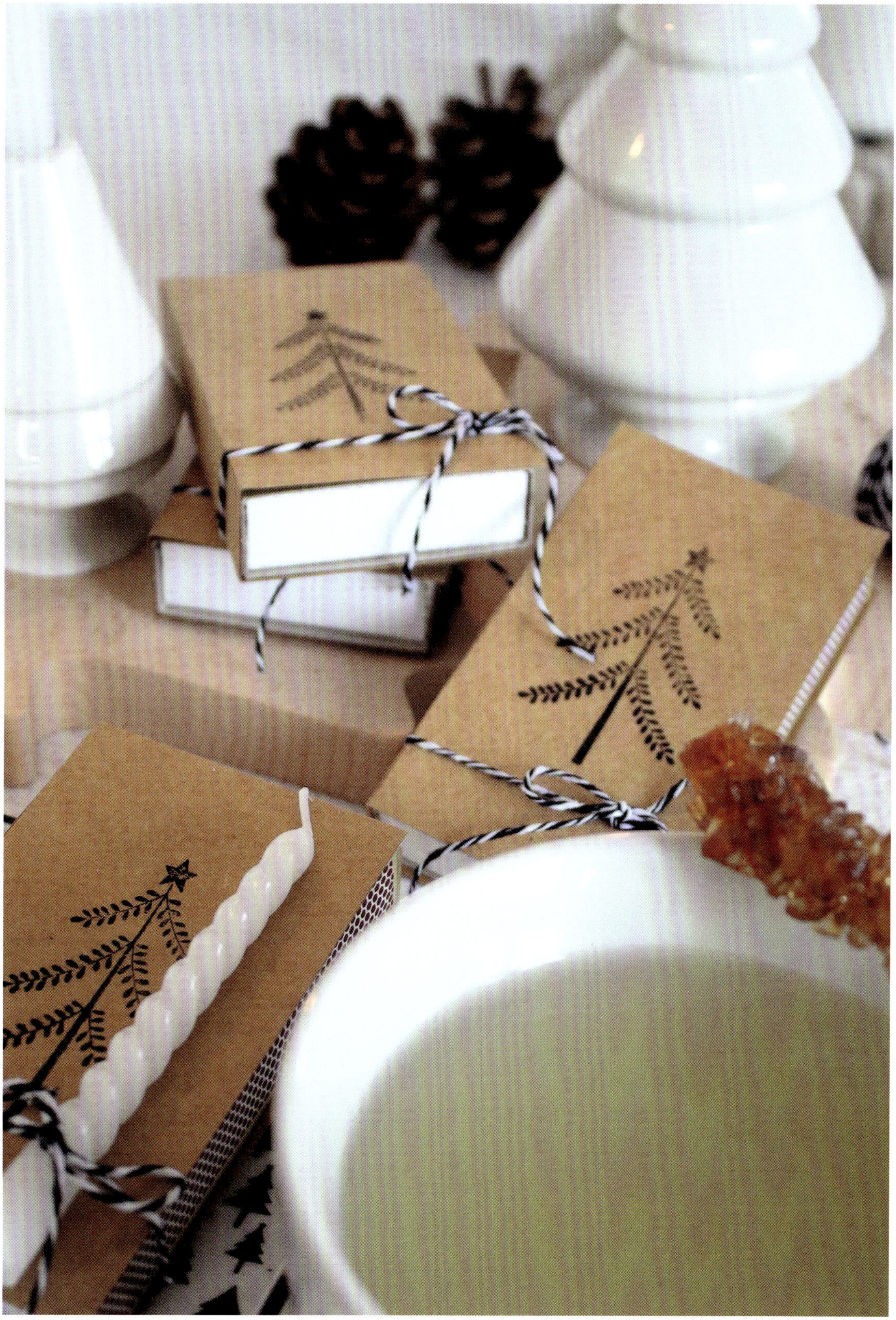

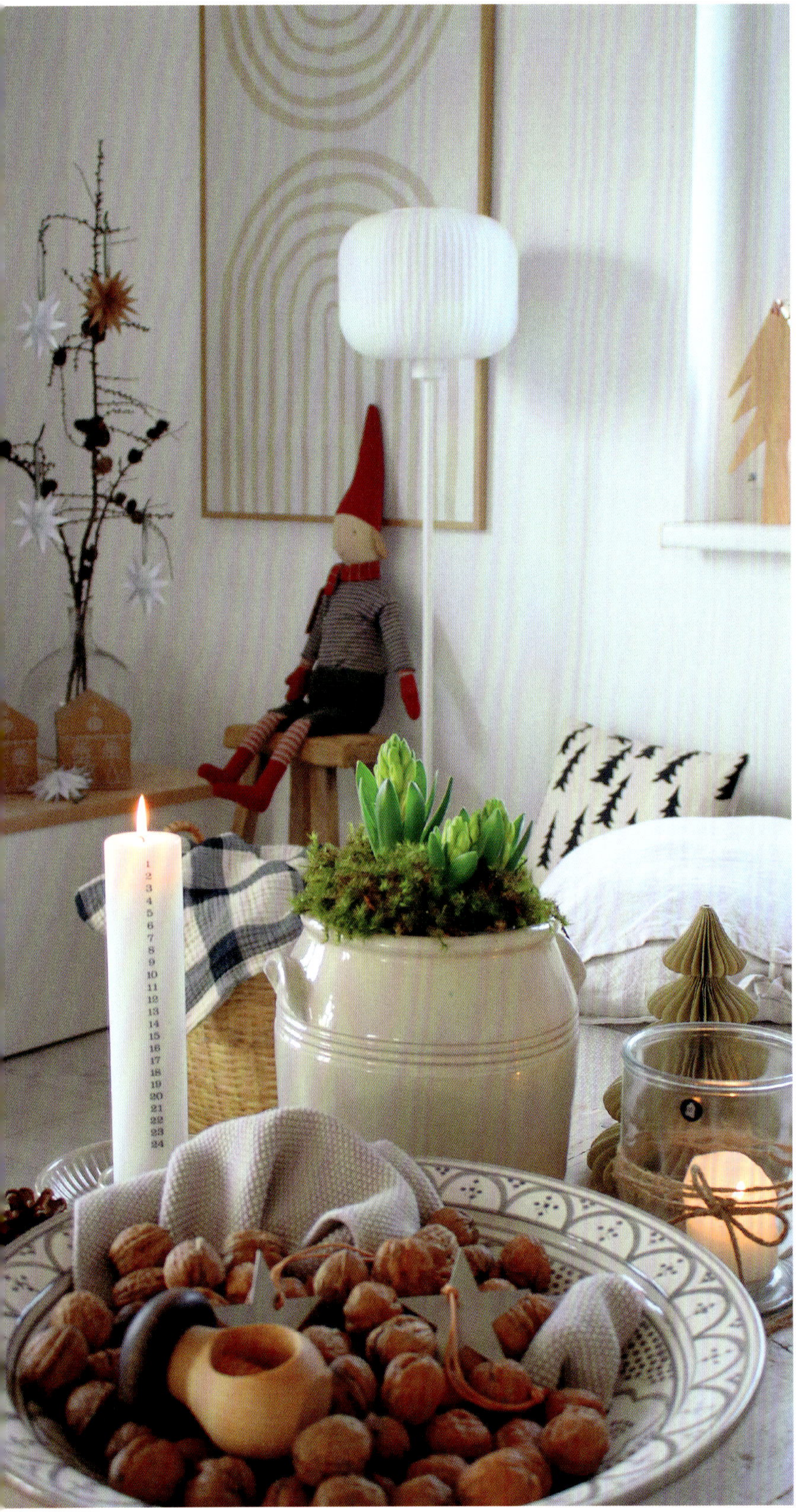

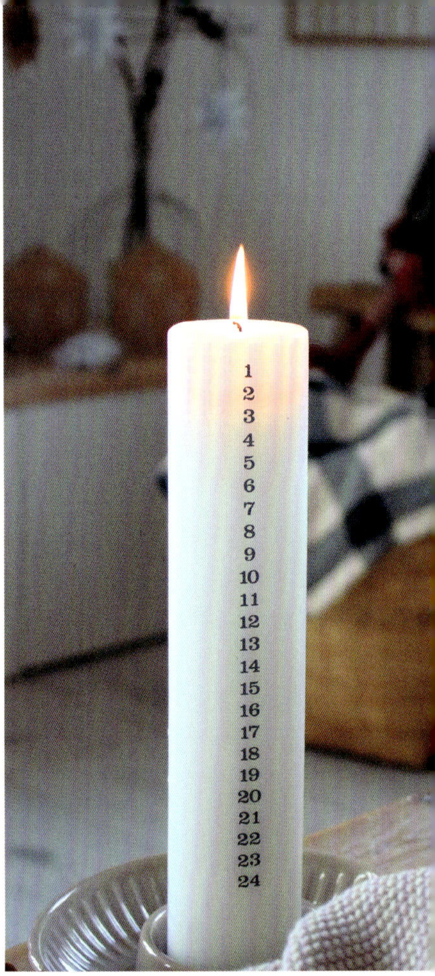
1
2
3
4
5
6
7
8
9
10
11
12
13
14
15
16
17
18
19
20
21
22
23
24

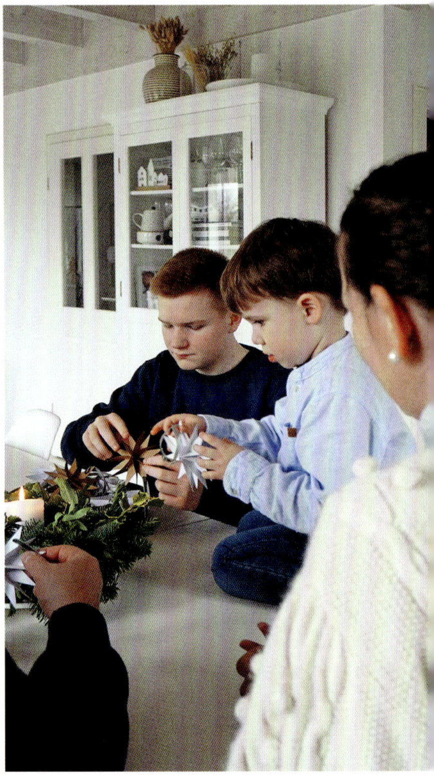

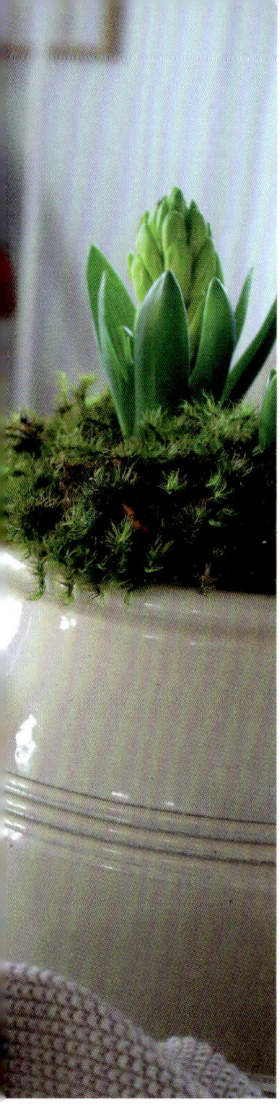

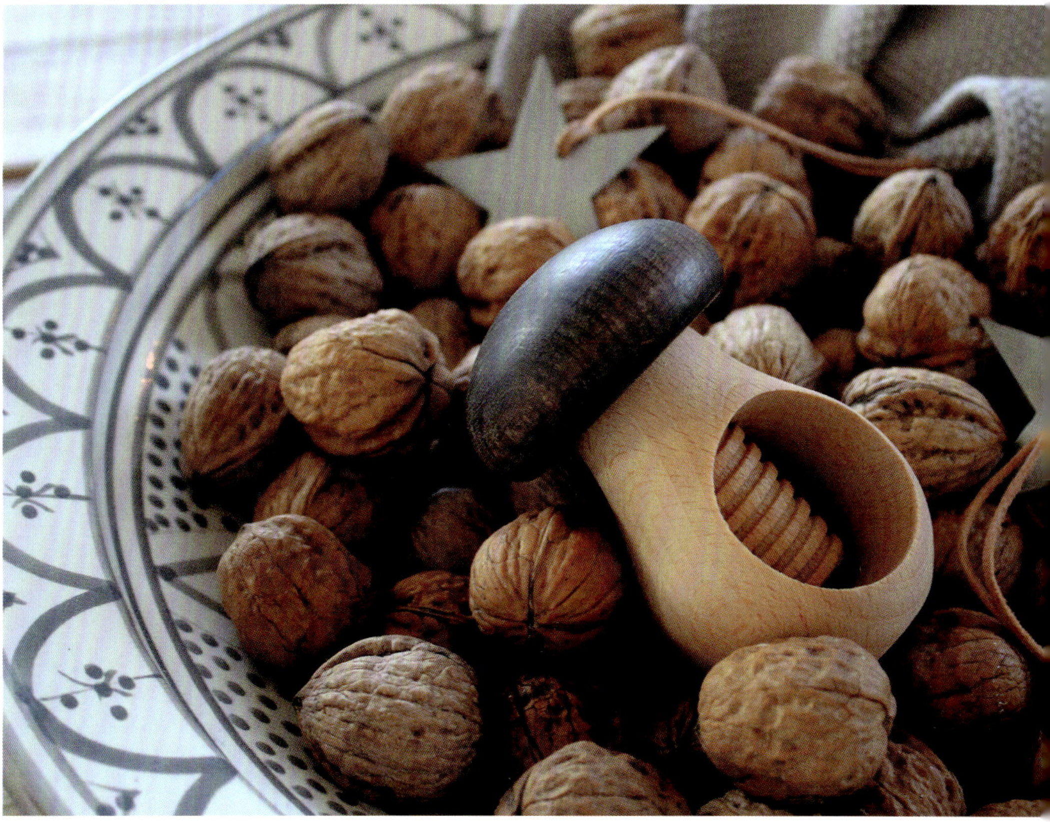

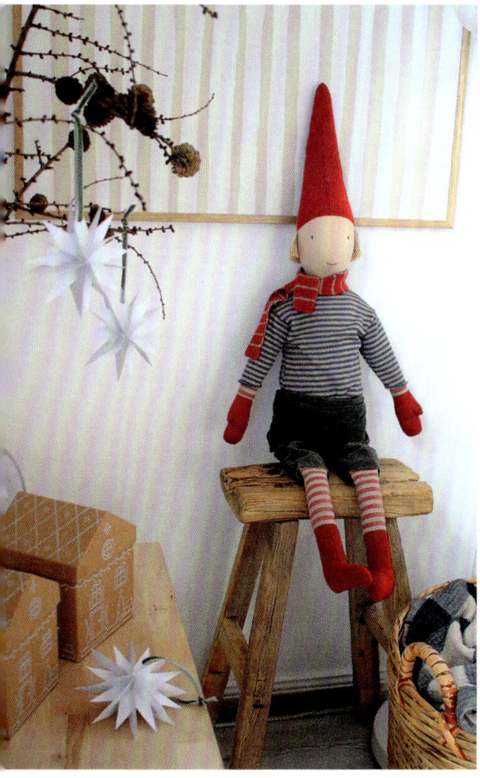

Auch in unserem Wohnzimmer mag ich es in der Weihnachtszeit gerne so richtig gemütlich. Dazu tragen auch unser Maileg-Wichtel, eine Schale gefüllt mit Nüssen und die aus dem Urlaub mitgebrachte Adventskalenderkerze bei. Schon seit einigen Jahren ist in Dänemark so eine Kerze zu einem schönen Brauch geworden. Die Zahlen von 1–24 sind untereinander zu lesen, um an jedem Dezembertag bis zum Heiligabend zu leuchten.

Ein Korb mit unseren liebsten Weihnachtsbüchern steht zusätzlich auch immer bereit und macht das Warten auf die Weihnachtstage zum Einkuscheln schön.

Nikolausstiefel

Was ist das doch immer für eine Aufregung am Nikolausmorgen! War er wirklich da, hat er wirklich etwas gebracht? Oh ja, mit einem prall gefüllten Nikolausstiefel kann man den Kleinen (und auch den Großen) eine herzliche Freude bereiten. Da der Stiefel schnell gemacht ist und du dafür noch nicht einmal eine Nähmaschine brauchst, zeige ich dir jetzt gerne, wie du ihn nähen kannst.

Den Stoff für meinen Nikolausstiefel habe ich beim Vorbeigehen an einem Stoffladen zufällig entdeckt, und was soll ich sagen, ich musste ihn einfach kaufen! In Dänemark kommt der Nikolaus übrigens nicht zu den Kindern ins Haus und gehört auch nicht zu den weihnachtlichen Traditionen. Dafür gibt es am 13. Dezember das Lucia-Fest.

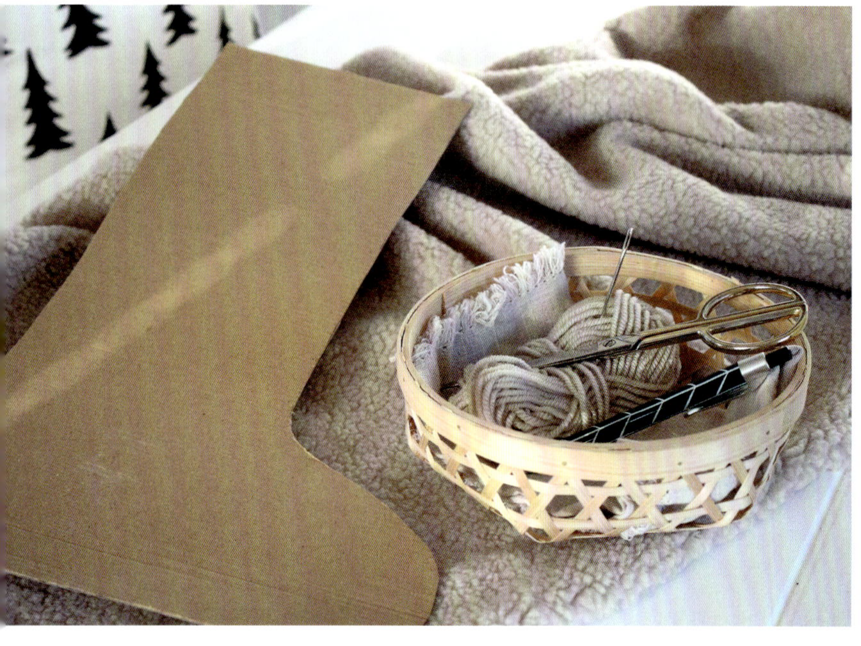

BENÖTIGTES MATERIAL

ca. 120 × 80 cm cremefarbener Teddy-Stoff
dünne Pappe für die Schablone
Kugelschreiber oder Bleistift
Stecknadeln
Schere
Wollfaden
Stopfnadel mit weiter Öse
Paket- oder Schleifenband

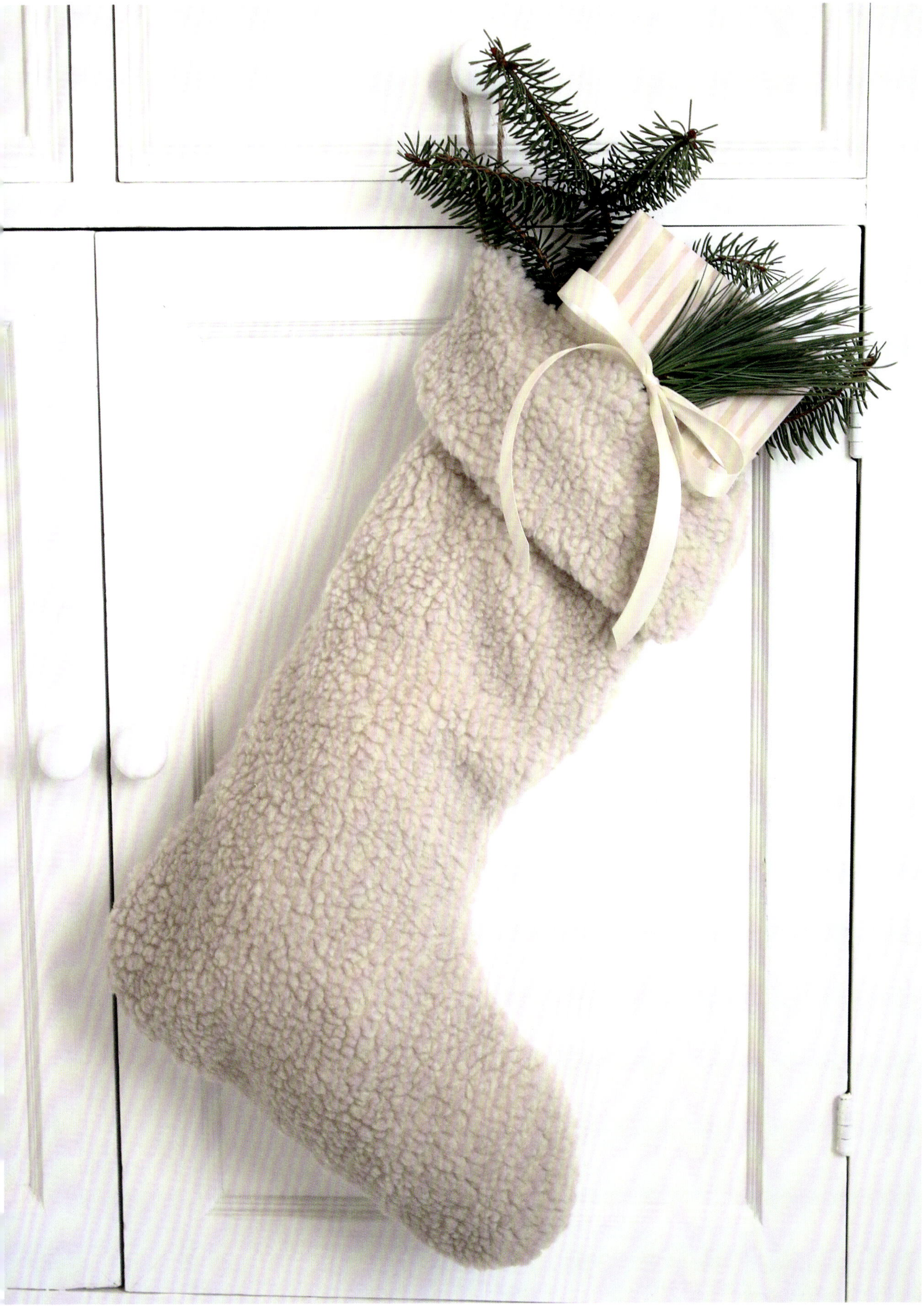

SO WIRD'S GEMACHT

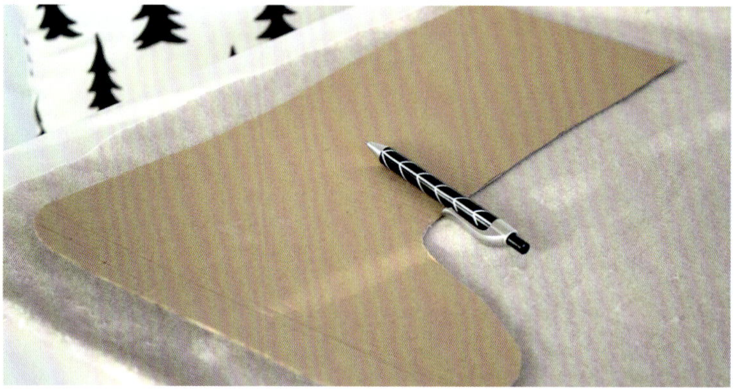

Zunächst eine Stiefel-Schablone aus Pappe anfertigen. Die Größe meines Stiefels beträgt in der Länge ca. 50 cm und von der Ferse bis zur Zehenspitze ca. 27 cm. Bitte beim Aufzeichnen der Schablone unbedingt an die Nahtzugabe denken. Die Schablone ausschneiden.

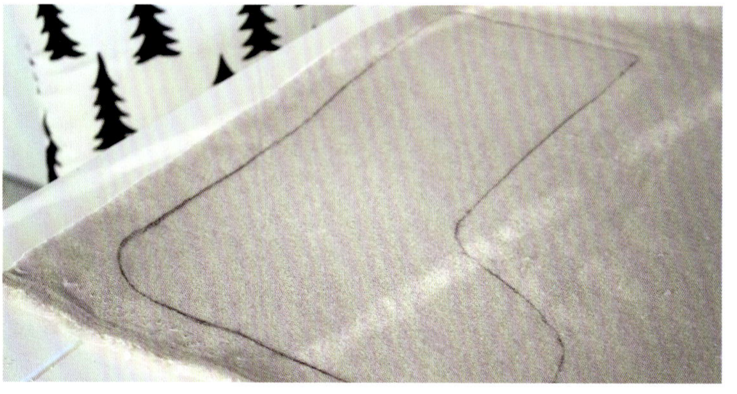

Den Stoff mit der Teddy-Seite nach unten auf dem Tisch legen und mit einem Stift die Schablone des Stiefels entlangzeichnen. Der Nikolausstiefel ist nun auf dem Stoff zu sehen.

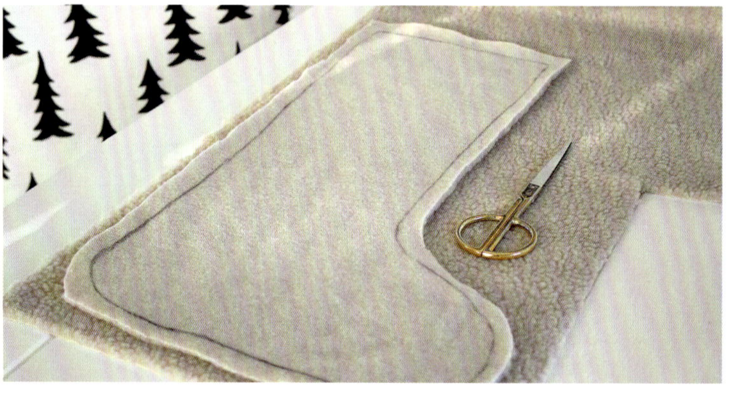

Ein zweites Stück Stoff mit der Teddy-Seite nach oben unter den noch nicht ausgeschnittenen Stiefel legen. Die beiden weichen Stoffseiten liegen sich nun aufeinander.

Für einen besseren Halt kannst du den Stiefel von innen mit Stecknadeln fixieren.

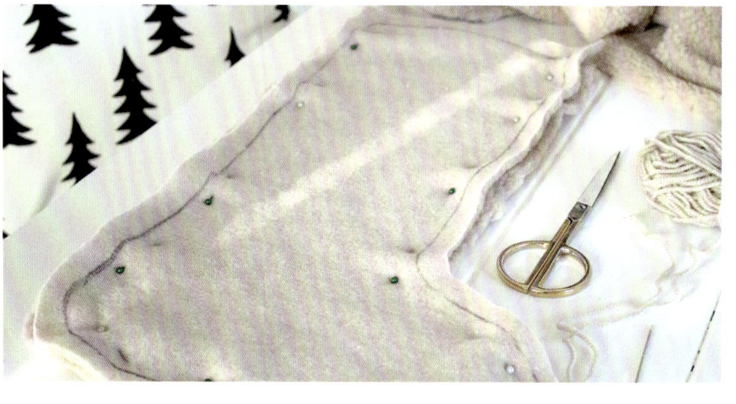

Mit einer Nähmaschine kann man die beiden Teile jetzt einfach zusammennähen. Aber mit einem Wollfaden und dem einfachen Vorstich geht das auch schnell von Hand. Genäht wird dabei durch den Stoff von rechts nach links. Die Stiche sind im Wechsel auf der Ober- und Unterseite zu sehen.

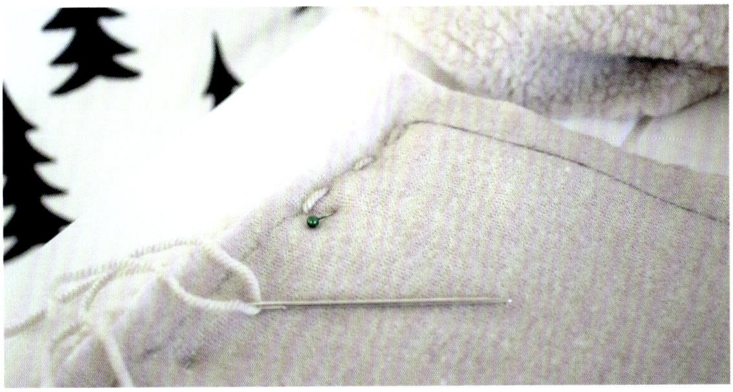

Bitte daran denken, dass die obere Seite des Stiefels für die Öffnung offen bleibt! Dann den Stiefel durch die Öffnung wenden, damit der Stoff mit der flauschigen Seite nach außen zu liegen kommt. Für ein späteres Aufhängen des Stiefels ein Stück Paket- oder Schleifenband zurechtschneiden und an der langen Seite der schon vorhandenen Naht festnähen.

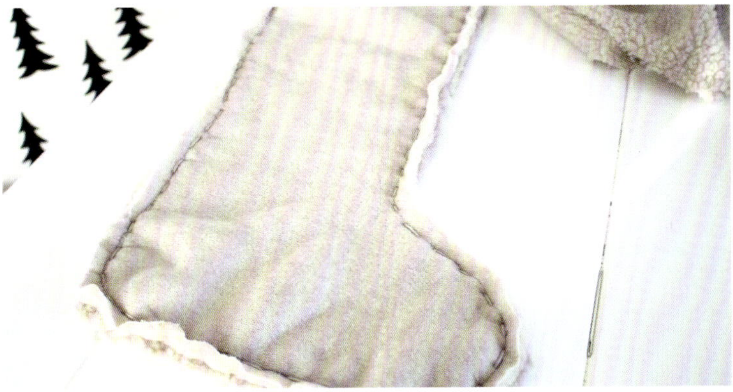

TIPP

Die obere Öffnung habe ich noch einmal umgeschlagen und dann die weiche Stoffseite nach oben gelegt, damit ein Stiefelschaft entsteht.

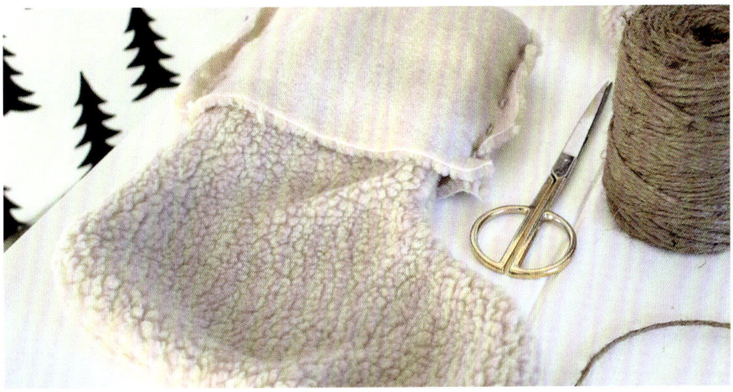

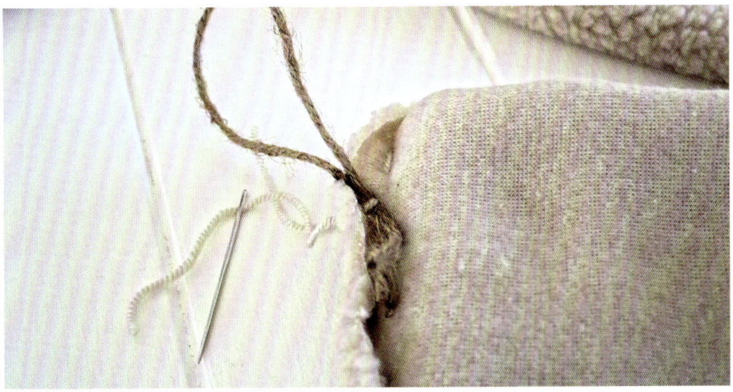

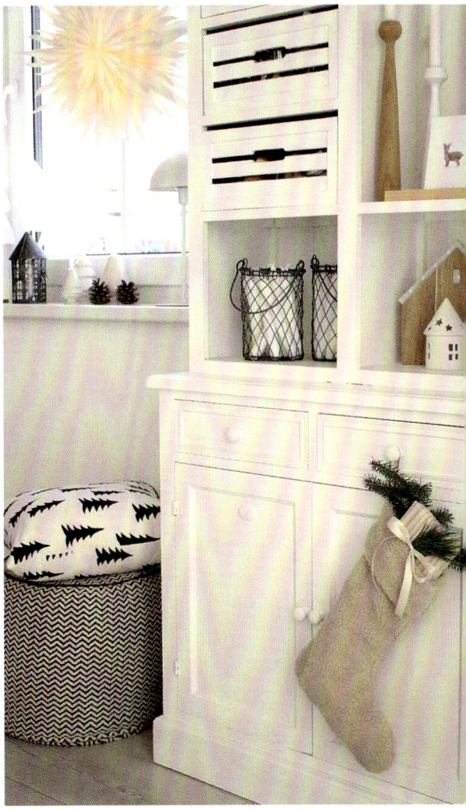

Weihnachts selbst

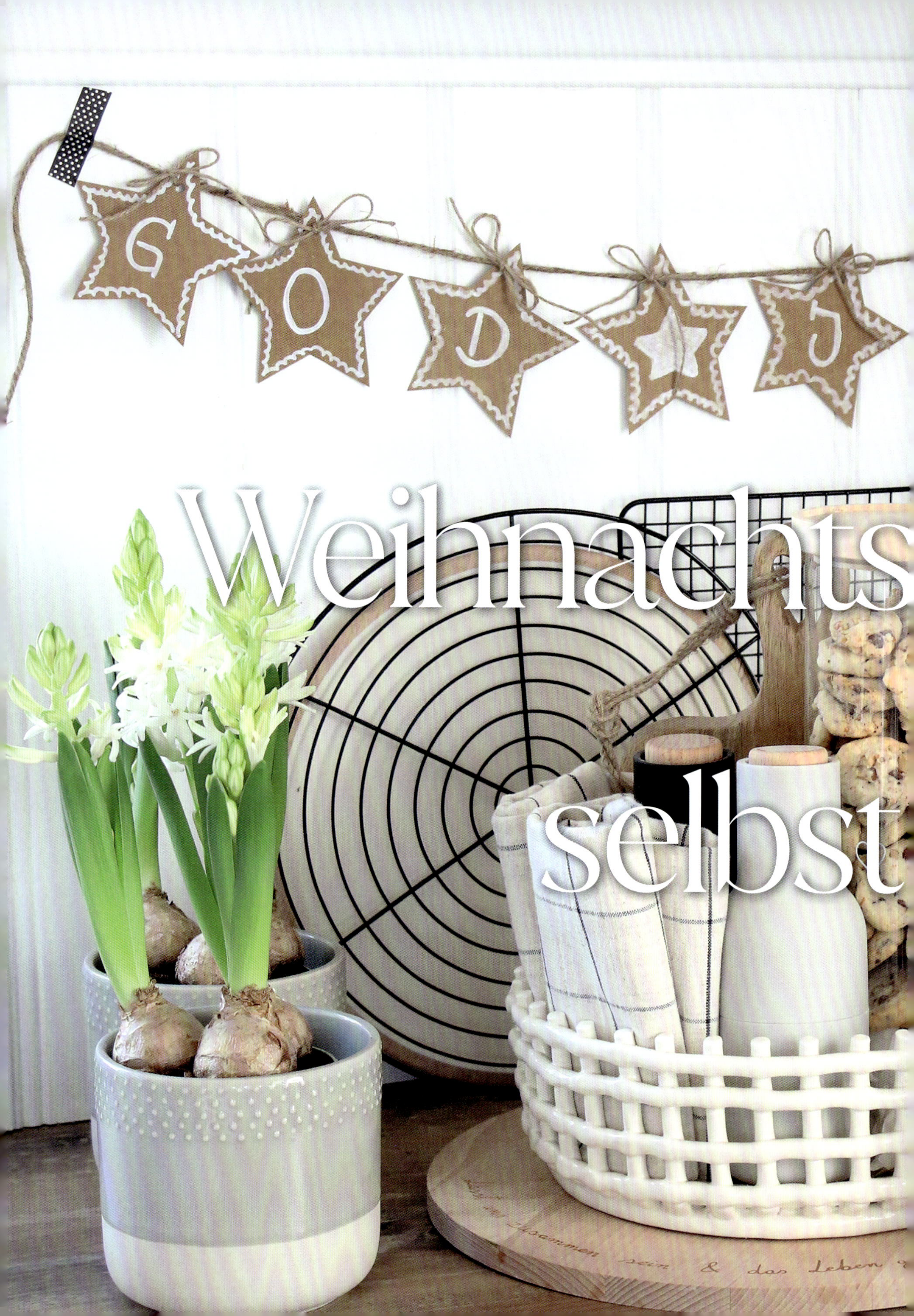

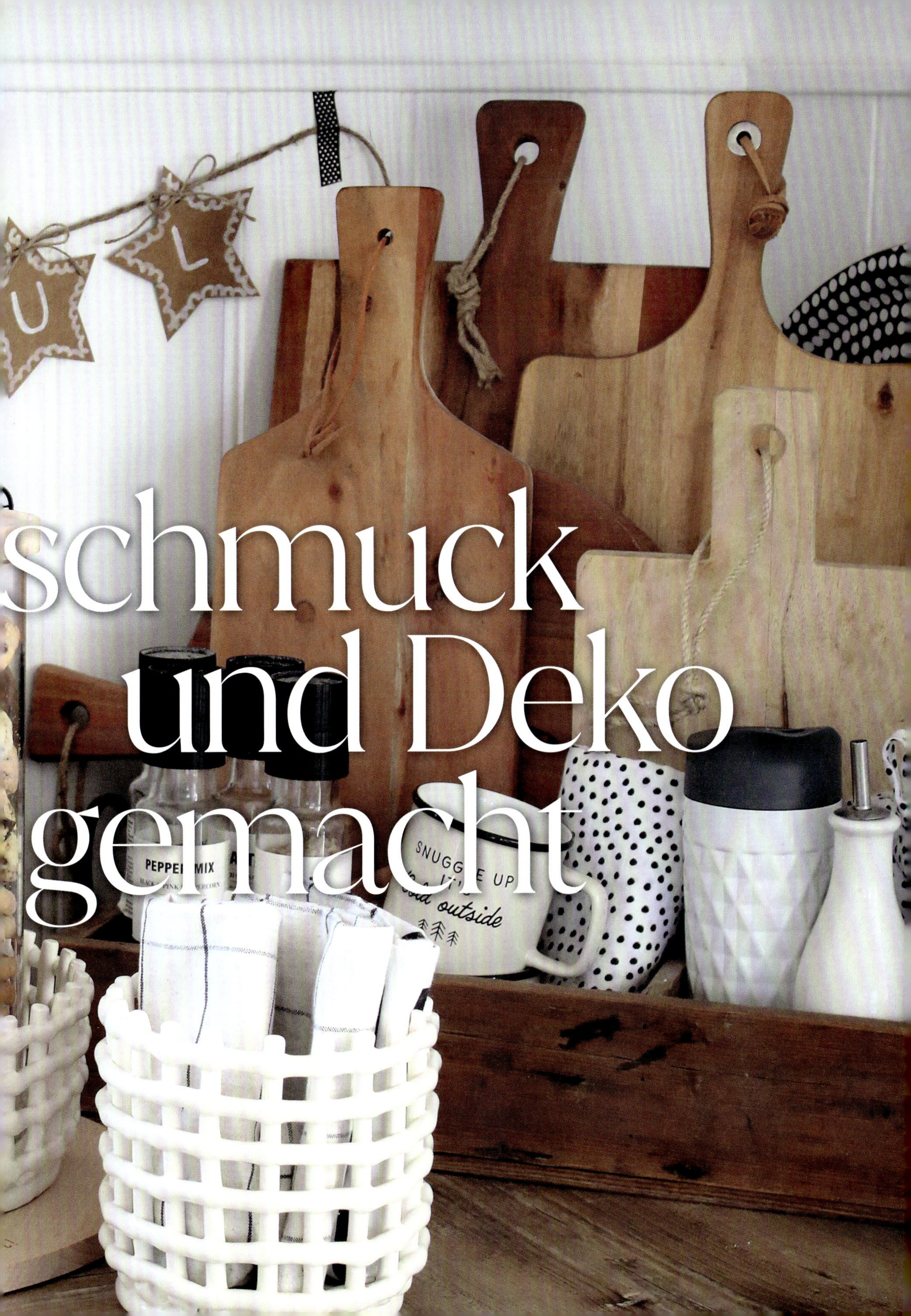

schmuck und Deko gemacht

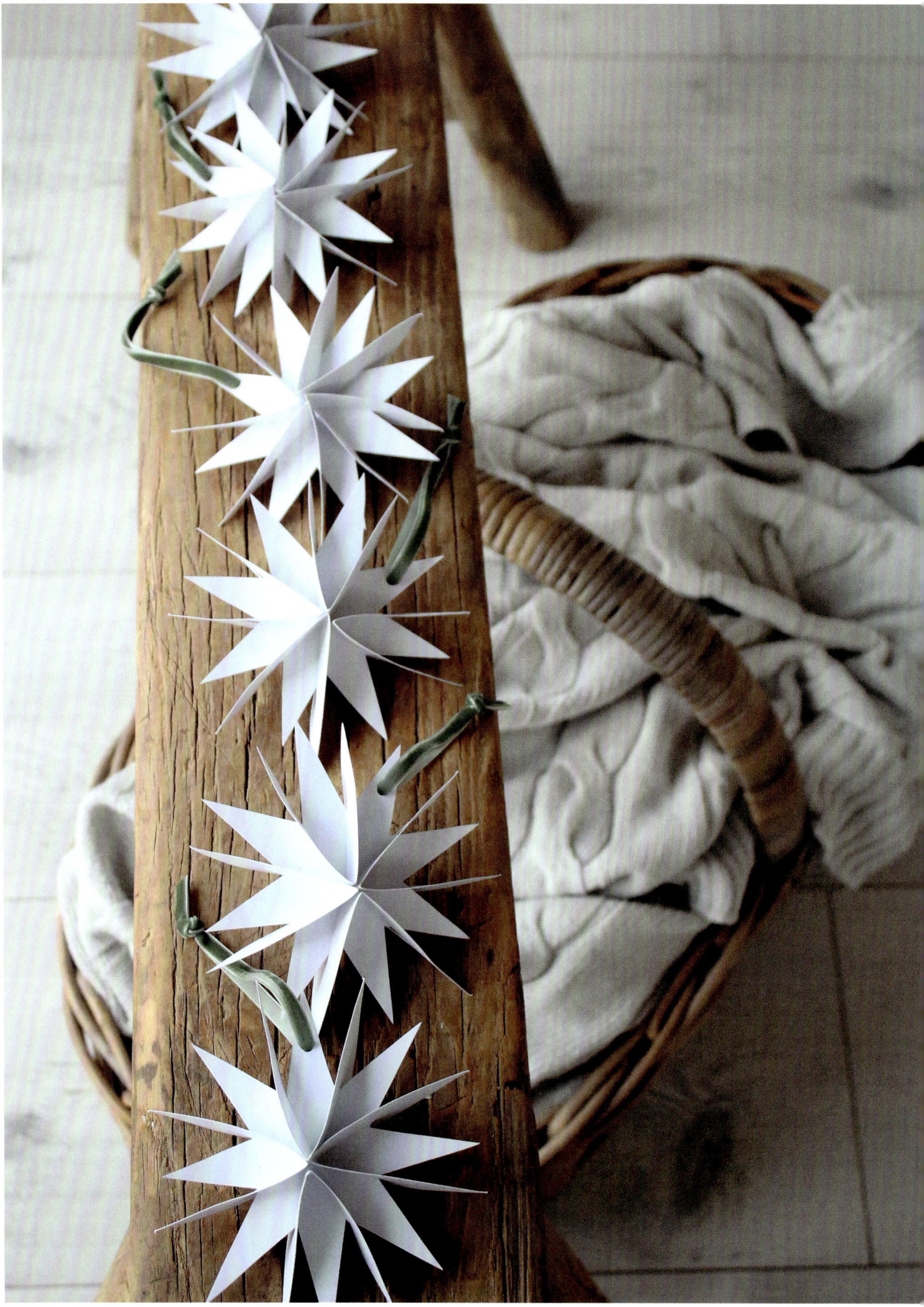

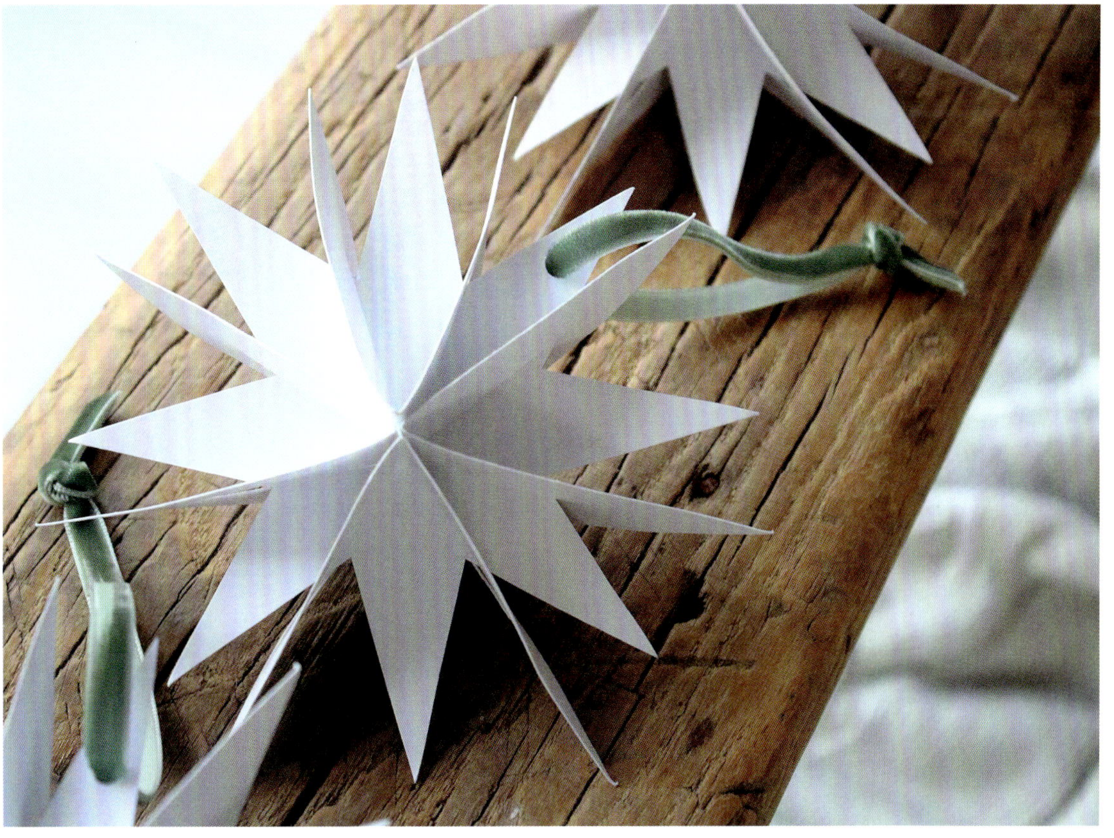

Schlichte Sternanhänger

Die Sterne habe ich entdeckt, und es war bei mir gleich die ganz große Liebe auf den ersten Blick. Ich finde sie schlicht und schön zugleich. Dekoriert habe ich sie zum ersten Mal in Dänemark gesehen. Die Sterne sind ganz einfach gemacht, sodass sie auch bei dir bald einziehen können.

BENÖTIGTES MATERIAL

weißes Kartonpapier
Sternschablone
Spitzenschablone
Bleistift
Schere
Lochzange
schmales Schleifenband

SO WIRD'S GEMACHT

Für einen Stern benötigt man einen Stern und zusätzlich vier Spitzen. Den Stern und die Spitzen zu Beginn mithilfe der Schablone auf das gewählte Kartonpapier übertragen. Den Stern ausschneiden.

In der Größe der Spitze ein Stück Kartonpapier so falten, dass das Kartonpapier übereinander liegt. An der Faltlinie die Schablone der Spitze anlegen und sie auf das Kartonpapier zeichnen. Diese dann ausschneiden. Anschließend wird in der Mitte der Spitze ein 2,5 cm langer Schnitt mit der Schere gemacht.

Jetzt eine gefaltete Spitze auf eine Sternenspitze setzen. Die nächste Spitze beim Stern freilassen und das Ganze dreimal wiederholen.

Abschließend mit der Lochzange an einer Sternenspitze ein Loch stanzen und zum Aufhängen ein Schleifenband nach Wahl hindurchziehen.

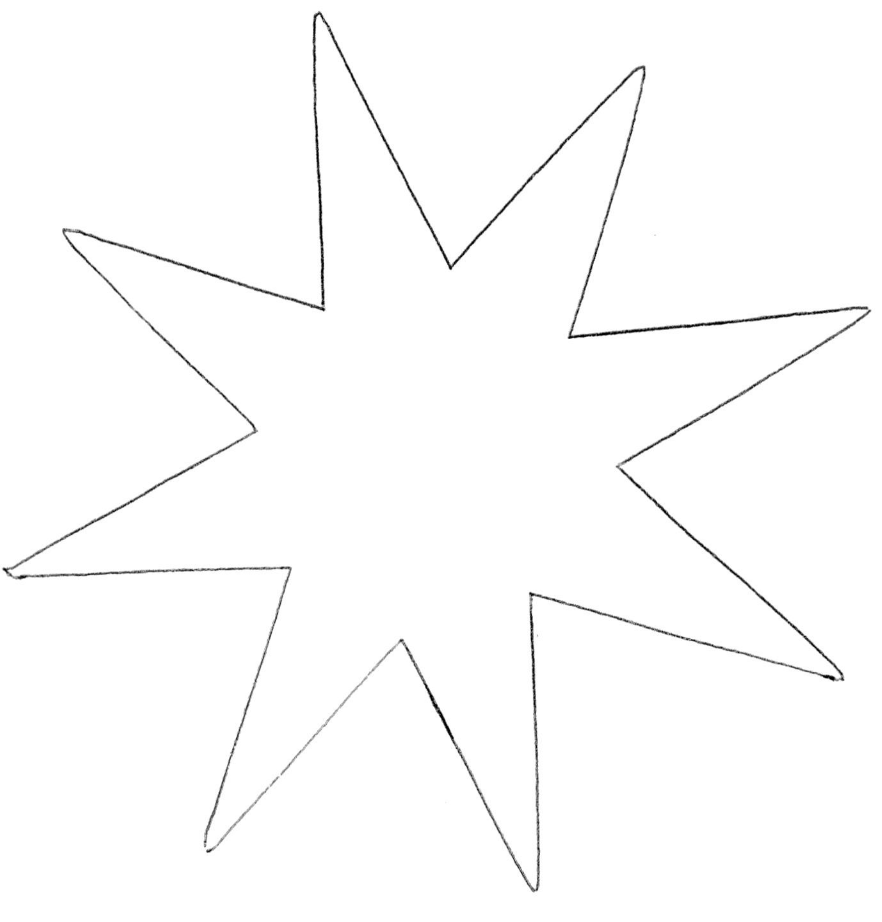

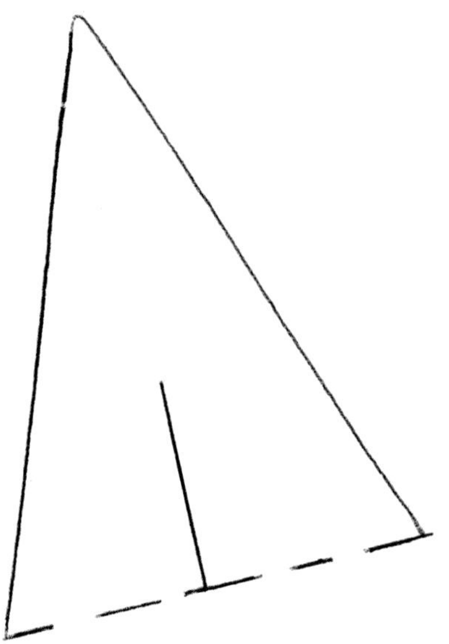

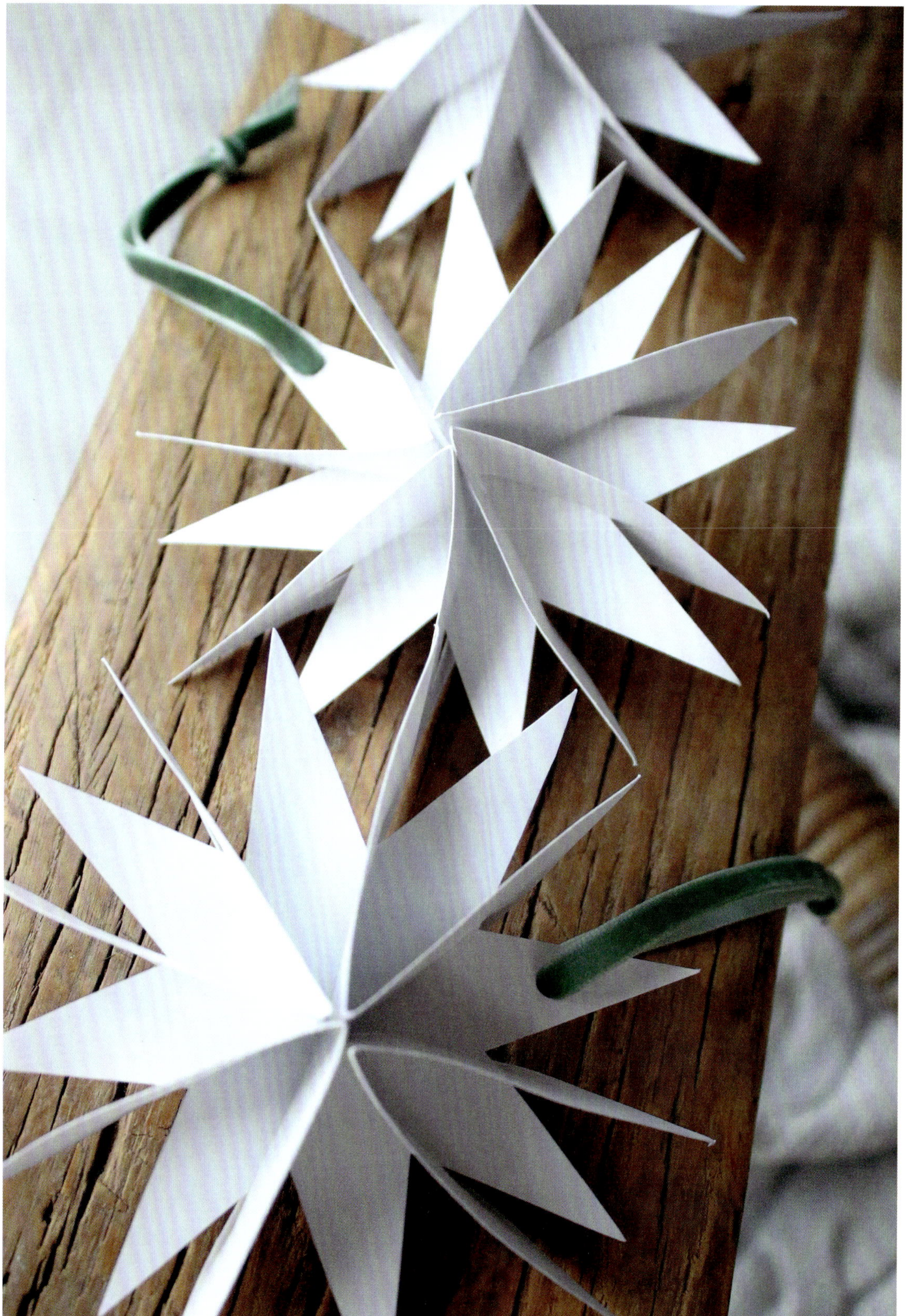

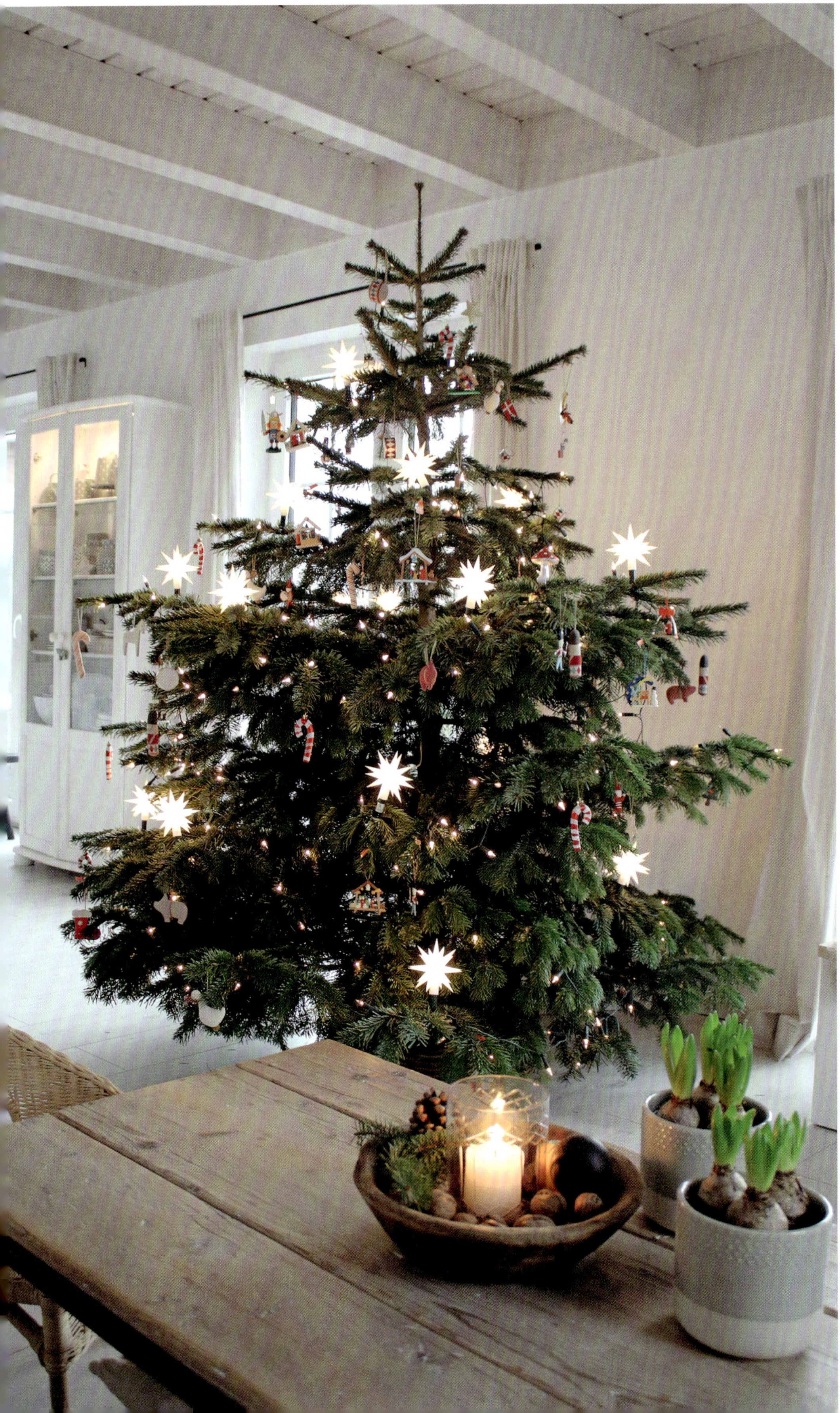
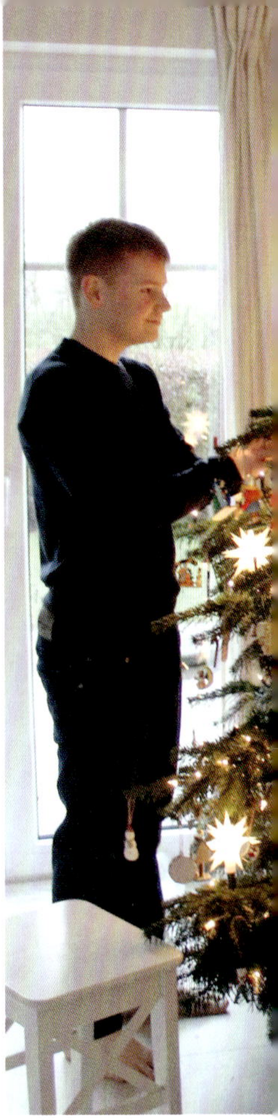
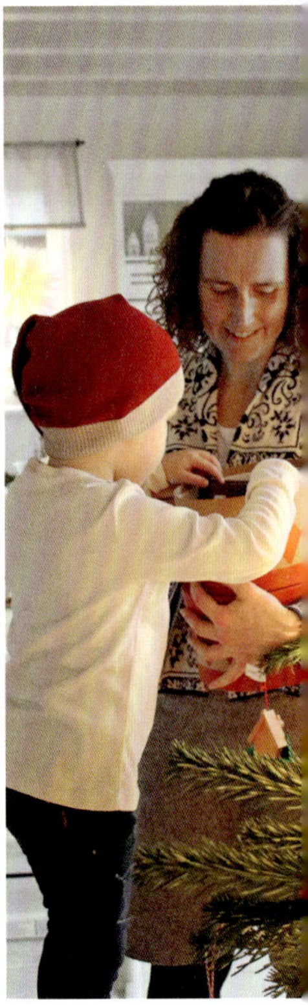

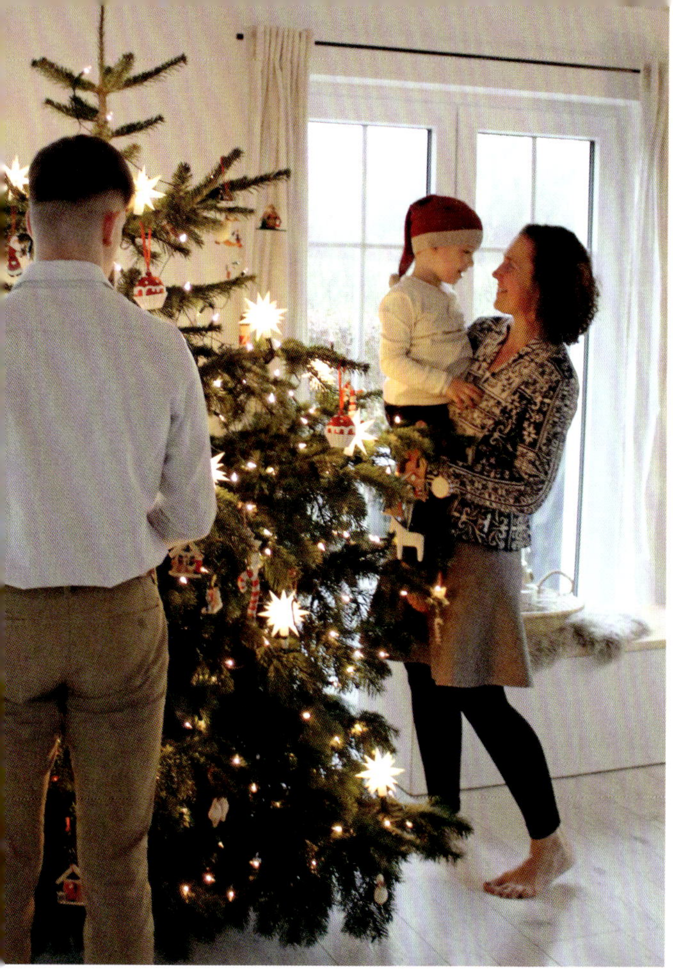

Den Weihnachtsbaum schmücken wir jedes Jahr alle zusammen und freuen uns immer sehr, wenn wir dafür unseren geliebten Baumschmuck hervorholen. So stimmen wir uns voller Vorfreude auf die bevorstehenden Weihnachtstage ein, und diesen Hygge-Moment genießen wir immer ganz besonders. Rituale, die in der Vergangenheit verwurzelt sind, erden uns, und das Baumschmücken ruft immer wieder neu glückliche Erinnerungen in uns wach.

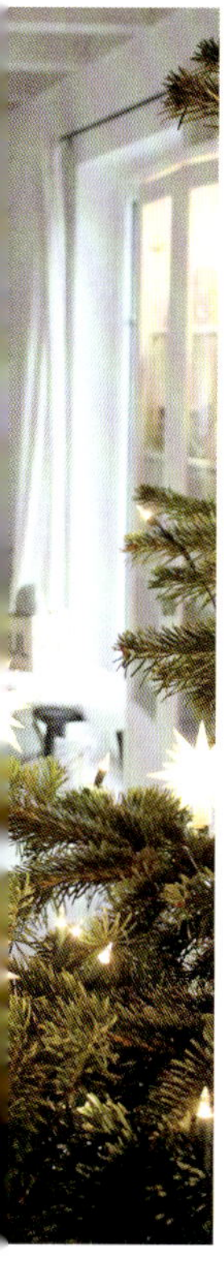

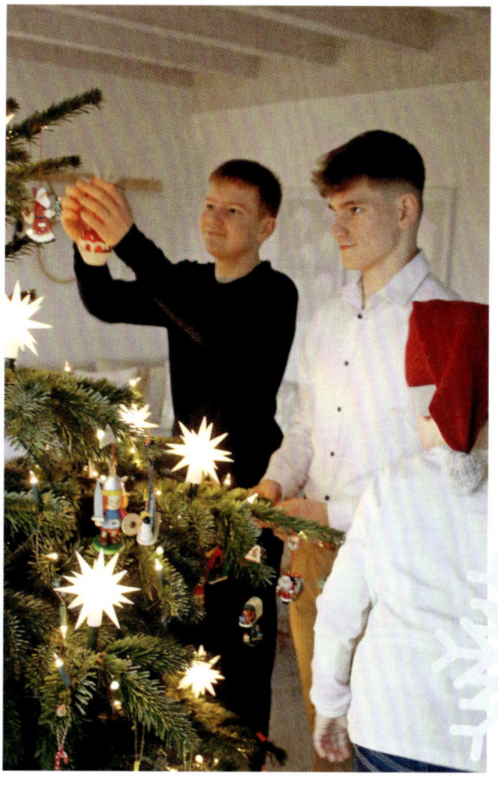

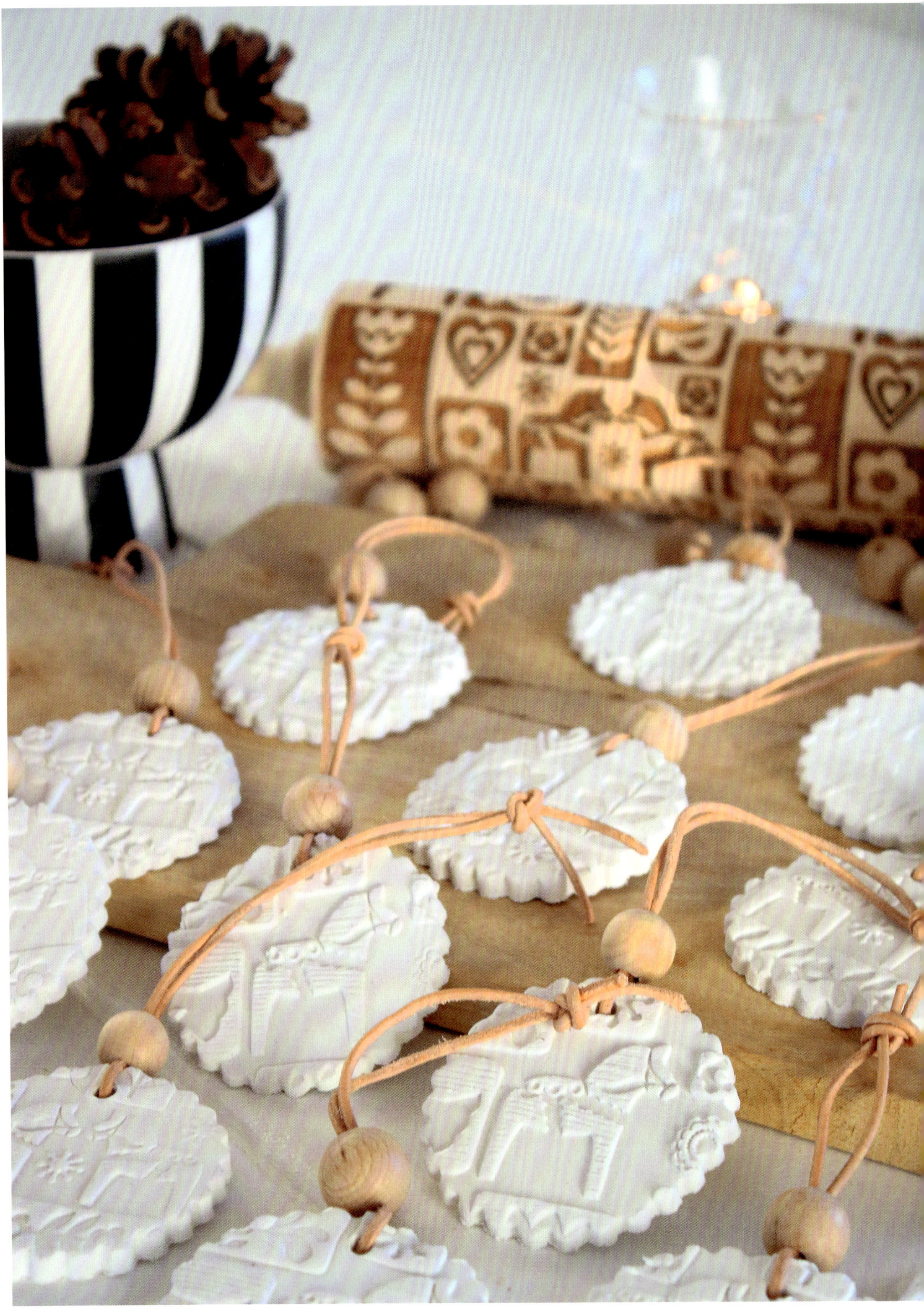

Anhänger aus Modelliermasse

Als ich vor einiger Zeit das schöne skandinavische Nudelholz entdeckt habe, wusste ich gleich, dass ich damit nicht nur Kekse backen möchte. Diese Anhänger hier kannst du für Geschenke oder aber auch für den Weihnachtsbaum nutzen. Mit dem Lederband und der kleinen Holzkugel sind sie auf jeden Fall ganz hübsch anzusehen und vielseitig einsetzbar.

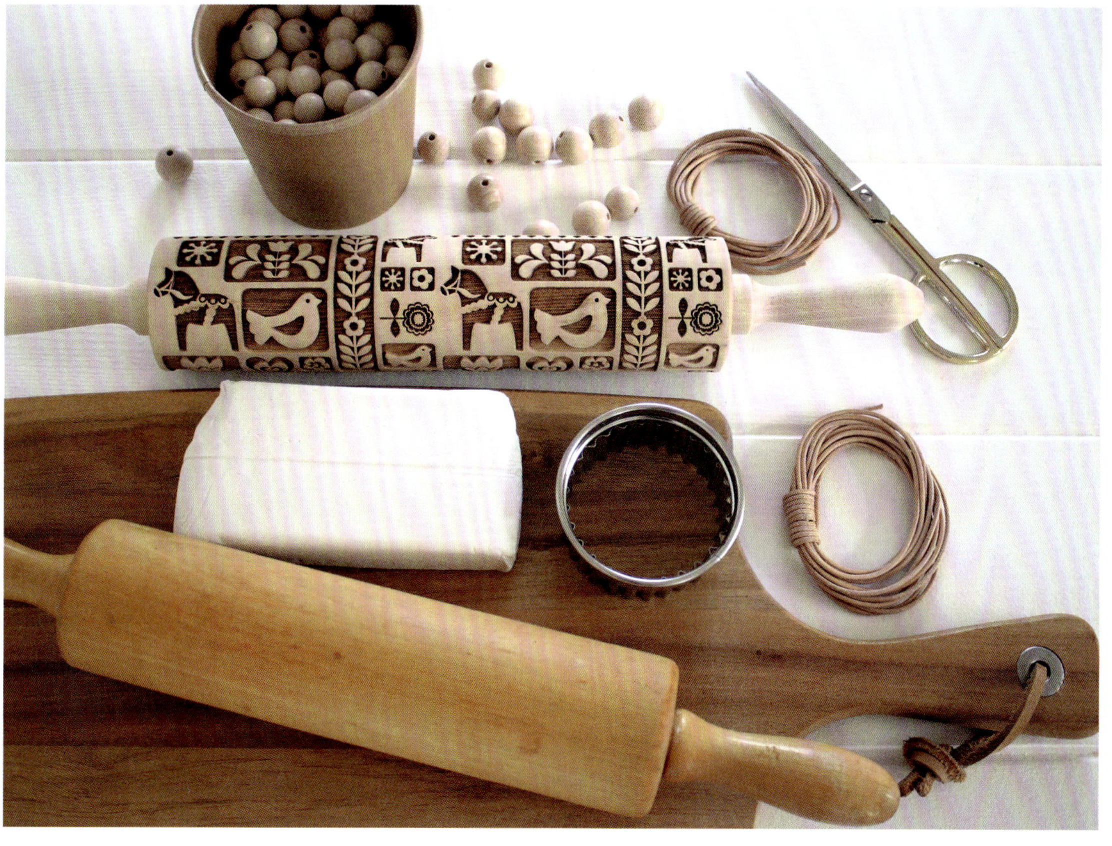

BENÖTIGTES MATERIAL

Nudelholz
Motiv-Nudelholz (Dala-Pferde)
lufttrocknende Modelliermasse
(z. B. von Creall)
runder Ausstecher
Schaschlikspieß aus Holz
Lederband
Holzperlen

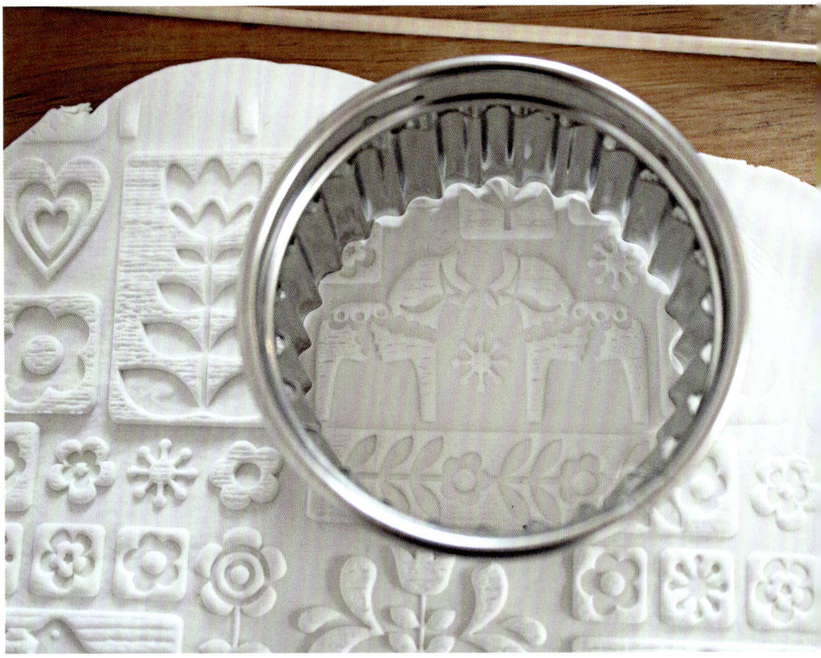

SO WIRD'S GEMACHT

Die Modelliermasse mit einem herkömmlichen Nudelholz ausrollen und anschließend mit dem Motiv-Nudelholz über die ausgerollte Fläche rollen, sodass ein Muster entsteht und sich klar abzeichnet. Mit dem Ausstecher Kreise ausstechen und in jeden Kreis mit dem Holzstäbchen ein kleines Loch stechen. Die ausgestochenen Anhänger über Nacht trocknen lassen.

Ist die Trocknungszeit vorüber, das Lederband und die Holzperlen hinzunehmen. Die Anhänger jeweils auf das Lederband fädeln und beide Bandenden durch eine Holzperle hindurchziehen. Zum Schluss oben das Lederband fest verknoten.

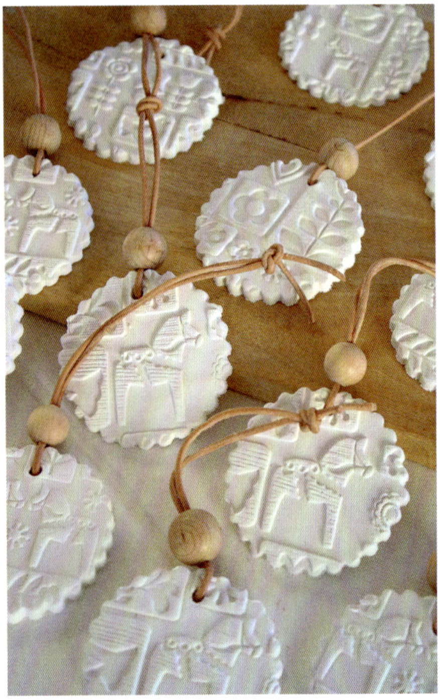

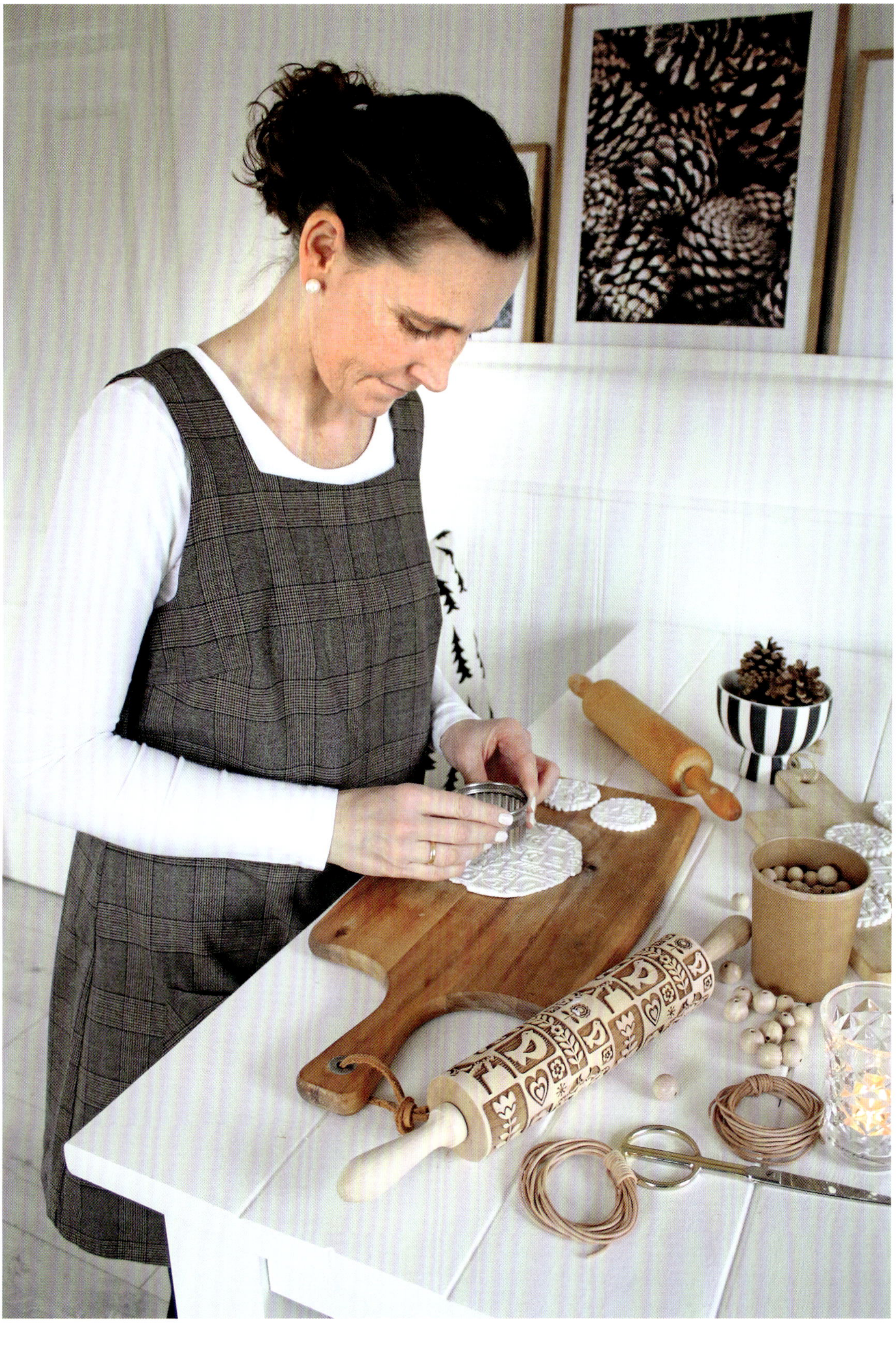

Individuelle Serviettenringe

Um deine Gäste willkommen zu heißen, sind persönliche Serviettenringe immer eine schöne Idee. Diese sind dazu schnell gemacht, und viele Materialien brauchst du auch nicht dazu. Dekoriert mit einer Stoffserviette und einem Tannenzweig schmücken die Serviettenringe liebevoll die Weihnachtstafel.

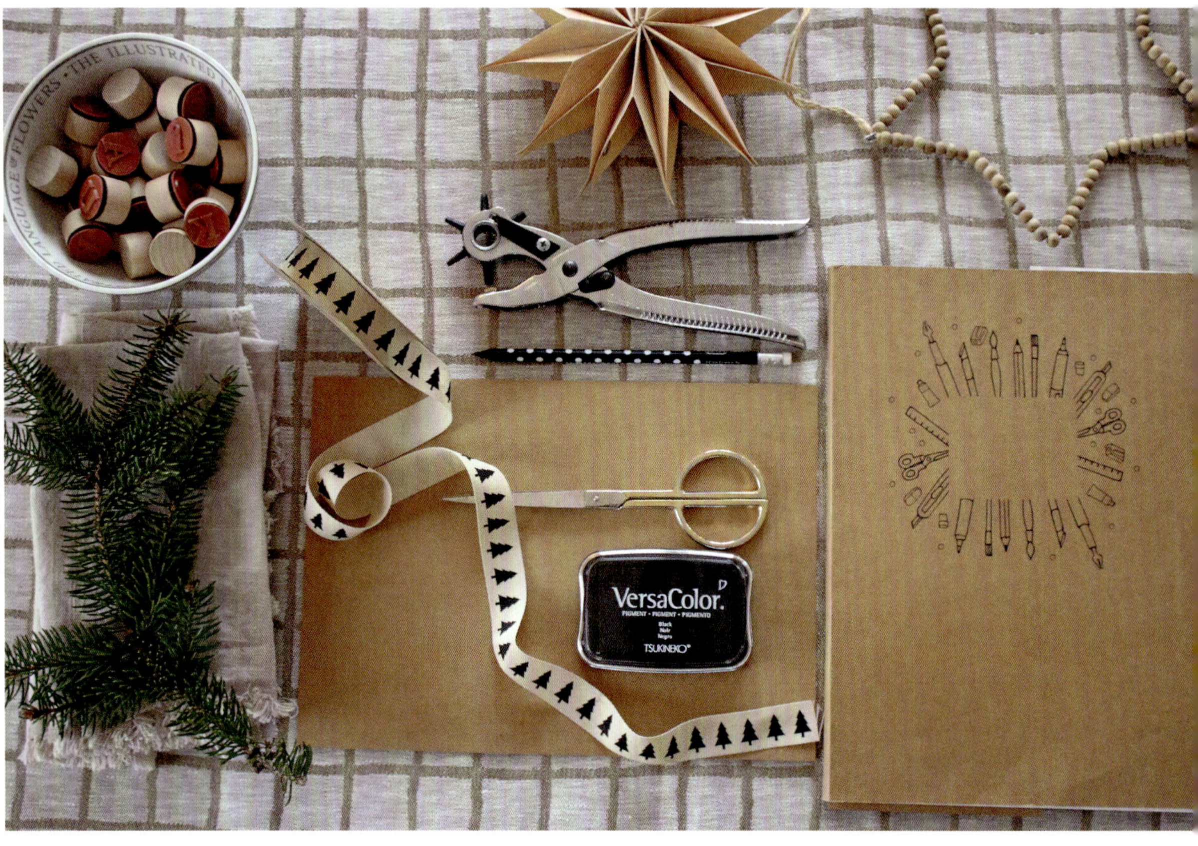

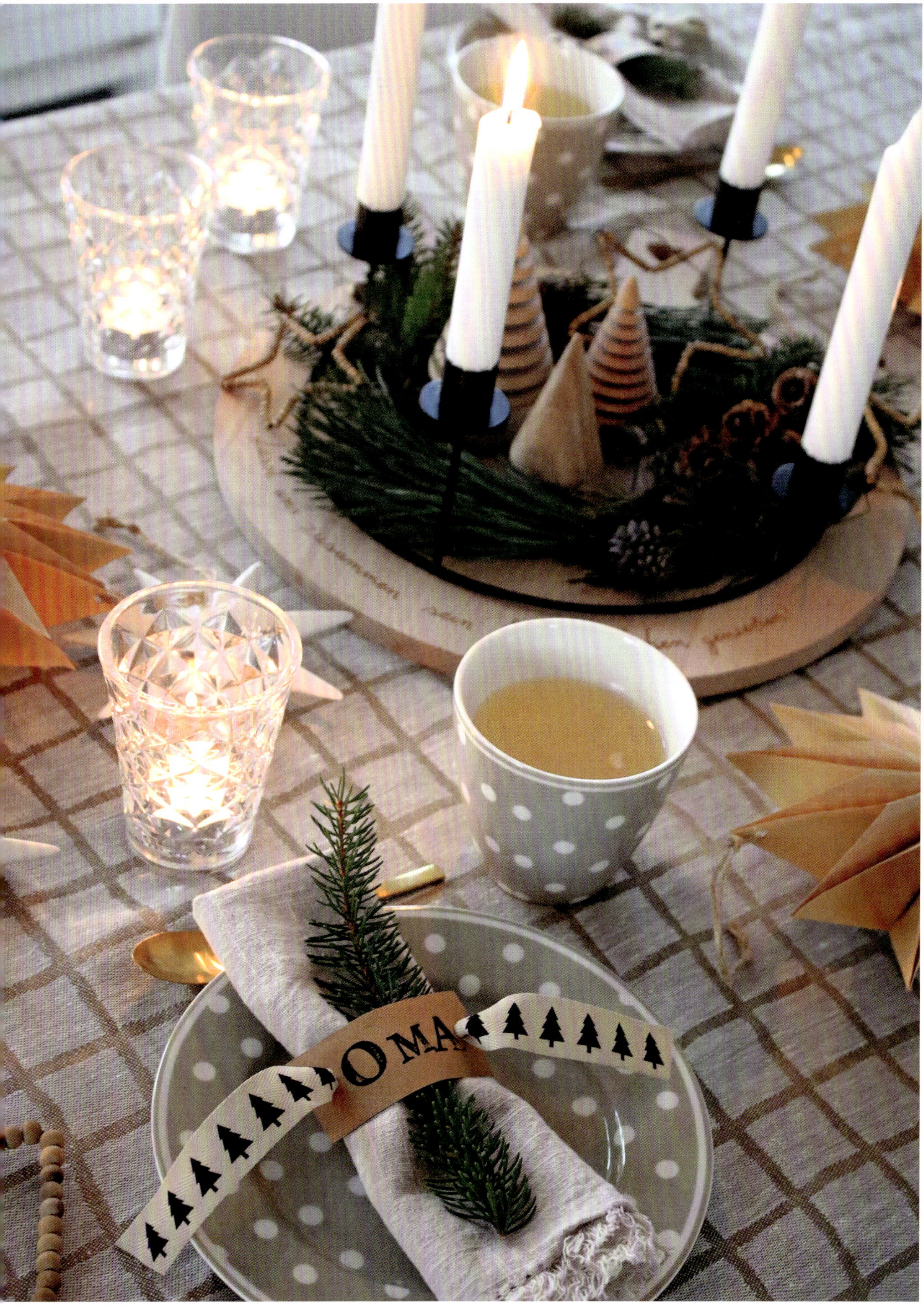
OMA

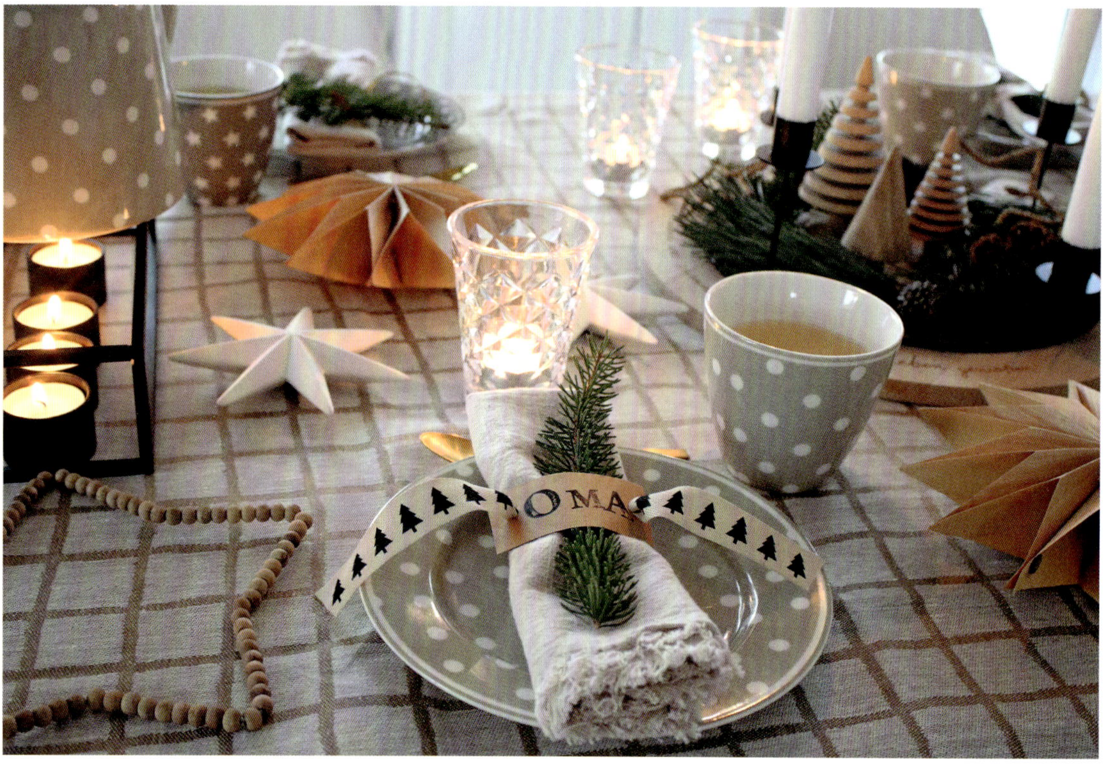

BENÖTIGTES MATERIAL

hellbraunes Kartonpapier
Lochzange
Schere
Bleistift
Stempelset Buchstaben
Stempelkissen
Schleifenband

SO WIRD'S GEMACHT

Zu Beginn aus dem Kartonpapier Rechtecke in der Größe von 7,5 × 3,5 cm ausschneiden.

Mit der Lochzange jeweils an beiden kurzen Seiten in der Mitte ein Loch ausstanzen.

Nun geht es ans Stempeln. Mit einzelnen Buchstabenstempeln den Namen stempeln. Alternativ kannst du auch Stempel mit verschiedenen Schriftzügen und kleinen Botschaften verwenden.

Zum Schluss das Schleifenband durch die beiden ausgestanzten Löcher fädeln und auf einem Teller mit einer passenden Stoff- oder Leinenserviette und etwas Nadelgrün hübsch dekorieren.

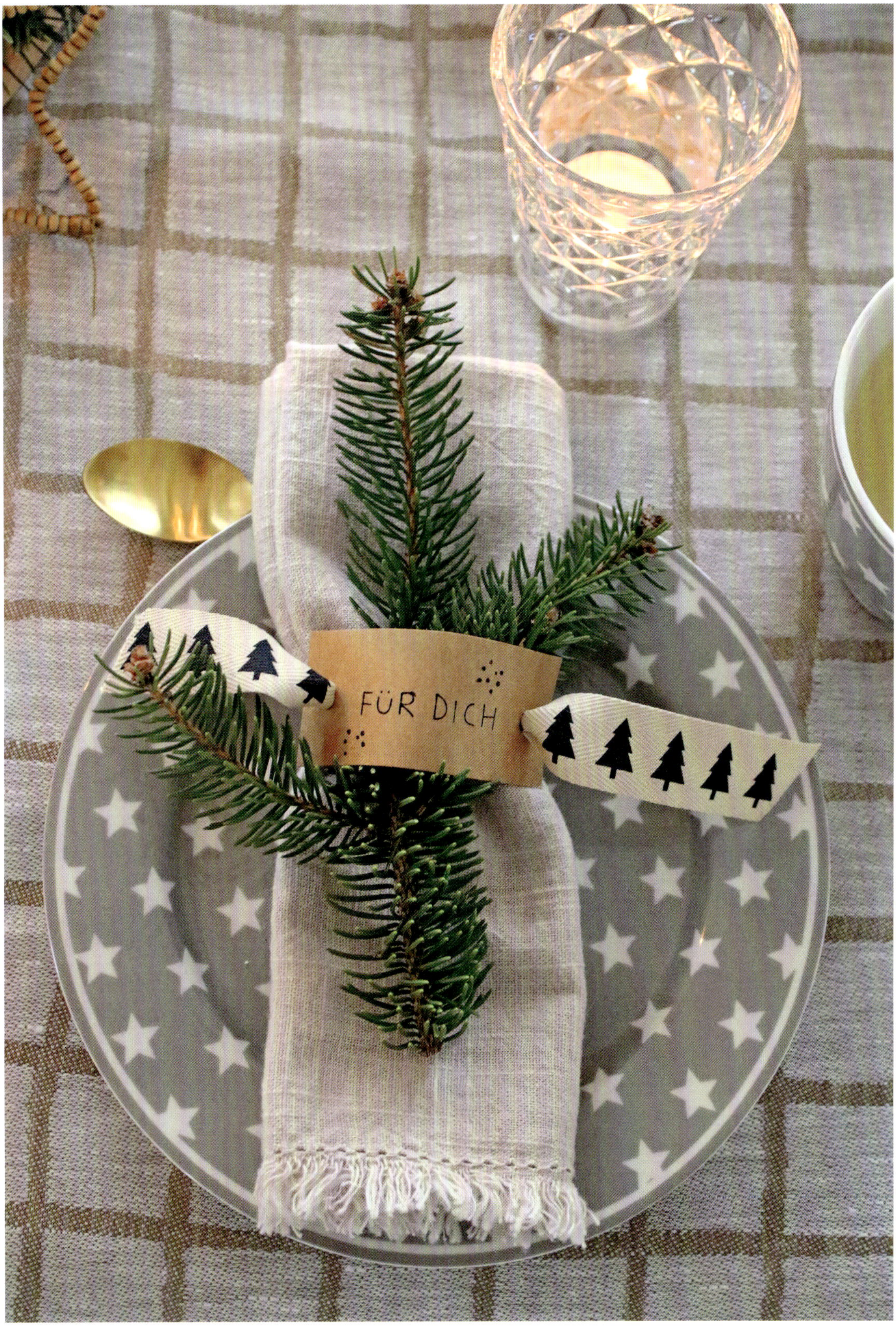
FÜR DICH

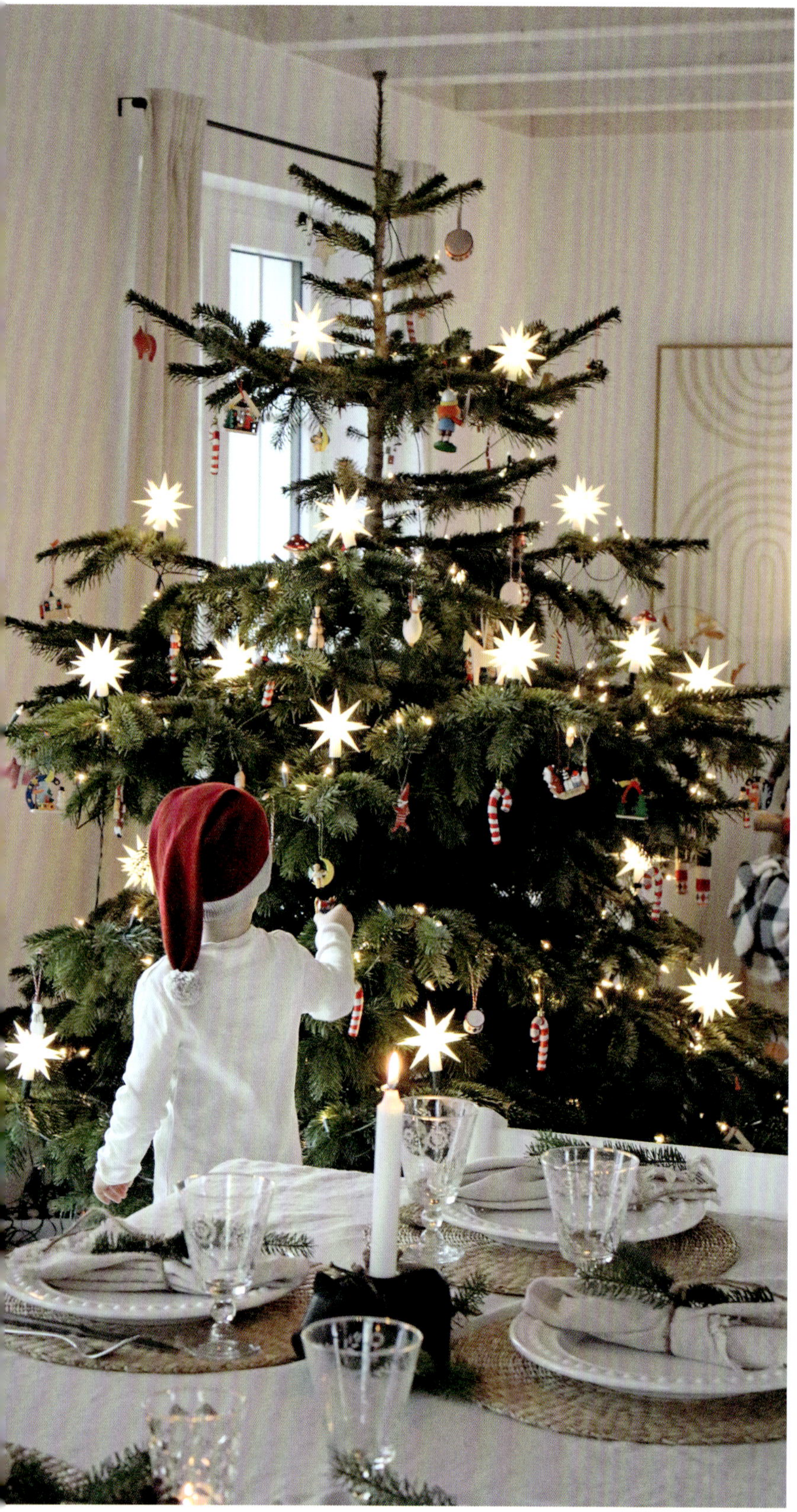

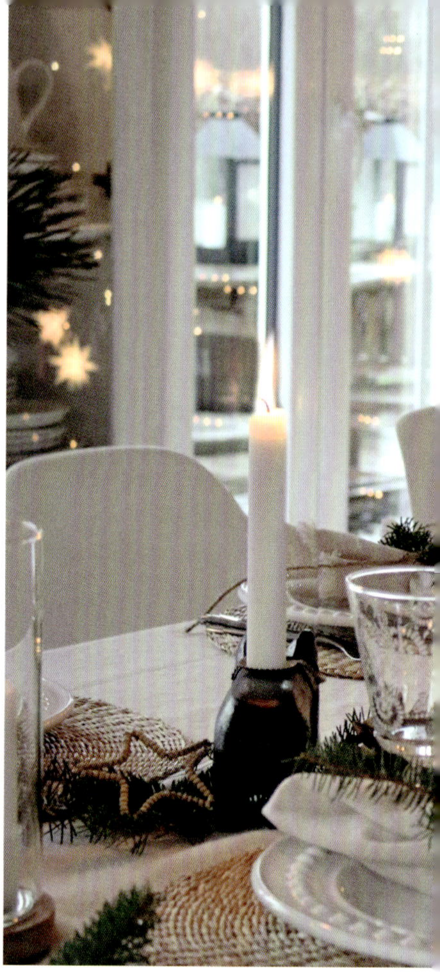

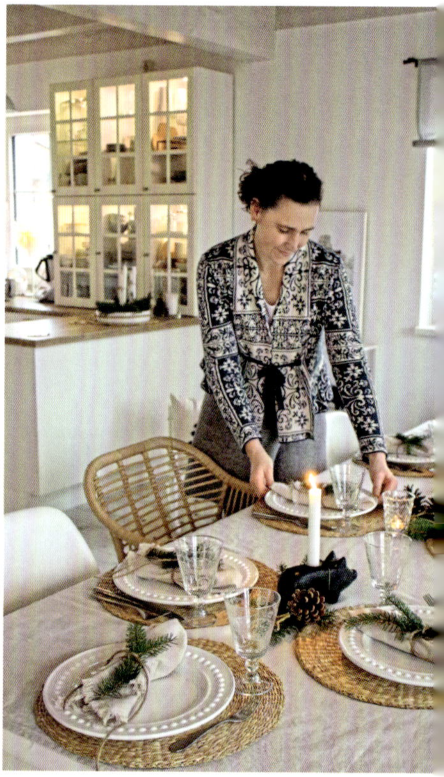

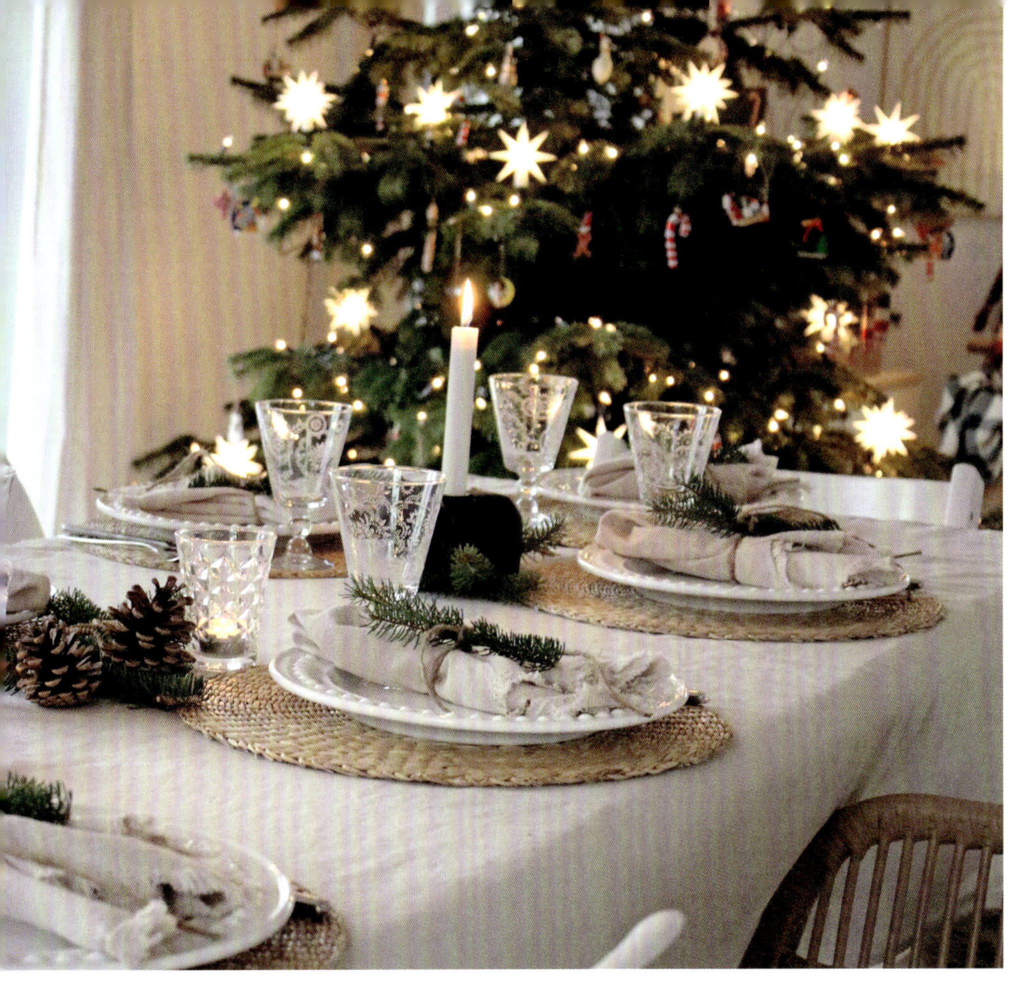

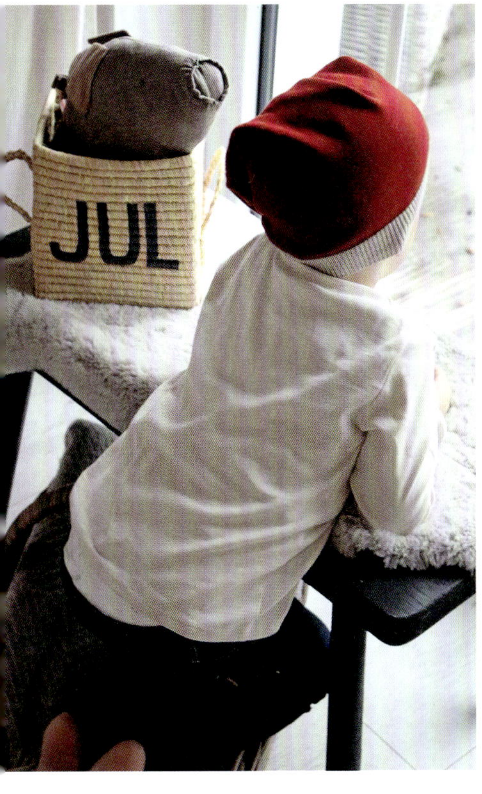

Als ich ein Kind war, war es mir immer viel zu lange hin bis zum Heiligabend. Nun geht es mir manchmal viel zu schnell, aber die Freude und das Kribbeln im Bauch am Weihnachtstag sind geblieben. Wenn dann die Lichter am Weihnachtsbaum leuchten und der Tisch gedeckt ist, darf er auch gerne kommen, der Heilige Abend.

Weihnachten ist mit Abstand die hyggeligste Zeit des Jahres, und in den vielen kleinen liebgewonnenen Ritualen zelebrieren und leben wir Hygge. In dem Moment der Festlichkeit und Verbundenheit feiern wir den Augenblick und das Miteinander in ganz besonderer Atmosphäre.

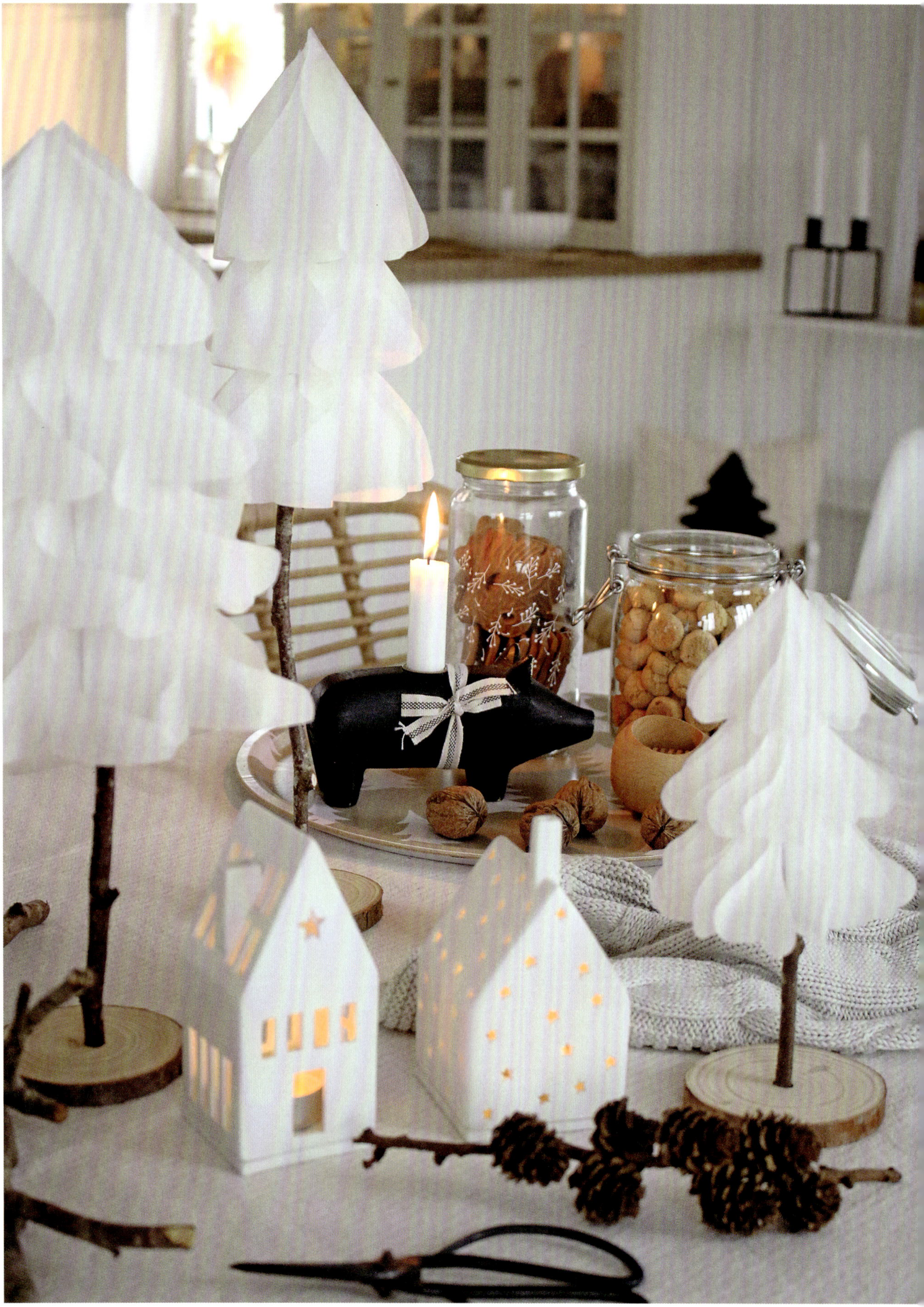

Falt-Tannenbäume

Die Falt-Tannenbäume habe ich schon einmal auf meinem Account bei Instagram gebastelt, und da ich sie zur Weihnachtsdekoration so gerne mag, findest du sie nun hier auch in diesem Buch. Der Mix aus Papier und Naturmaterialien gefällt mir an den Bäumchen ganz besonders gut, und bestimmt findest auch du in deinem Zuhause ein schönes Plätzchen für die Bäumchen.

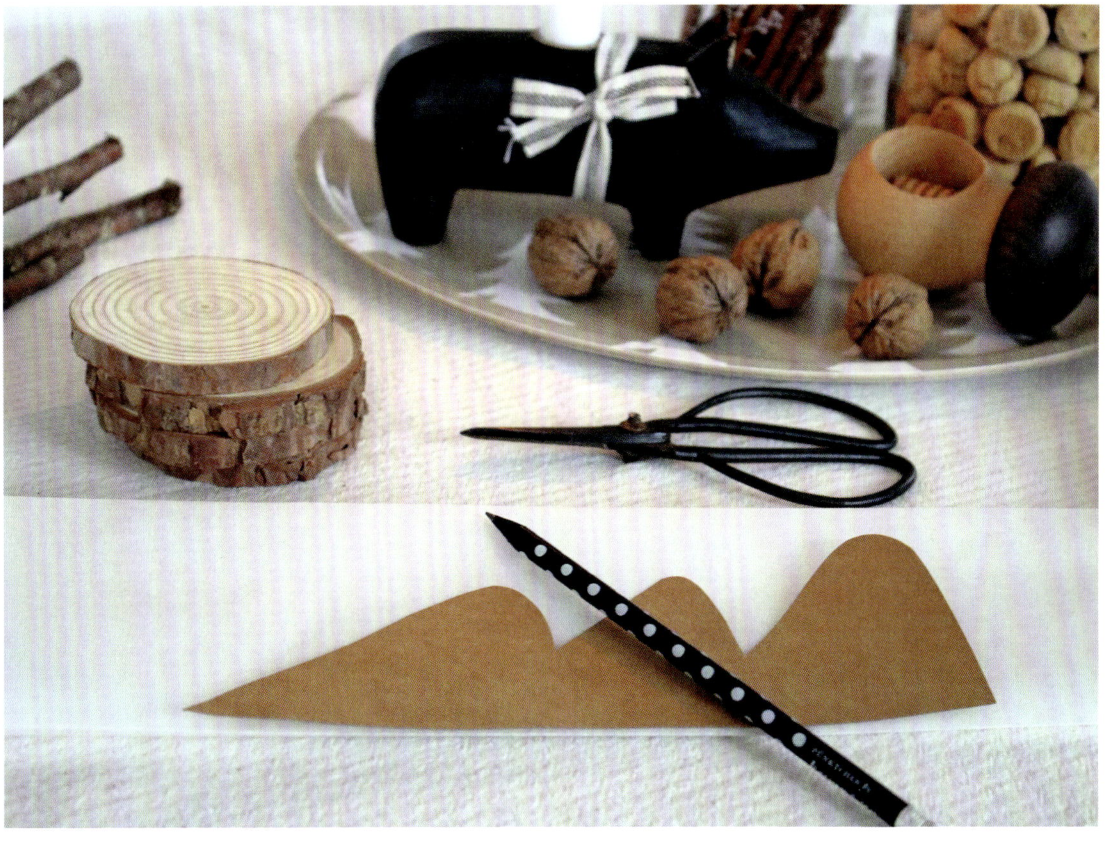

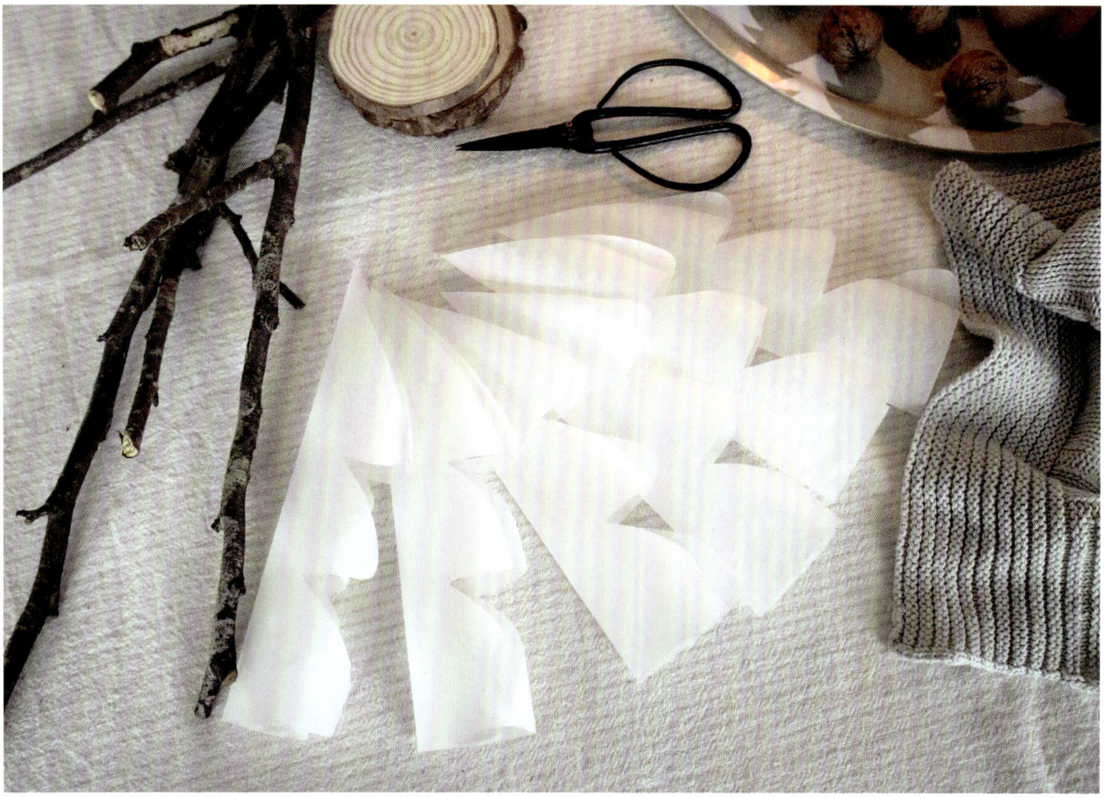

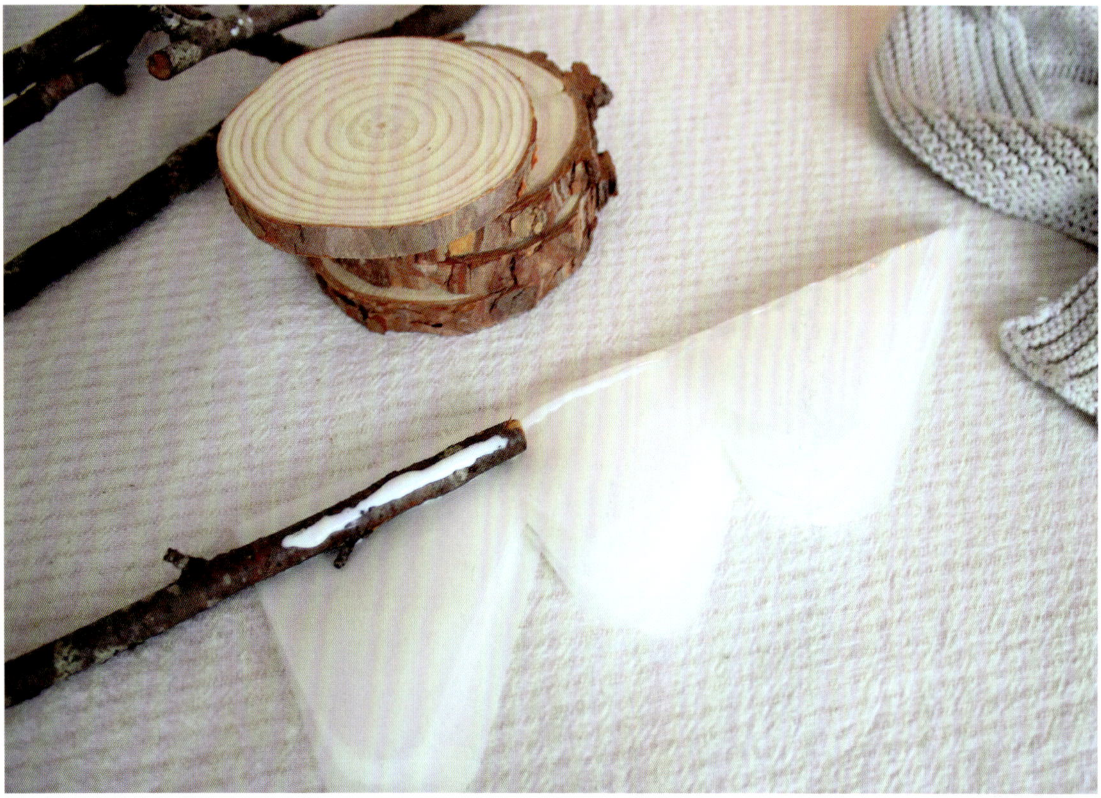

BENÖTIGTES MATERIAL

hellbraunes Kartonpapier
weißes Backpapier
Tannbaumschablone
dünne Holzstöckchen
Holzscheiben
Bleistift
Schere
Bastel- oder Heißkleber
Akkubohrer

SO WIRD'S GEMACHT

Zu Beginn mit dem Bleistift den hälftigen Umriss eines Tannenbaums auf das Kartonpapier zeichnen und ausschneiden. Backpapier vierfach übereinanderfalten und an der Faltkante mithilfe der Schablone die Hälfte eines Tannenbaumes zeichnen. Den doppelt gelegten Tannenbaum ausschneiden. Für einen Tannenbaum werden etwas fünf bis sechs solcher Papierbäume benötigt.

Die ausgeschnittenen und gefalteten Tannenbäume zur Mitte übereinanderlegen und sie mit Bastel- oder Heißkleber an der Faltnaht hintereinander zusammenkleben.

Einen kleinen Stock hinzunehmen und diesen an die Faltnaht des Tannenbäumchens legen. Den Stock dann festkleben und den Tannenbaum entfalten, sodass sich das erste und letzte Blatt Papier treffen. Zusammenkleben.

In die Holzscheibe mit dem Akkubohrer ein Loch bohren und anschließend das Ende des Holzstockes in das Loch der Holzscheibe stecken.

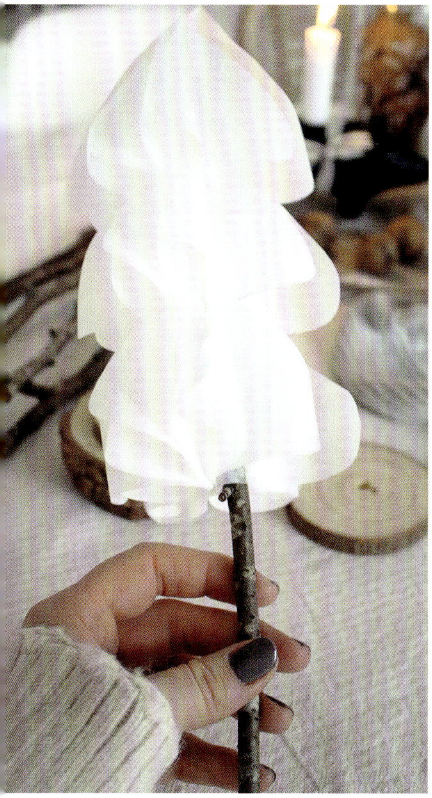

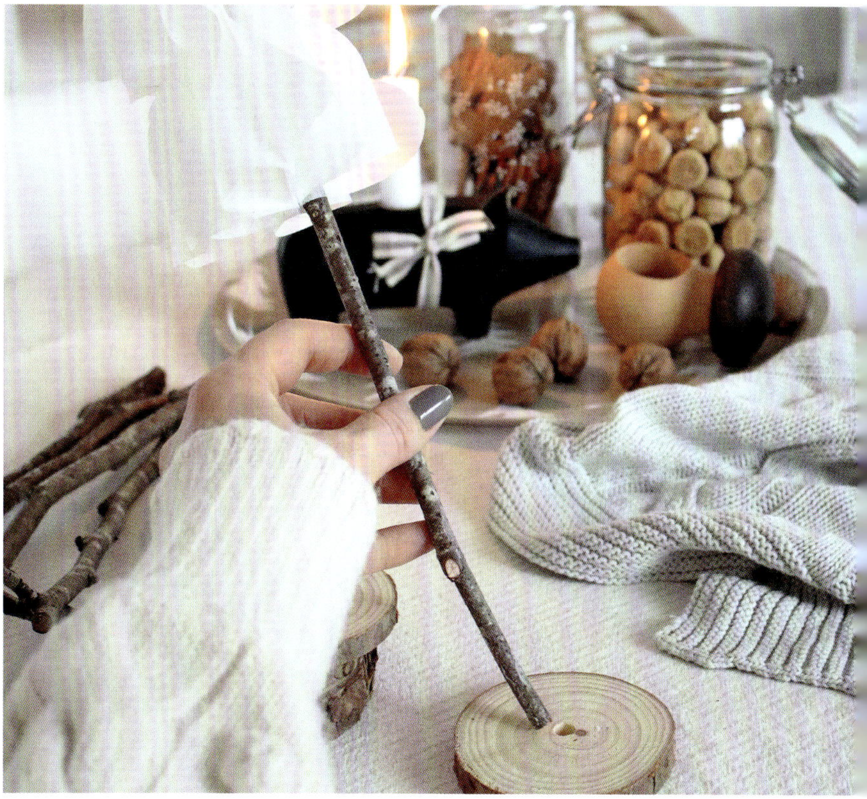

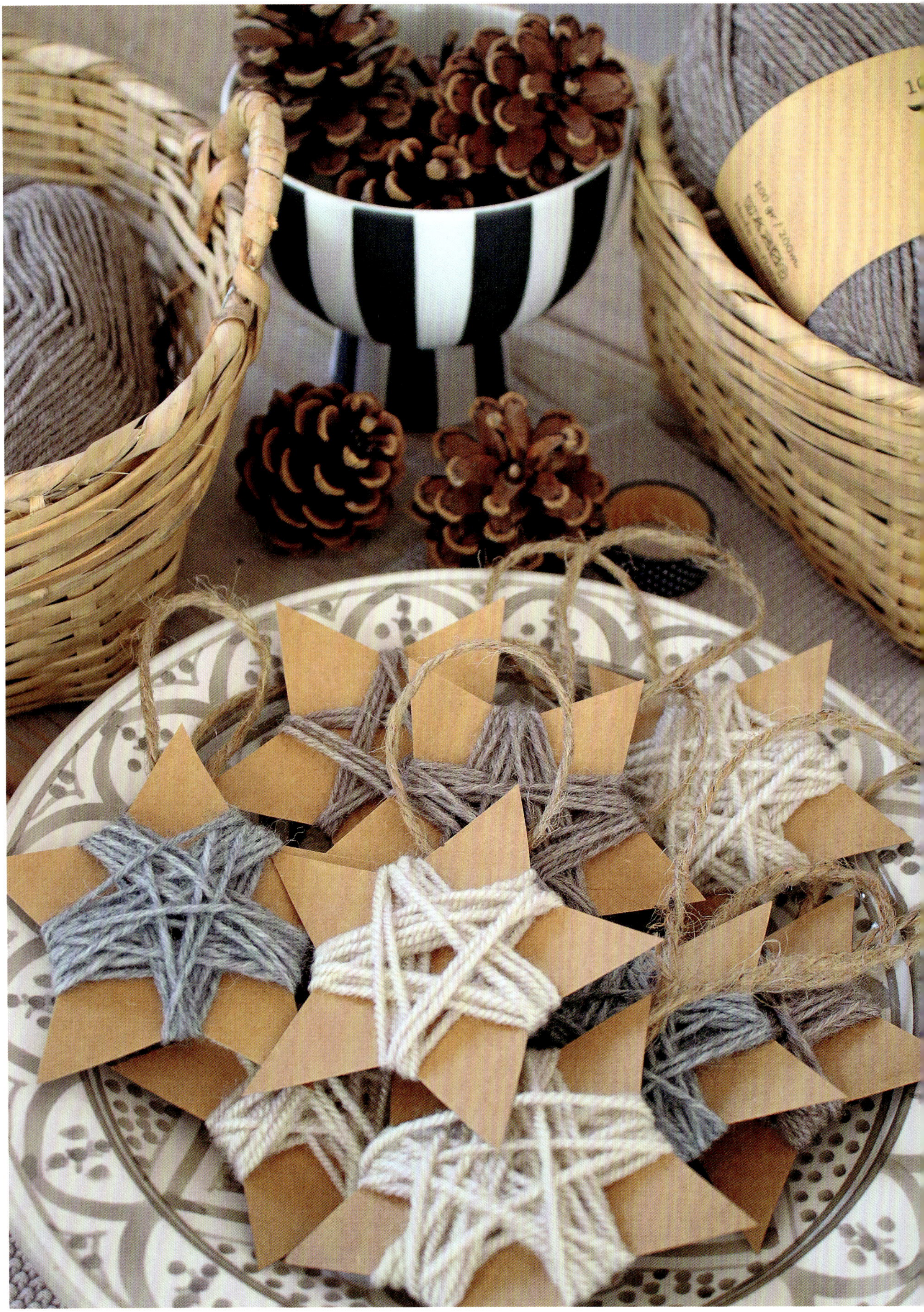

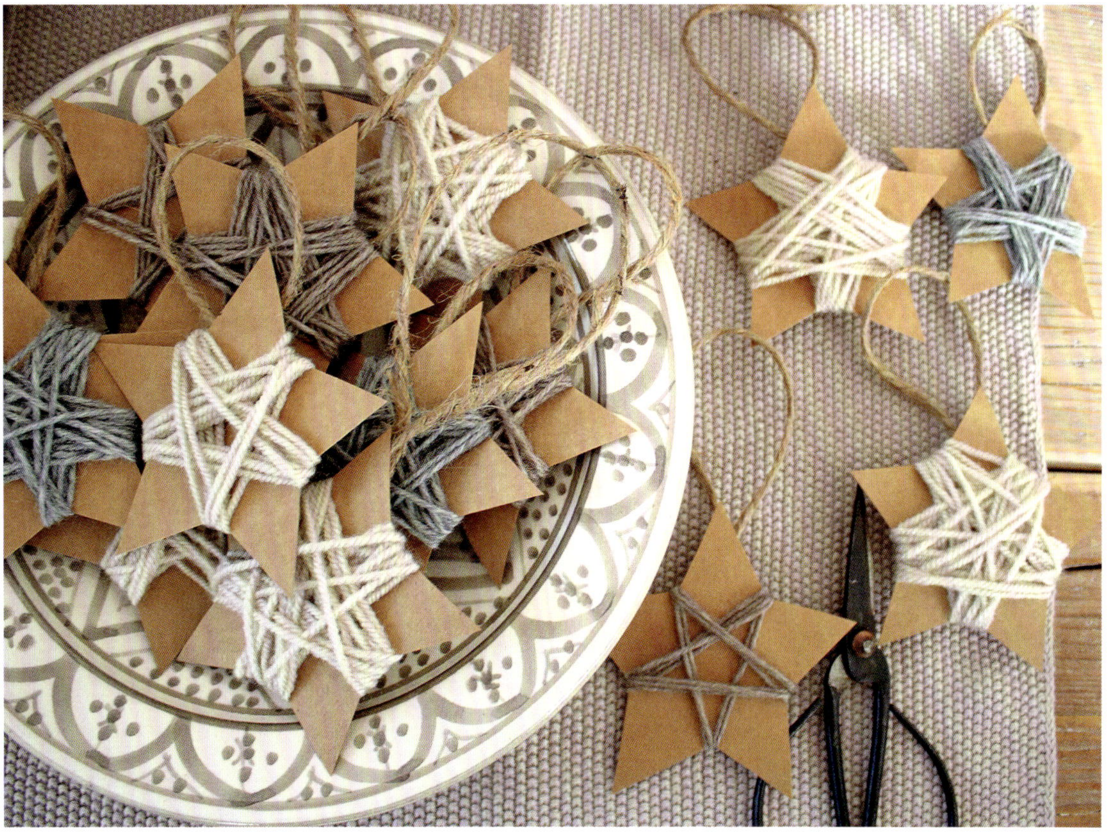

Natürlich-schöne Wollsterne

Diese Sternenanhänger sind für einen gemütlichen Bastelnachmittag in der Weihnachtszeit wie gemacht. Falls Besuch eingeladen ist, kann man auch sehr gut zusammen kreativ sein.

Du kannst dafür auch gerne deine Lieblingsfarben oder was der Bastelschrank noch hergibt, nutzen, denn die Sterne eignen sich gut, um auch Bastelreste zu verarbeiten.

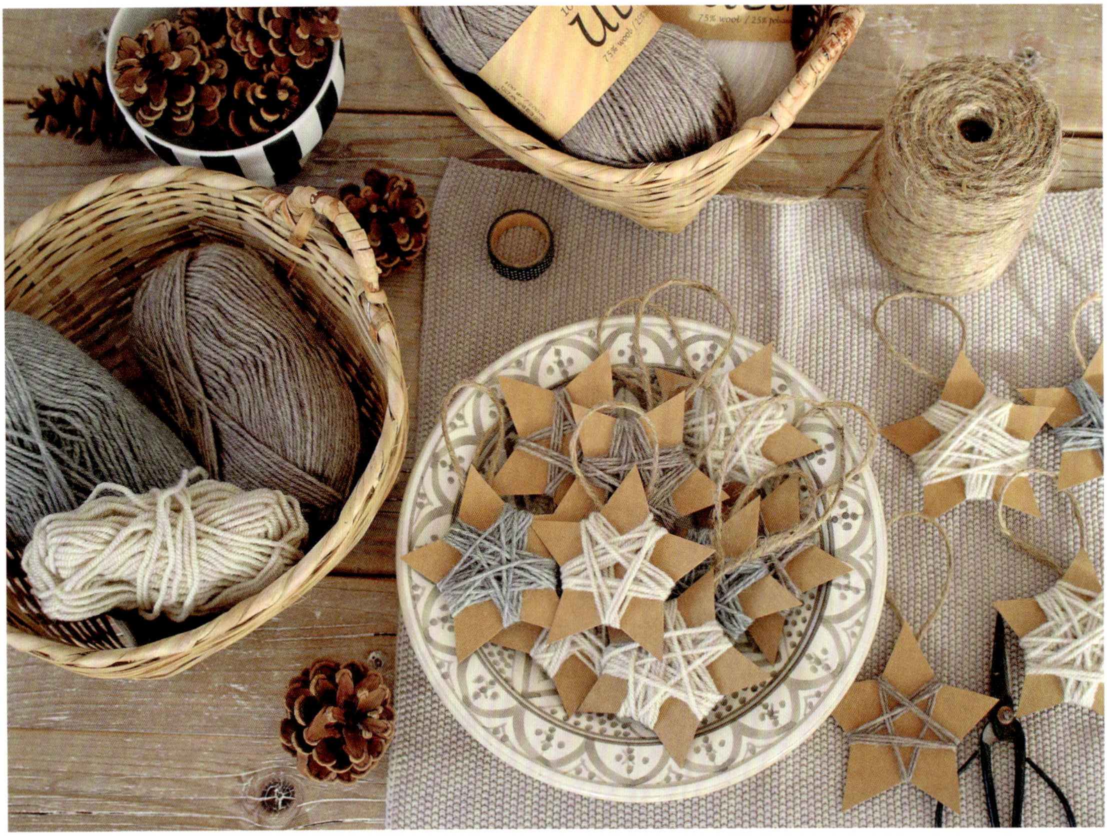

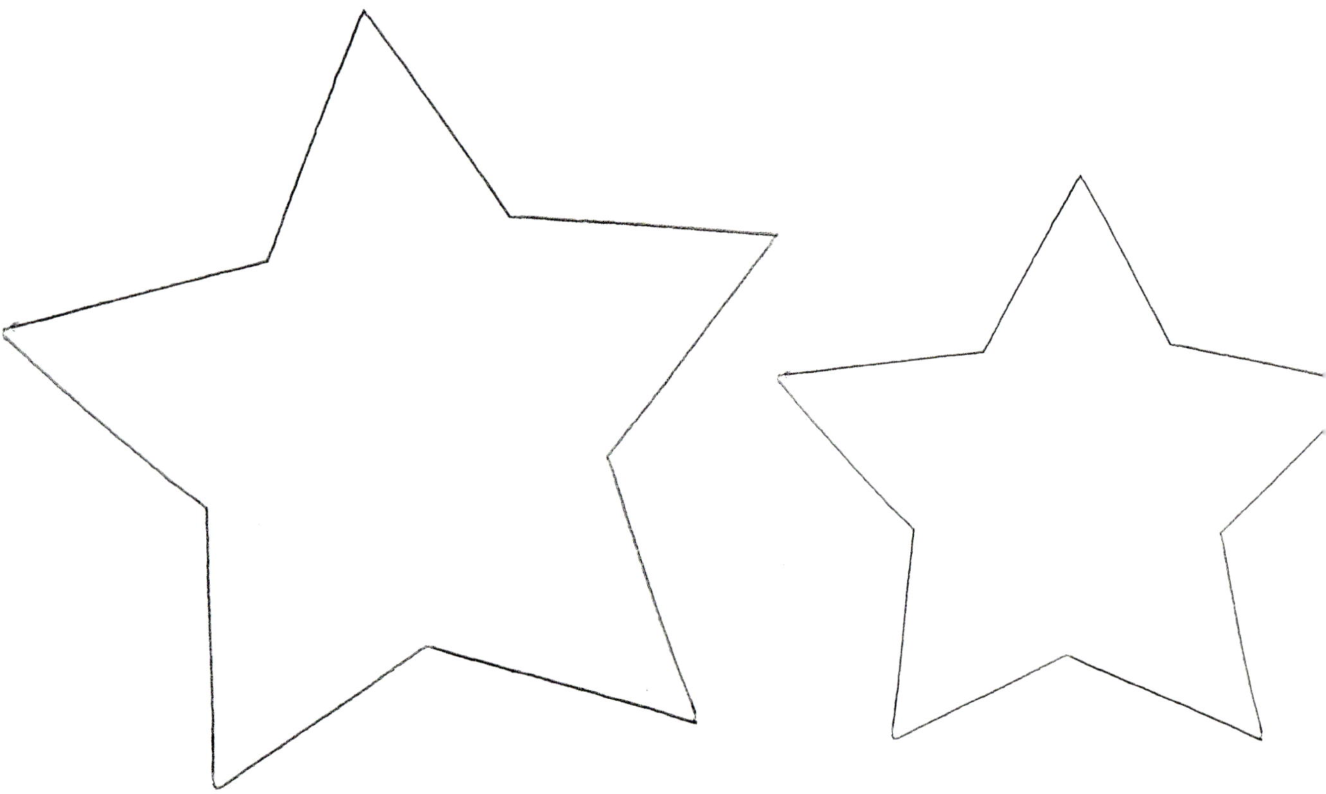

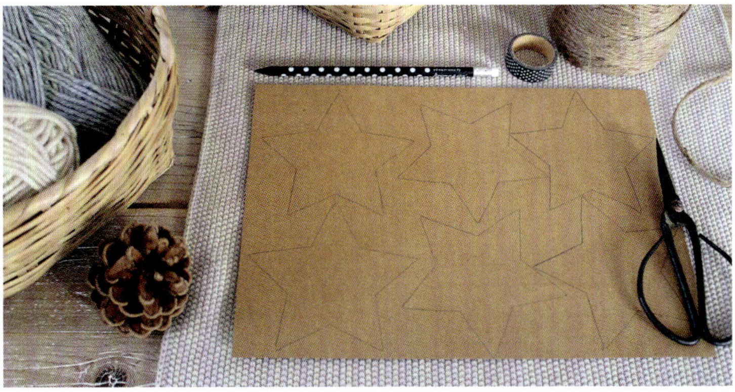

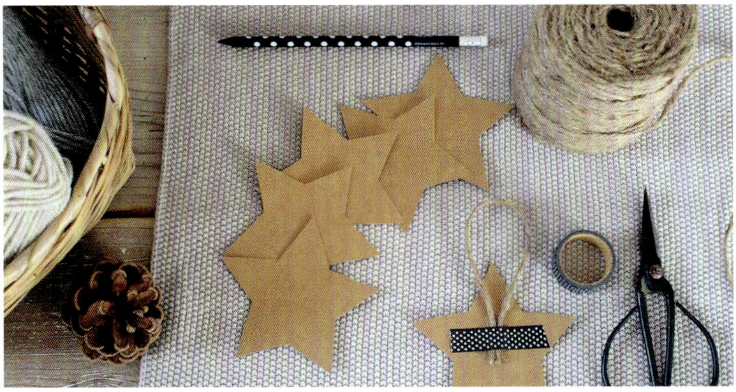

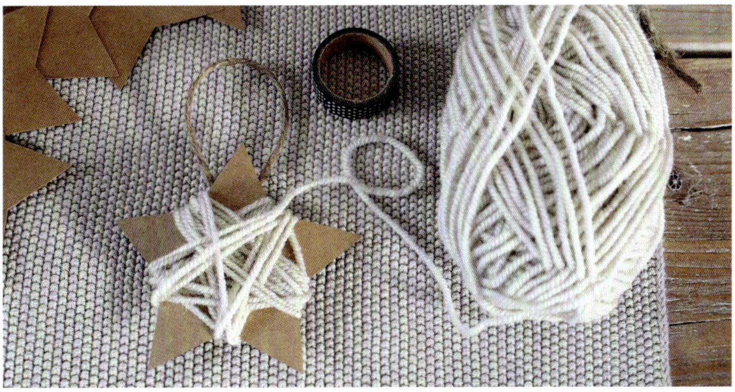

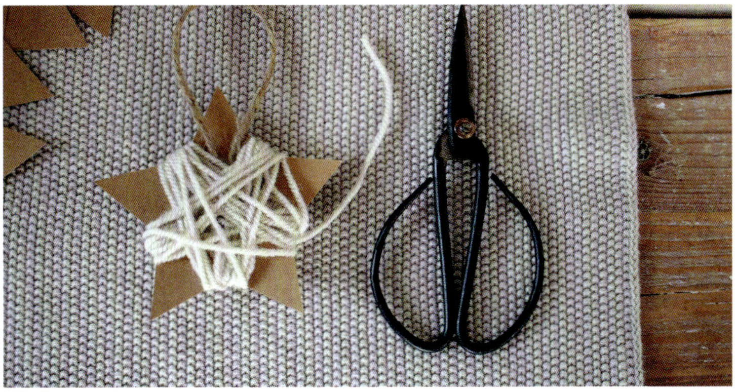

BENÖTIGTES MATERIAL

hellbraunes Kartonpapier
Sternschablone
Spitzenschablone
Bleistift
Schere
Lochzange
schmales Schleifenband

SO WIRD'S GEMACHT

Mithilfe der Sternschablone Sterne auf das Kartonpapier zeichnen und diese mit der Schere ausschneiden. Für den Aufhänger ein kleines Stückchen Wollfaden doppelt legen und es auf der Rückseite des Sternes mit Masking Tape oder Klebefilm festkleben.

Jetzt einen langen Wollfaden oder ein Wollknäuel nehmen und abwechselnd den Faden um die verschiedenen Zacken des Sternes binden und am Ende den Wollfaden verknoten. Ich finde es ganz schön, dass die Papierzacken noch zu sehen sind, und es ist immer wieder spannend, was für schöne Muster auf den Sternen entstehen.

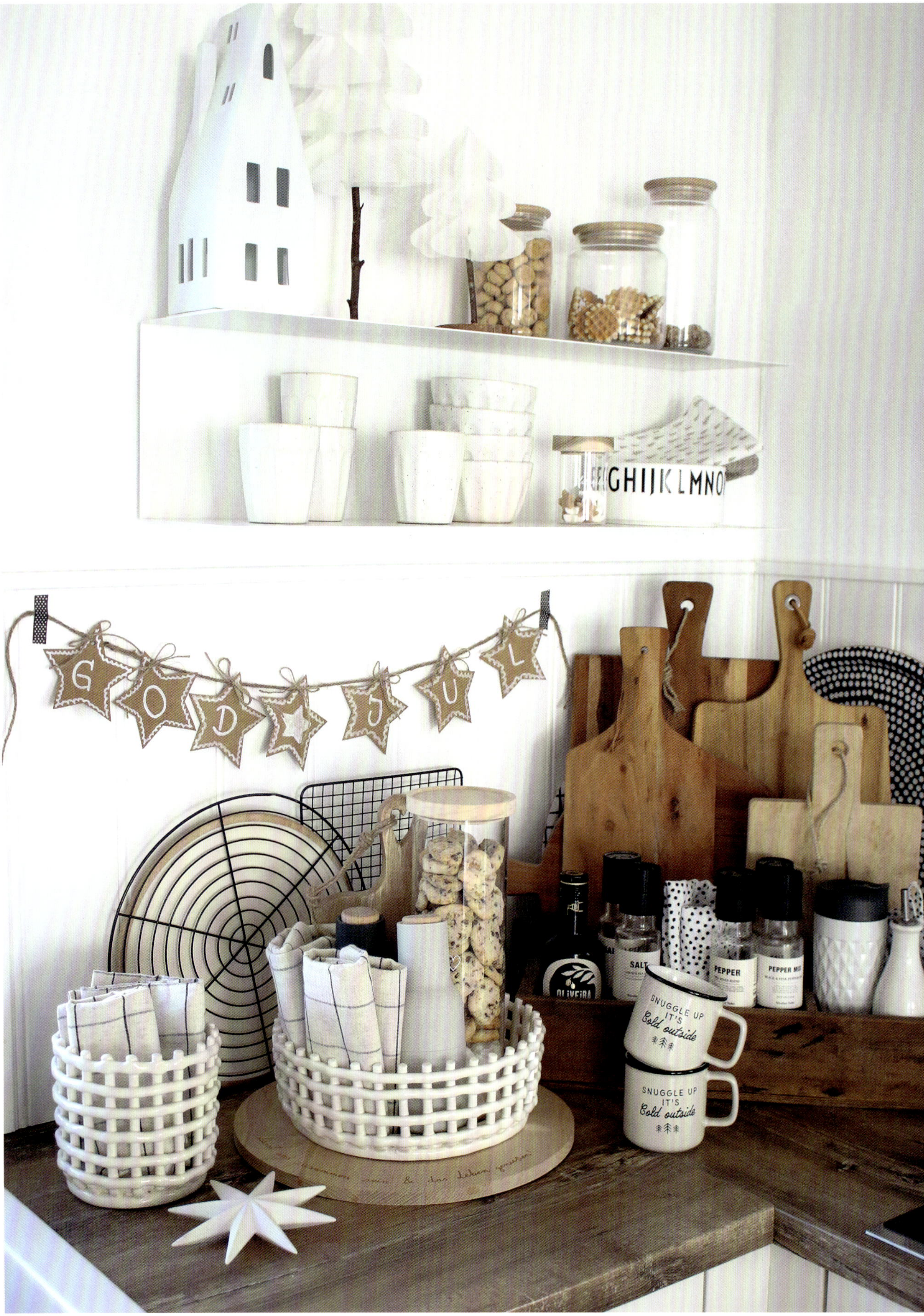
GHIJKLMNO
GOD JUL
SALT
PEPPER
PEPPER MIX
SNUGGLE UP IT'S Cold outside
SNUGGLE UP IT'S Cold outside

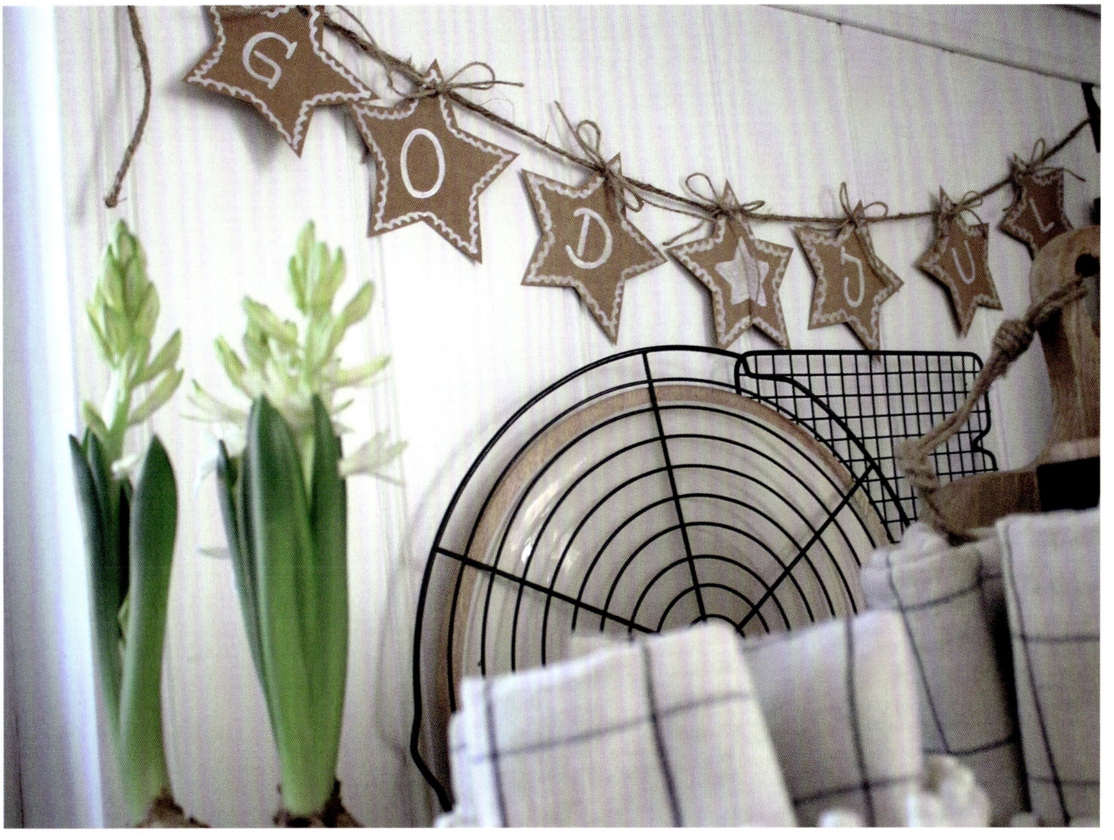

Girlande God Jul

Diese Girlande ist eine kleine Weihnachtsbastelei für zwischendurch. Ich habe anschließend einen Platz in der Küche dafür gefunden, wo sie einen fröhlichen Blickfang darstellt.

BENÖTIGTES MATERIAL

hellbraunes Kartonpapier
Sternschablone
Bleistift
Schere
weißer Permanentmarker (z. B. von Edding)
Lochzange
Paketband in zwei verschiedenen Stärken

SO WIRD'S GEMACHT

Zu Beginn sieben Sterne auf das Kartonpapier zeichnen und ausschneiden. In jeden Stern mit der Lochzange an einer Spitze ein Loch ausstanzen.

Mit einem weißen Permanentmarker die Buchstaben und einen Stern auf die Sterne malen.

Einen Meter des dickeren Paketbands für die Girlande zurechtschneiden und anschließend die Sterne mit dem dünneren Band daran festbinden. Hübsch sieht es als Schleife aus.

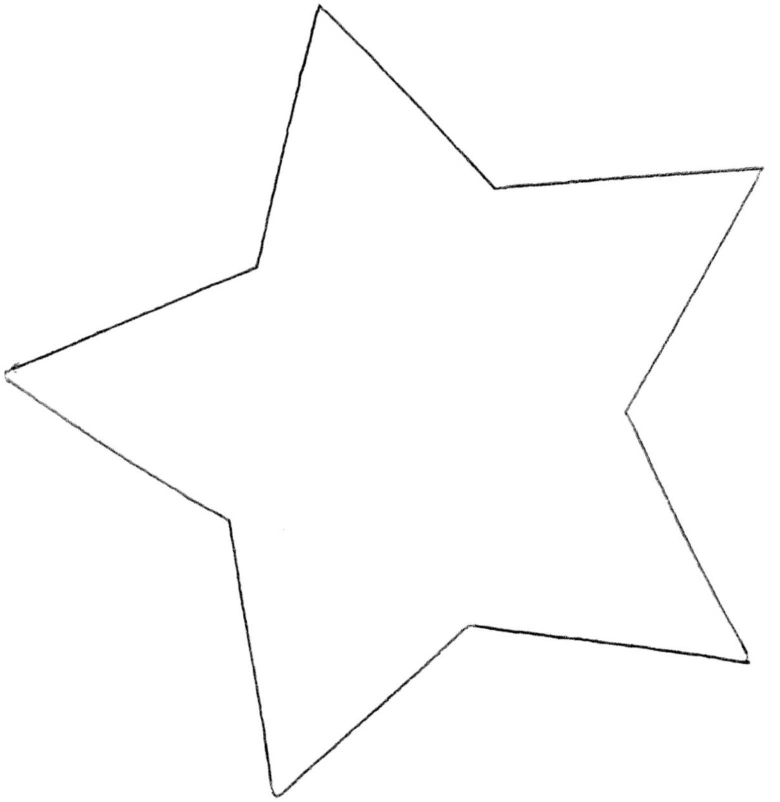

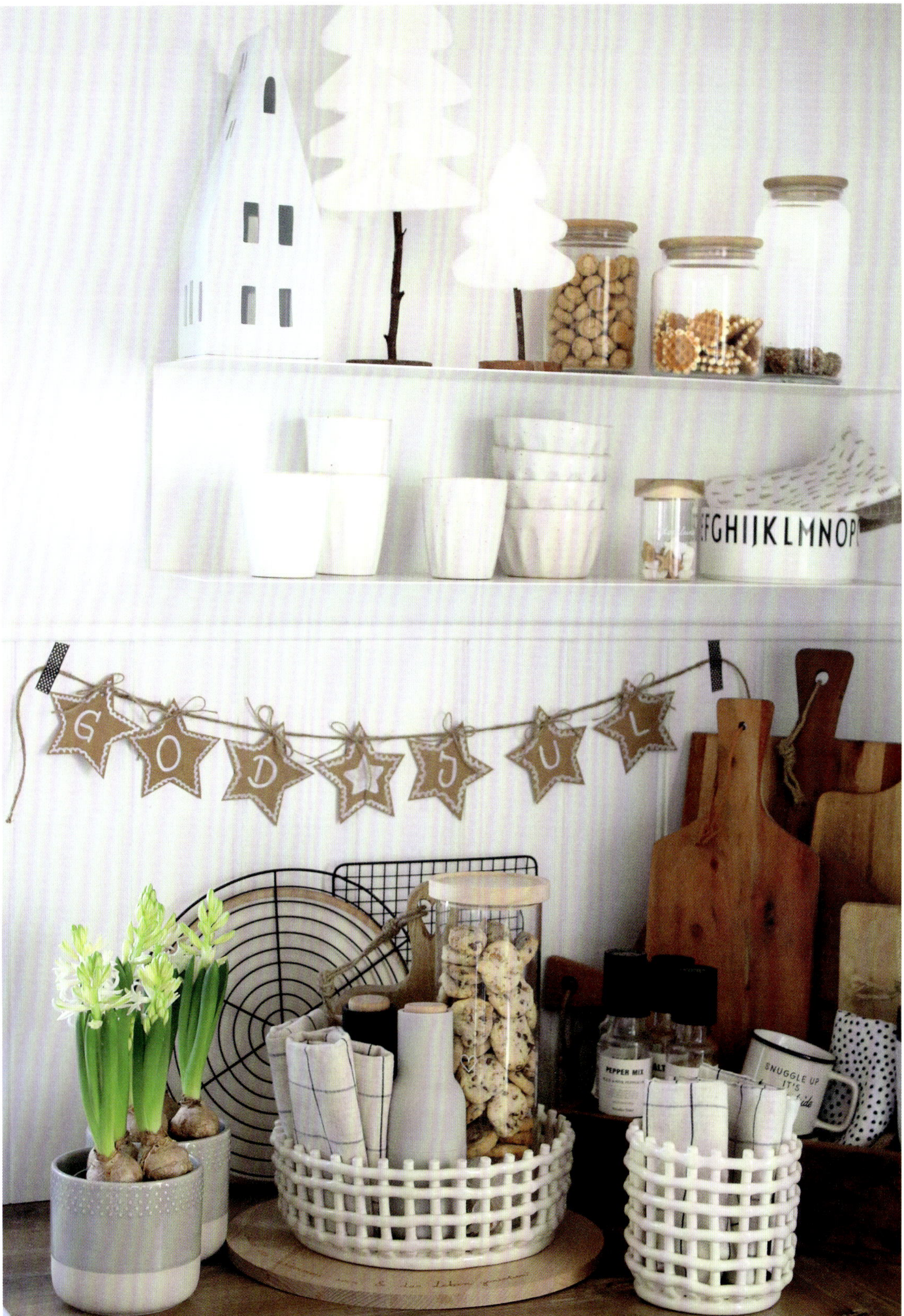
G O D J U L
EFGHIJKLMNOP
PEPPER MIX
SNUGGLE UP
IT'S

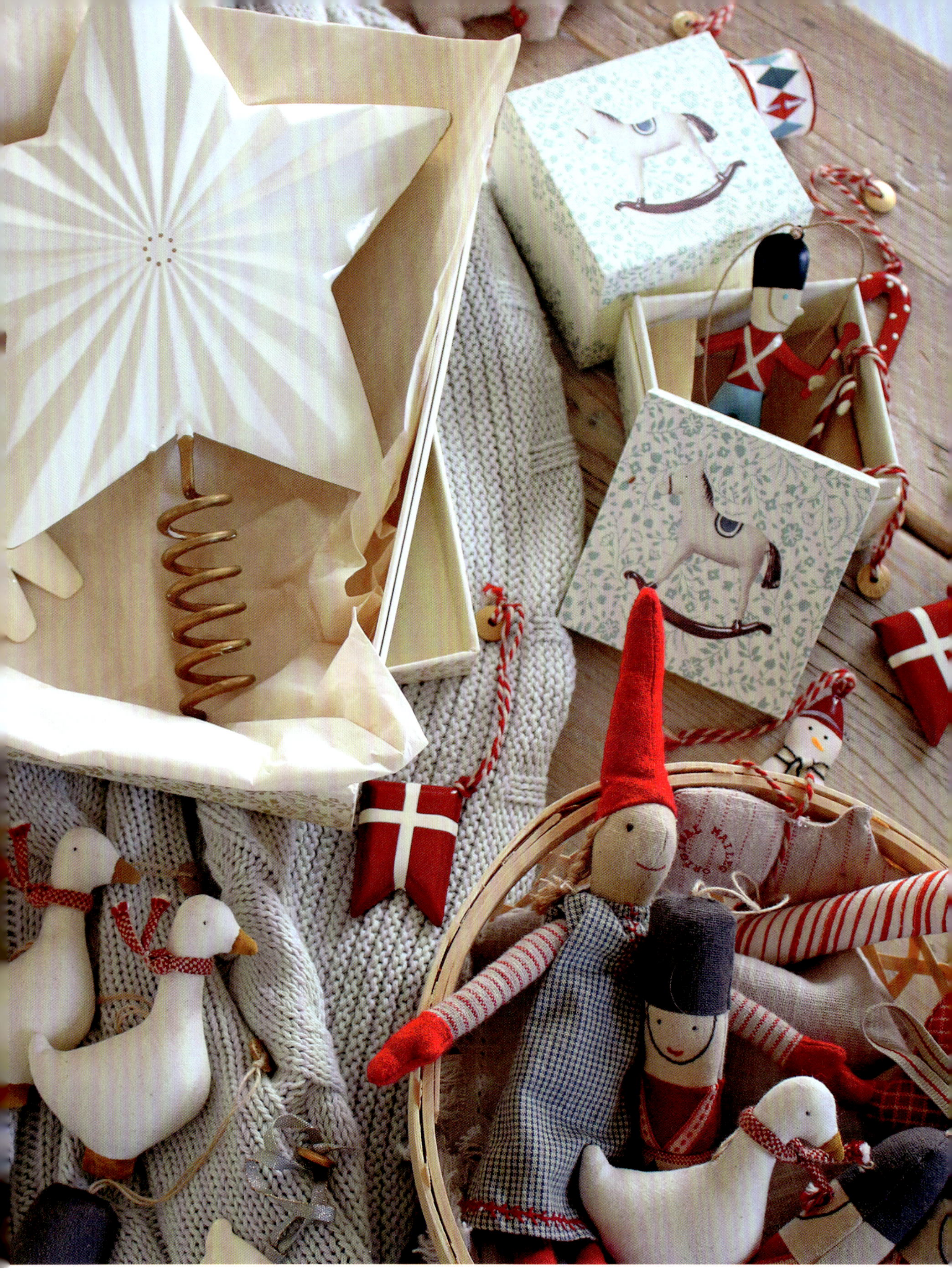

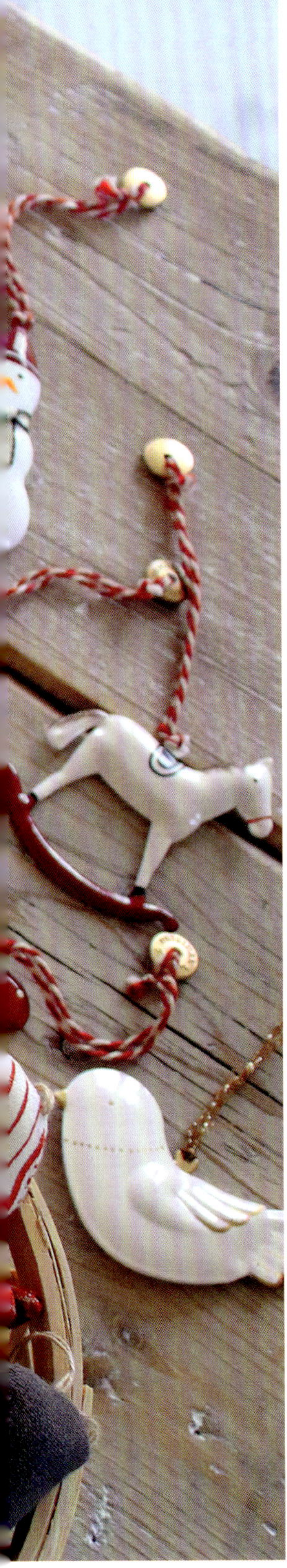

Hier siehst du einige Anhänger unserer allerliebsten Deko-Teile, die jedes Jahr aufs Neue einen Platz an unserem Weihnachtsbaum finden.

Viele der Maileg-Teile haben wir aus unseren Dänemark-Urlauben mitgebracht, und andere haben unsere drei Jungs von meinen Eltern zu Weihnachten geschenkt bekommen. Wie ich finde, ist dies eine ganz wundervolle Idee: Jedes Jahr bekommen die drei an Heiligabend einen neuen Weihnachtsanhänger von den Großeltern geschenkt. Unsere beiden Großen haben so schon eine ganze Kiste voll. Auf einigen Anhängern steht sogar die Jahreszahl, und so sind sie eine schöne Idee und Erinnerung für später, wenn unsere Söhne ihre eigenen Bäume schmücken.

Die Stern-Tannenbaumspitze habe ich wiederum vor ein paar Jahren von meinen Söhnen geschenkt bekommen. So hat jedes Teilchen eine ganz besondere Geschichte.

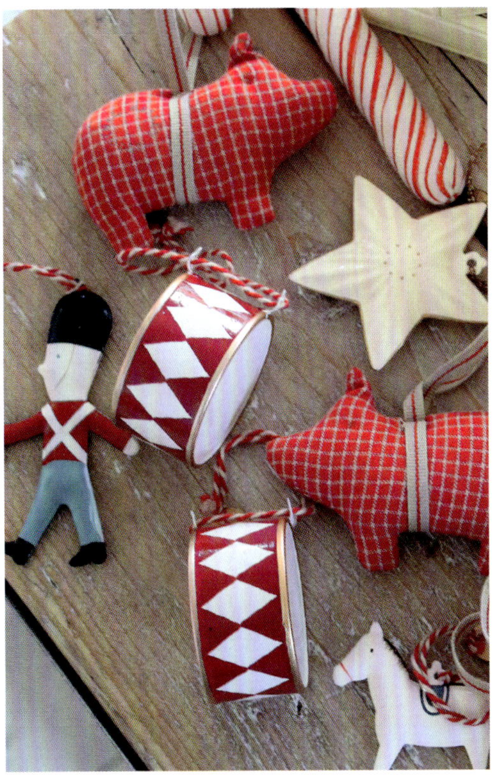

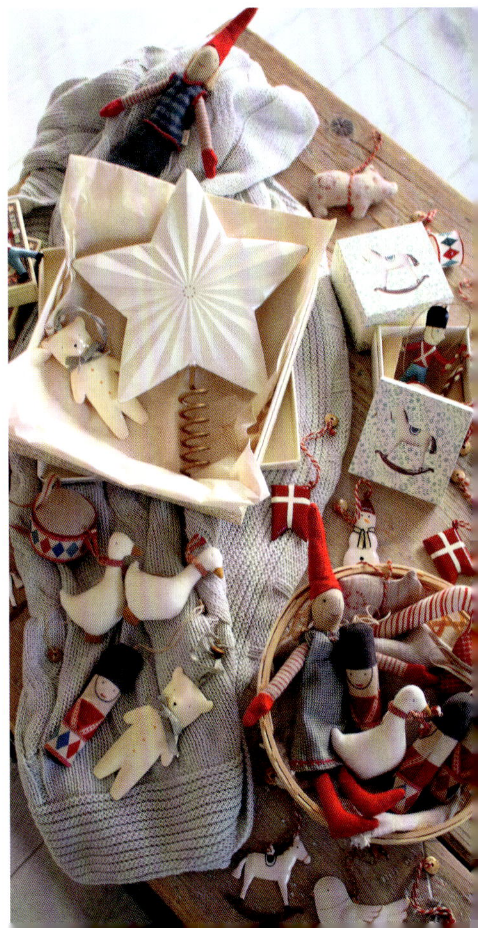

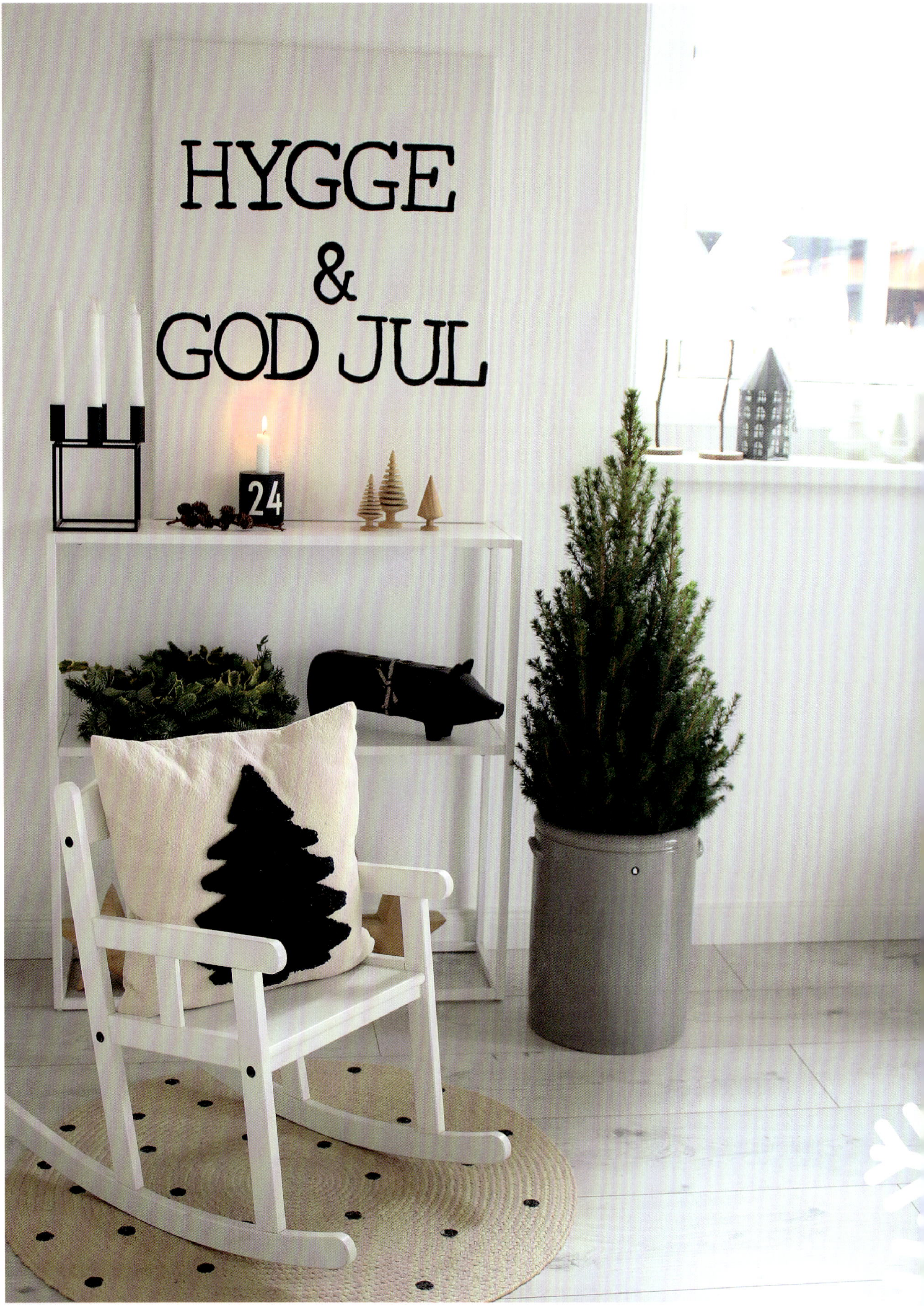
HYGGE
&
GOD JUL
24

Leinwand Hygge & God Jul

Die Idee mit der Leinwand kam mir erst ziemlich spät für das Buch.

Hygge & God Jul – zwei Worte, die mir schon seit vielen Jahren viel bedeuten. Für das Buch habe ich mich noch einmal mehr mit diesem Gefühl und dieser Zeit beschäftigt, und gerne wollte ich dies auch kreativ festhalten. Da kam mir die Idee mit der Leinwand, und bestimmt wird sie mich noch viele weitere Weihnachten daran erinnern, wie ich das eine ganz bestimmte Jahr von Dezember bis in den April zwischen Tannenzweigen und Zapfen verbracht habe, Bilder fotografiert und Texte geschrieben habe. Ich würde mich freuen, wenn dir die Leinwand auch gefällt und du dir eine eigene vielleicht auch für dein Zuhause malst.

BENÖTIGTES MATERIAL

Keilrahmen, 60 cm × 80 cm
schwarze Acrylfarbe
Pinsel nach Wahl
Bleistift
evtl. ausgedruckte Buchstaben

SO WIRD'S GEMACHT

Für das Bemalen der Leinwand gibt es zwei Möglichkeiten. Für die intuitive Herangehensweise braucht man ein klein wenig Mut. Hierfür den Pinsel in die schwarze Acrylfarbe tauchen und den Schriftzug »Hygge & God Jul« auf die Leinwand schreiben.

Eine weitere Möglichkeit ist, am Laptop die Schriftart Courier New in der Größe 550 auszuwählen und die einzelnen Buchstaben als Schablone auszudrucken. Anschließend die Buchstaben mit der Schere ausschneiden, auf die Leinwand legen und mit dem Bleistift nachzeichnen.

Mit einem dünnen Pinsel und der Acrylfarbe die Buchstaben ausmalen. Nach der Trockenzeit kann man den Keilrahmen aufhängen und sich an dem hübschen Schriftzug erfreuen.

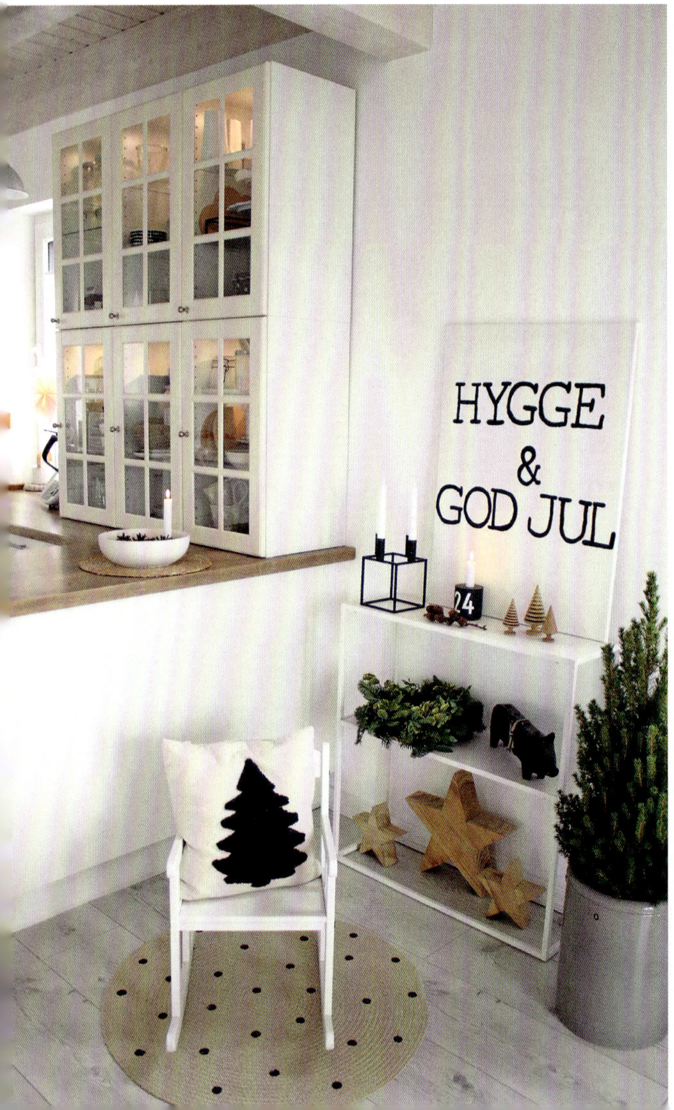

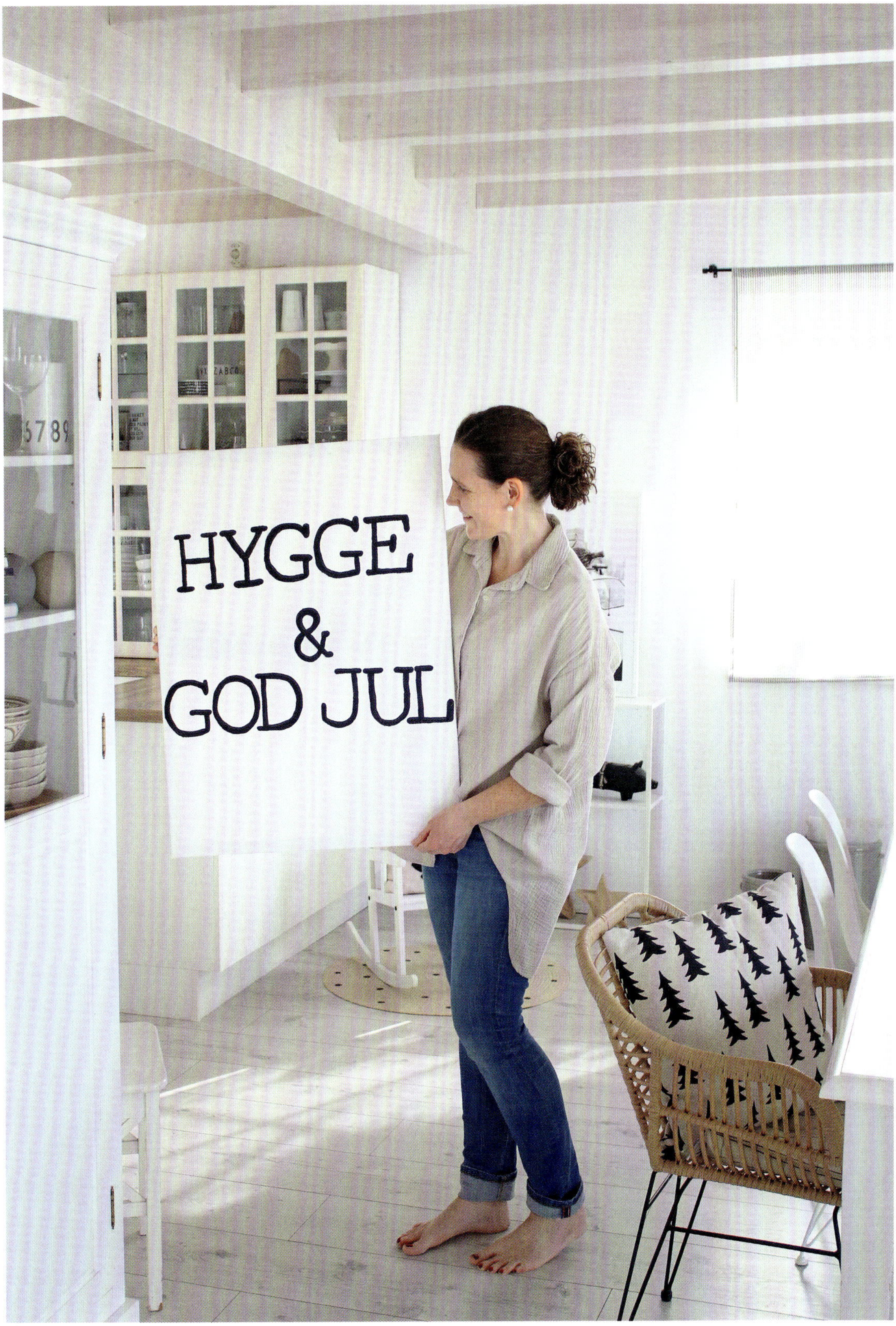
HYGGE
&
GOD JUL

Leuchtende Sternenlichter

Bei den Sternenlichtern freue ich mich jedes Mal darüber, was man doch mit einfachem Papier so zaubern kann. Die Sternenlichter sind bei der ersten Laterne vielleicht nicht ganz einfach, aber bei der zweiten hast du es dann raus und das Ergebnis ist danach einfach nur leuchtend schön.

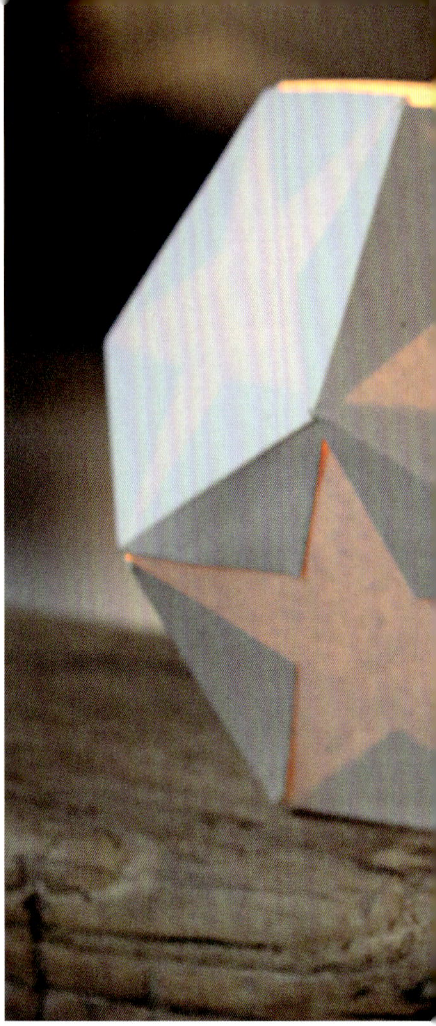

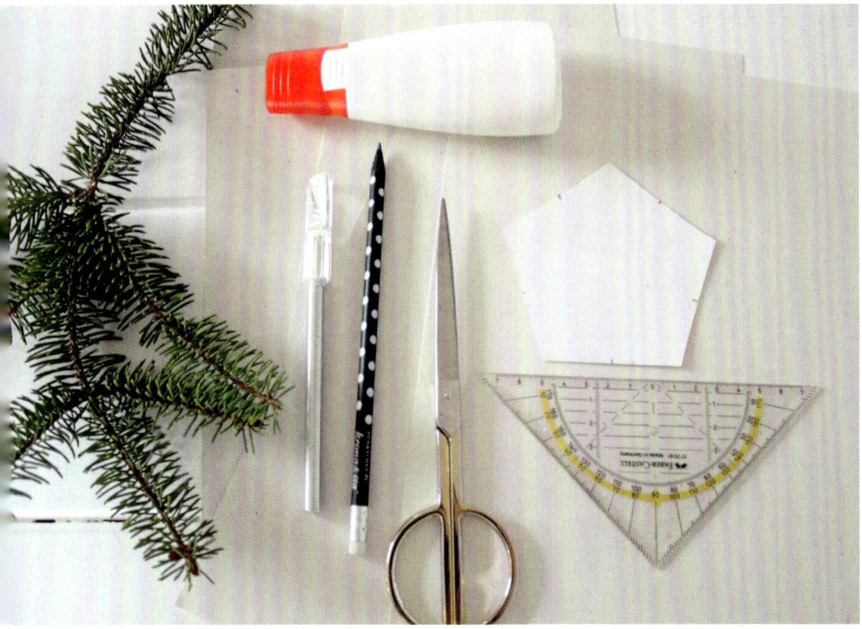

BENÖTIGTES MATERIAL

cremefarbenes Kraftpapier im Format DIN A4
Schablone Sternenlichter
Bleistift
Cutter
Unterlage
Schere
Bastelkleber
Lineal

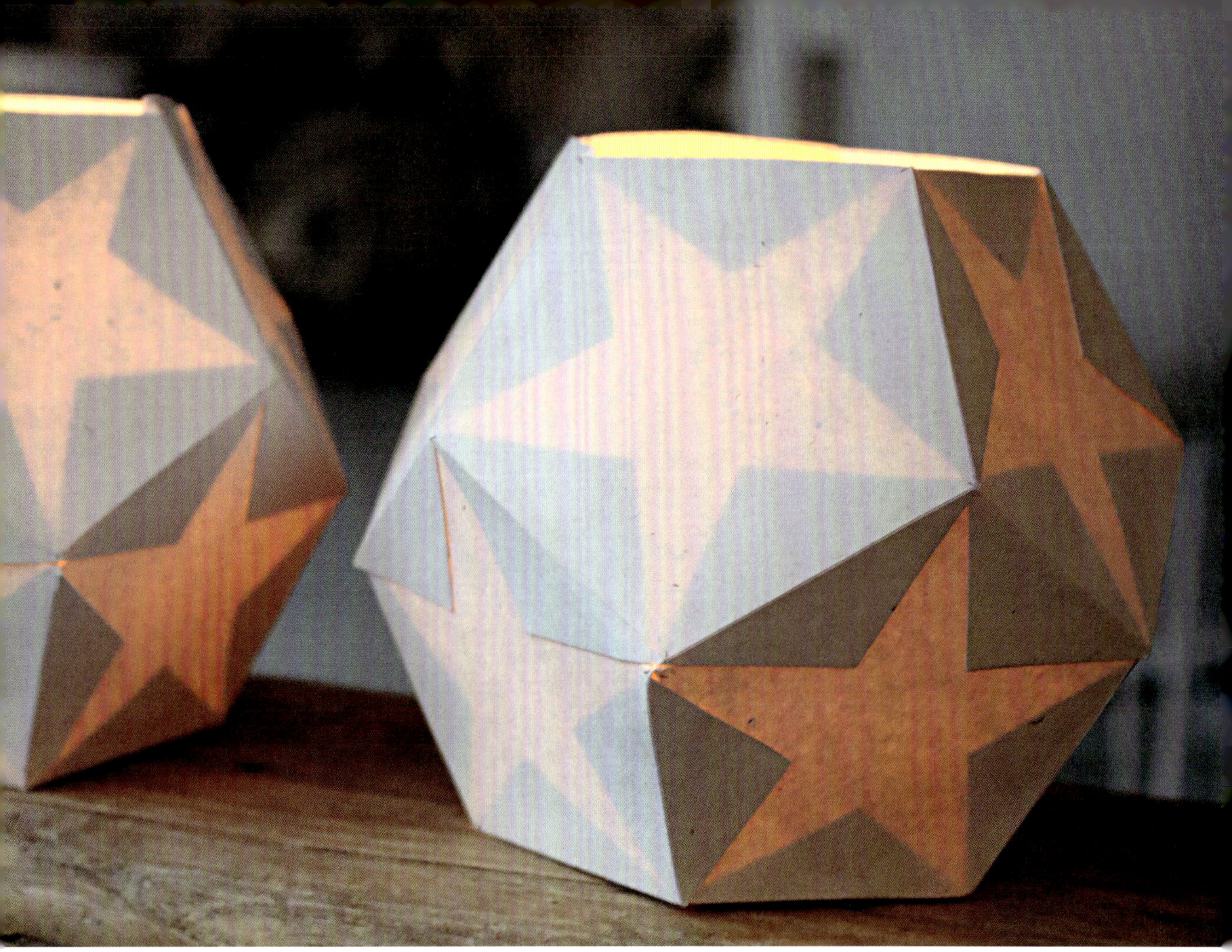

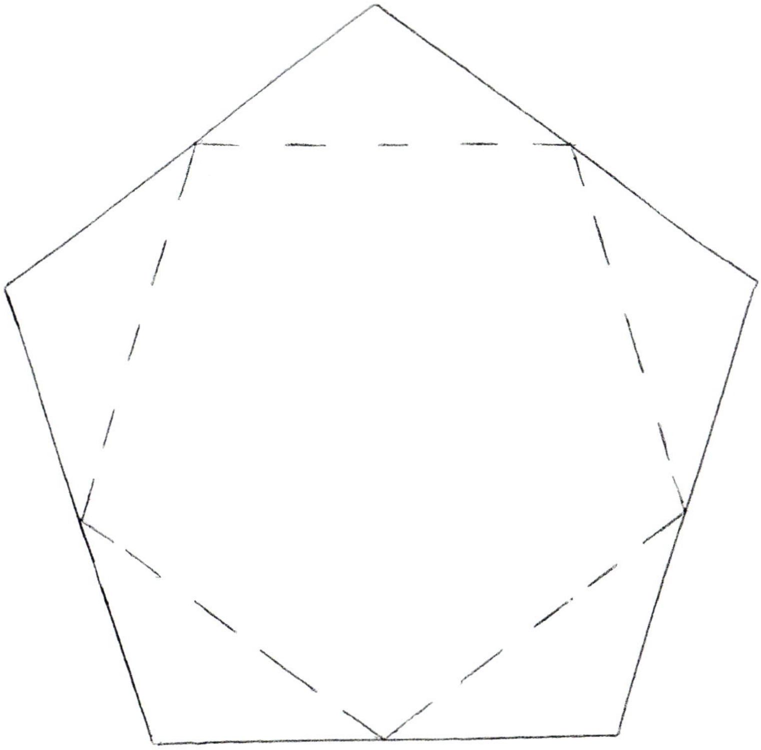

SO WIRD'S GEMACHT

Für ein Sternenlicht werden 11 Fünfecke benötigt. Diese mithilfe der Schablone auf das Kartonpapier zeichnen und ebenfalls mit einem Bleistift und einem Lineal die aufgezeichneten Striche der Spitzen hinzufügen. Alle 11 Fünfecke ausschneiden. Die aufgezeichneten oberen Spitzen mit einem Cutter ganz leicht einritzen (nicht einschneiden).

Jetzt alle vorbereiteten Spitzen an der Markierung einklappen, sodass Sterne sichtbar werden.

Für das Kleben sechs Sterne nehmen und sie so auf dem Tisch zurechtlegen, dass ein Stern in der Mitte liegt und die fünf weiteren außen herum. Der Stern in der Mitte wird der spätere Boden der Laterne sein.

Die fünf außen liegenden Sterne werden jetzt nacheinander mit Bastelkleber mit dem Stern in der Mitte verklebt. Dabei jeweils eine gefaltete Spitze der fünf Sterne an den »Bodenstern« drücken.

So entsteht ein Sternkranz, bei dem die seitlichen Spitzen abwechselnd aufeinanderliegend geschlossen bzw. verklebt werden. Man arbeitet sich dabei von einer Sternspitze zur Nächsten: eine darüber und eine darunter verkleben, bis der Kranz geschlossen ist.

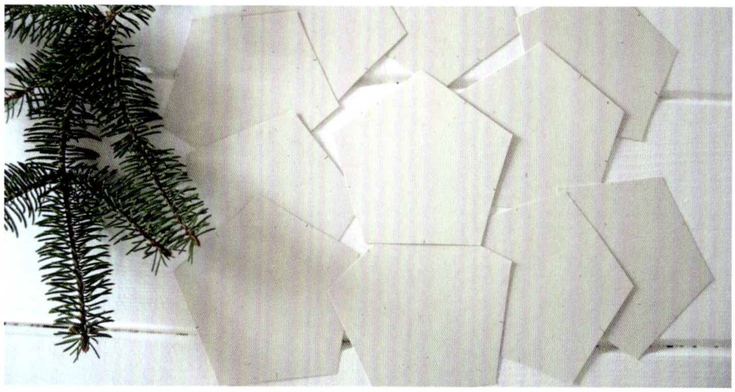

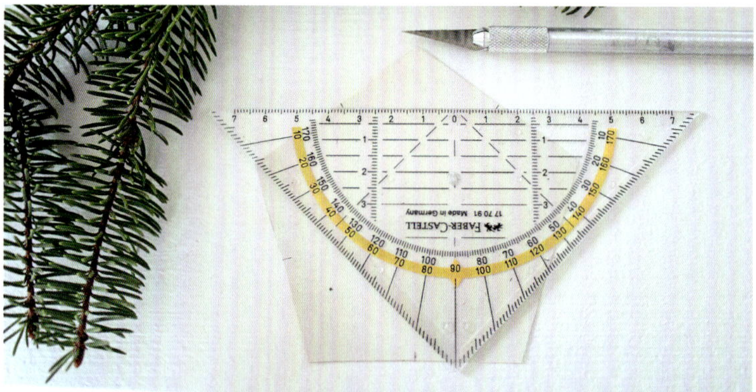

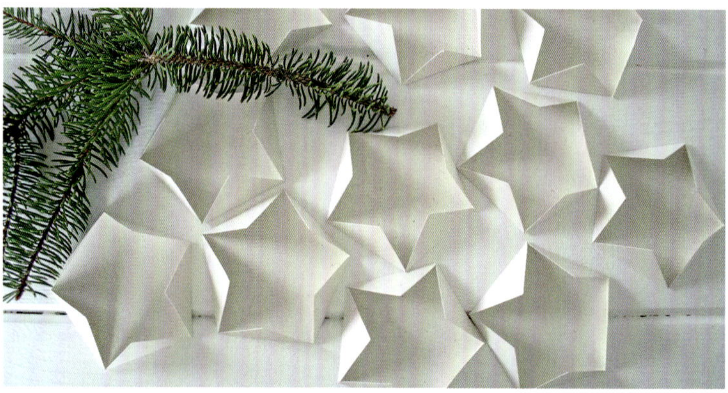

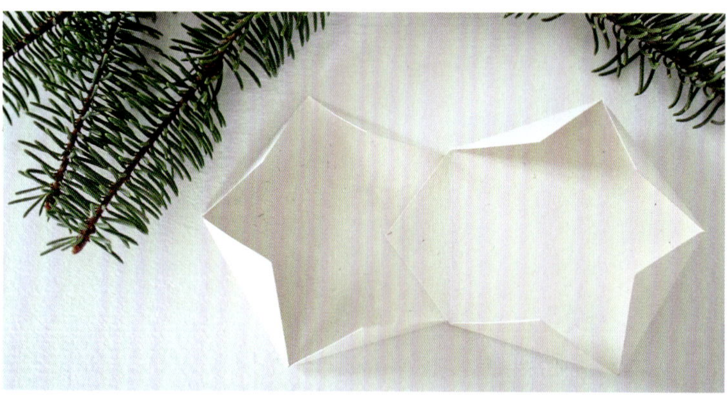

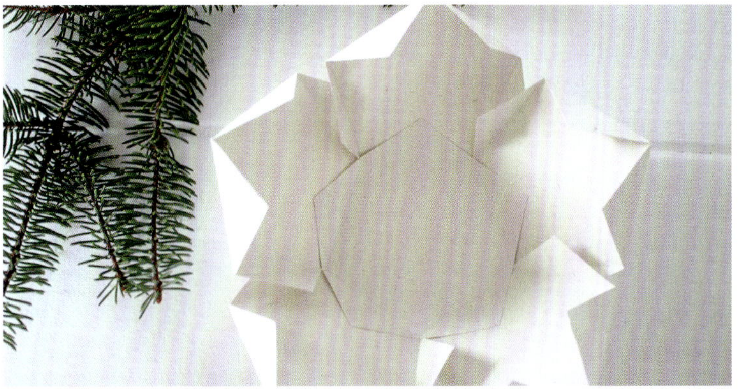

Der Sternkranz sieht nun wie ein kleines Schälchen aus. Der weitere obere Teil wird nach dem bekannten Prinzip auf den unteren Sternenkranz geklebt. Dafür wird die Laterne immer wieder auf den Boden gestellt. So erkennt man gut, wo die einzelnen Fünfecke angesetzt werden müssen.

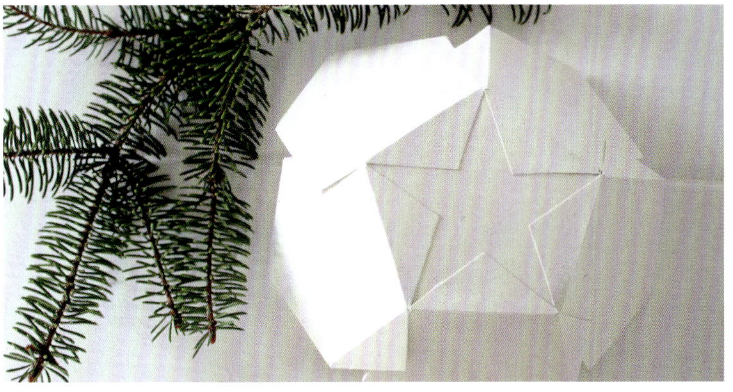

Sind die letzten Fünfecke verklebt, werden die übrigen Sternenspitzen nach innen geklebt, sodass eine gerade Kante an der Laternenöffnung entsteht.

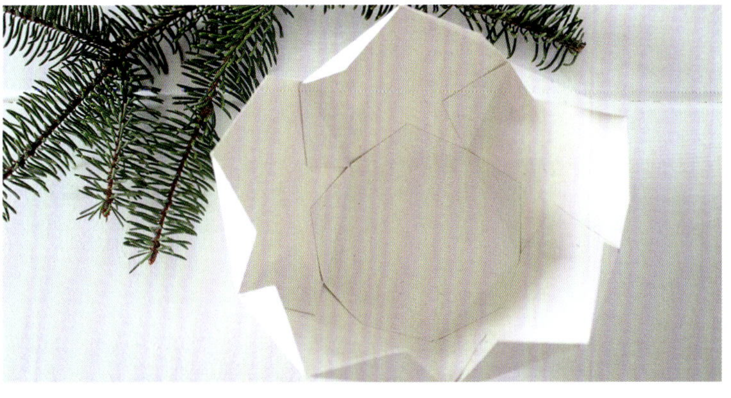

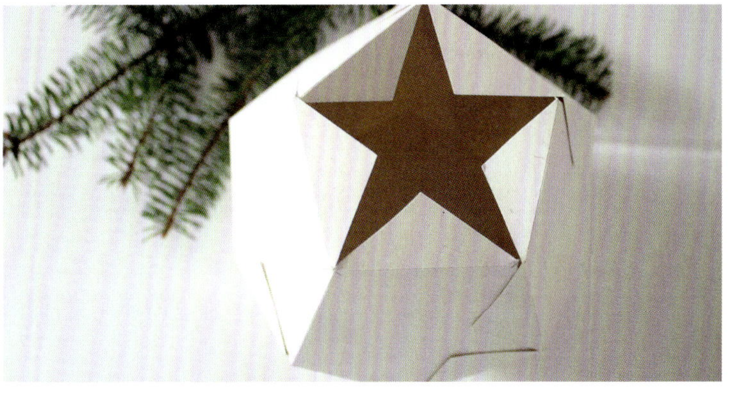

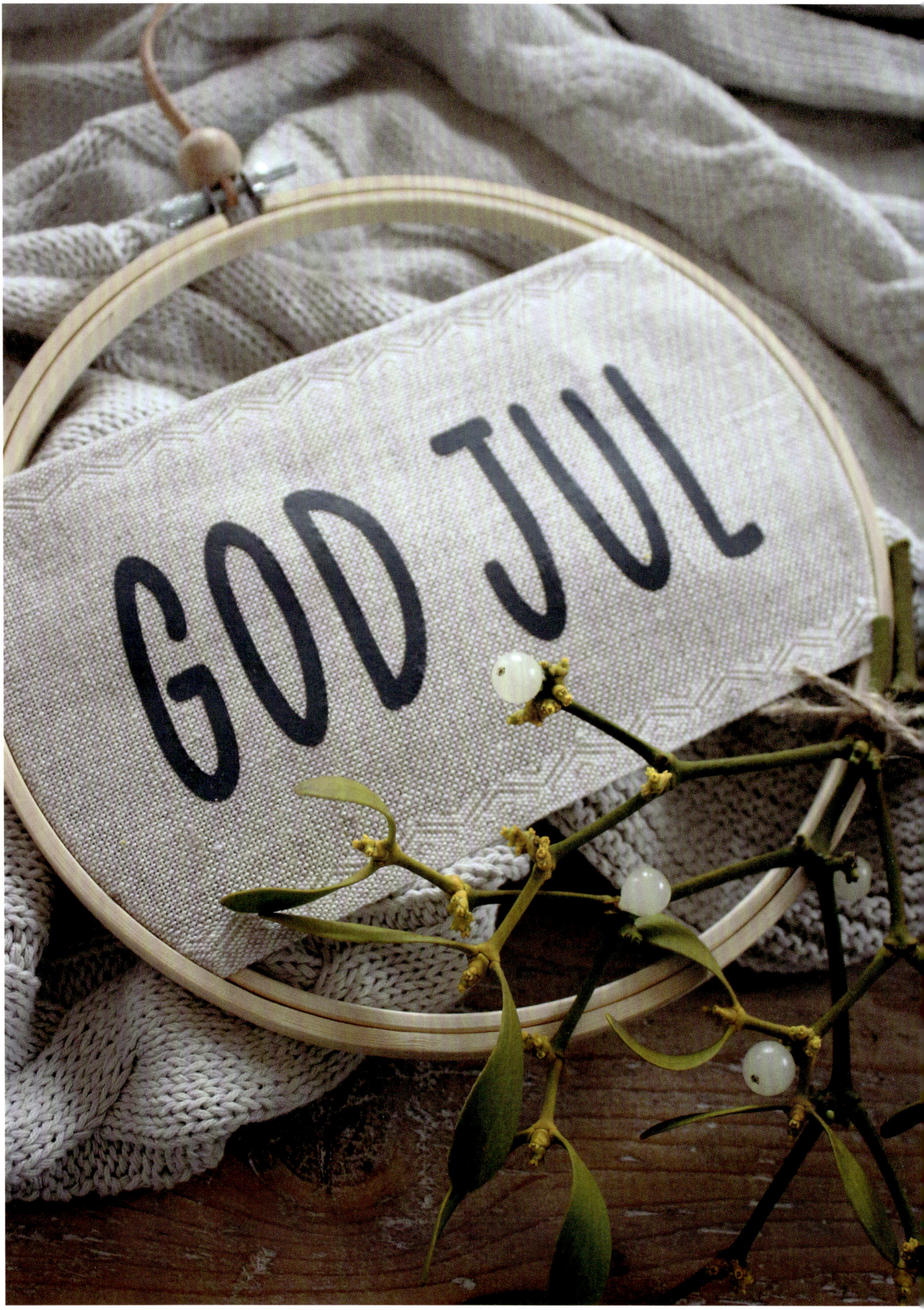
GOD JUL

Stickrahmen als Kranz

Früher hat meine Oma so einen Stickrahmen immer für kleine Details zum Sticken genutzt. Heute machen wir einfach einen Kranz daraus. Meine Freundin war so lieb und hat mir dafür mit ihrem Plotter die Worte Hygge & God Jul geschrieben und ausgedruckt. Du kannst die Wörter aber auch mit einem Cuttermesser ausschneiden. Natürlich kannst du auch andere Schriftzüge wie etwa »Frohe Weihnachten« oder »Herzlich willkommen« verwenden.

BENÖTIGTES MATERIAL

Stickrahmen, 20 cm Ø
Webband, 12 × ca. 25 cm
schwarze oder graue Flexfolie
Wörter für die Schablone
Bleistift oder Kugelschreiber
Cuttermesser
Pinzette
Schere
Geschirrhandtuch
Paketband
Lederband
Holzkugel
Mistelzweig oder Eukalyptus

AUSSERDEM
Bügeleisen

SO WIRD'S GEMACHT

Für die Beschriftung des Webbandes gibt es zwei Möglichkeiten. Wer einen Plotter hat, kann die Aufschrift »Hygge & God Jul« herstellen. Es gibt auch schon einige Shops im Internet, wo man sich so einen Aufdruck anfertigen lassen kann.

Um ihn alternativ selbst herzustellen, mit dem Drucker den Schriftzug »Hygge & God Jul« ausdrucken und ihn als Schablone verwenden. Das einzelne Wort dafür spiegelverkehrt auf die Flexfolie legen und den Umriss erst abzeichnen und dann mit dem Cuttermesser ausschneiden. Auch die Zwischenräume mit dem Cutter entfernen und die Pinzette dabei zu Hilfe nehmen.

Ist das Wort vollständig zu lesen, wird es mittig auf das Webband gelegt. Mit einem Geschirrhandtuch abdecken und die Aufschrift mit dem Bügeleisen festbügeln. Dann die durchsichtige Folie der Flexfolie abziehen. Der Schriftzug ist jetzt auf dem Webband zu lesen, und man kann das Band mittig zwischen die Ringe des Webrahmens klemmen. Die überstehenden Seiten am Rand des Rahmens abschneiden. Nun an den Seiten oder unten am Rahmen noch ein bis zwei Mistelzweige anbringen. Als Alternative würde Eukalyptus auch schön dazu aussehen.

Zum Schluss das Lederband mit der Holzkugel an der obere Verschraubung des Rahmens festbinden.

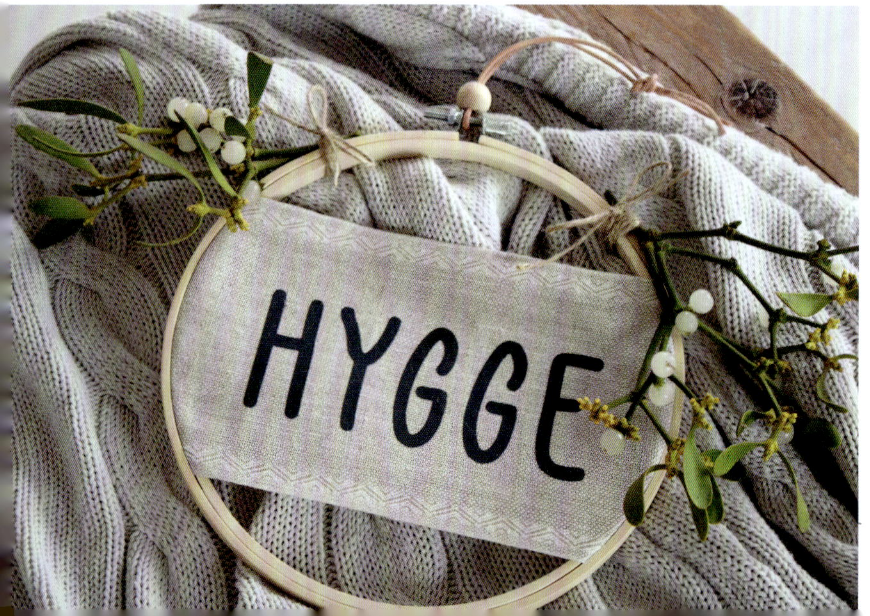

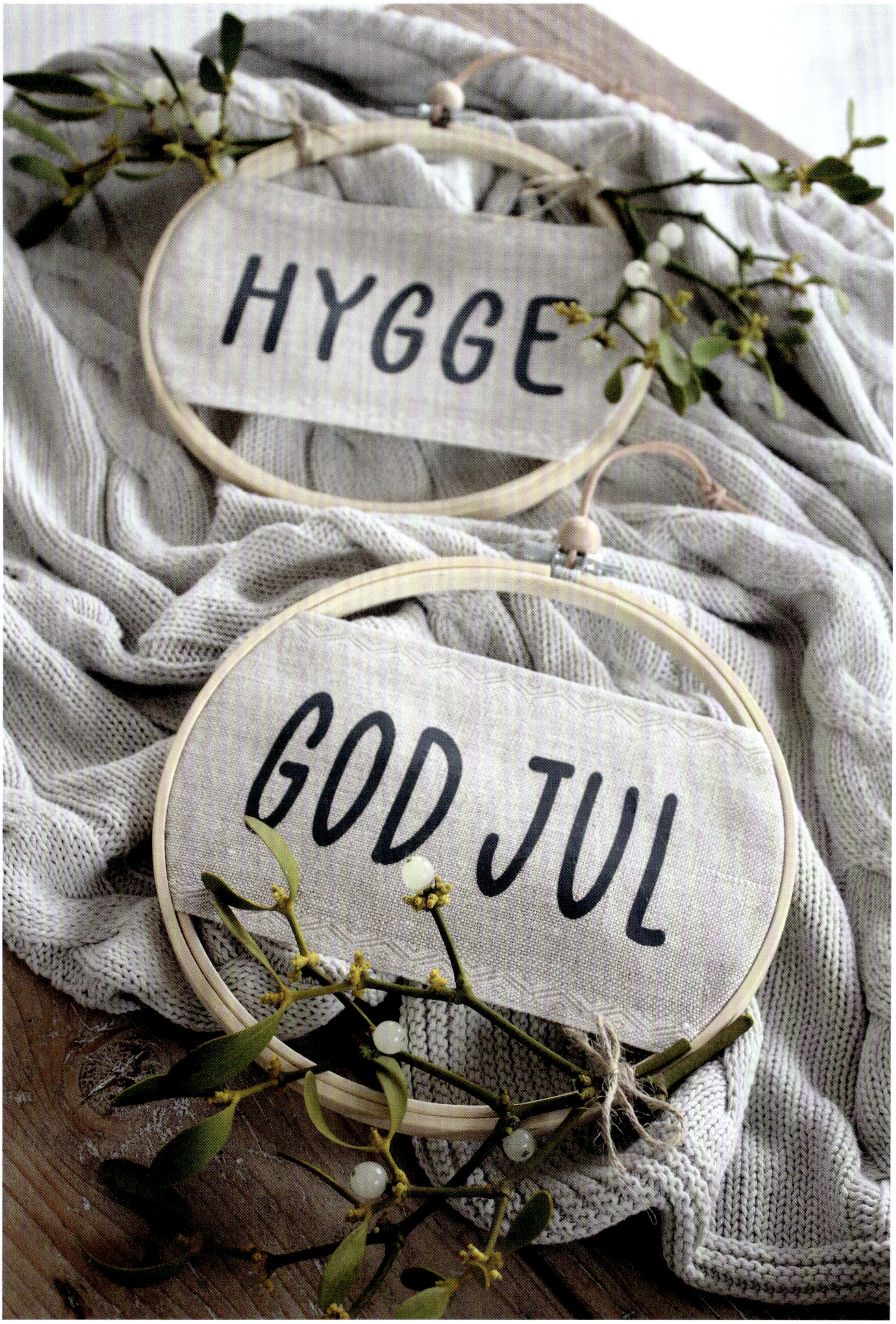
HYGGE
GOD JUL

Winterliche Getränke

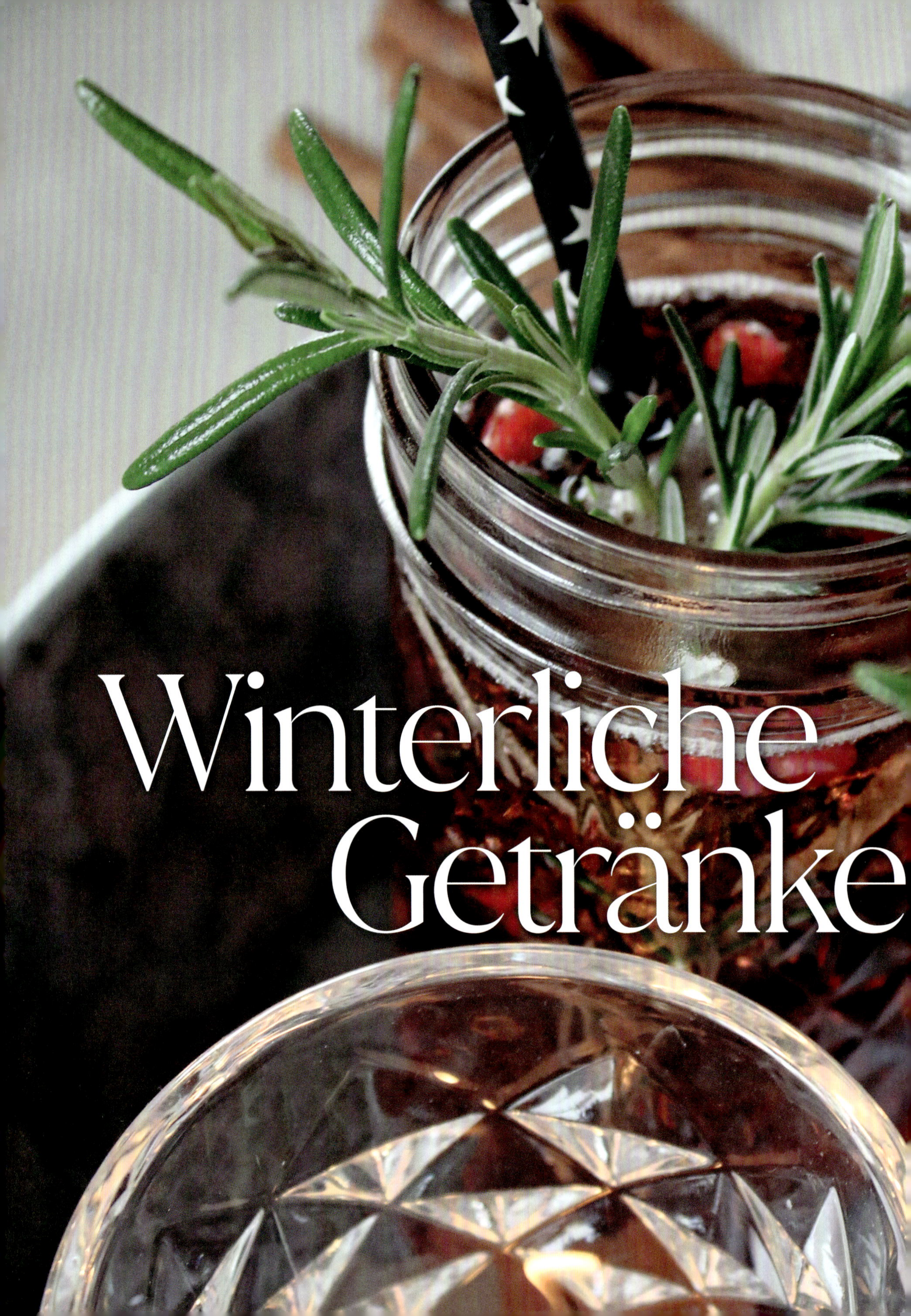

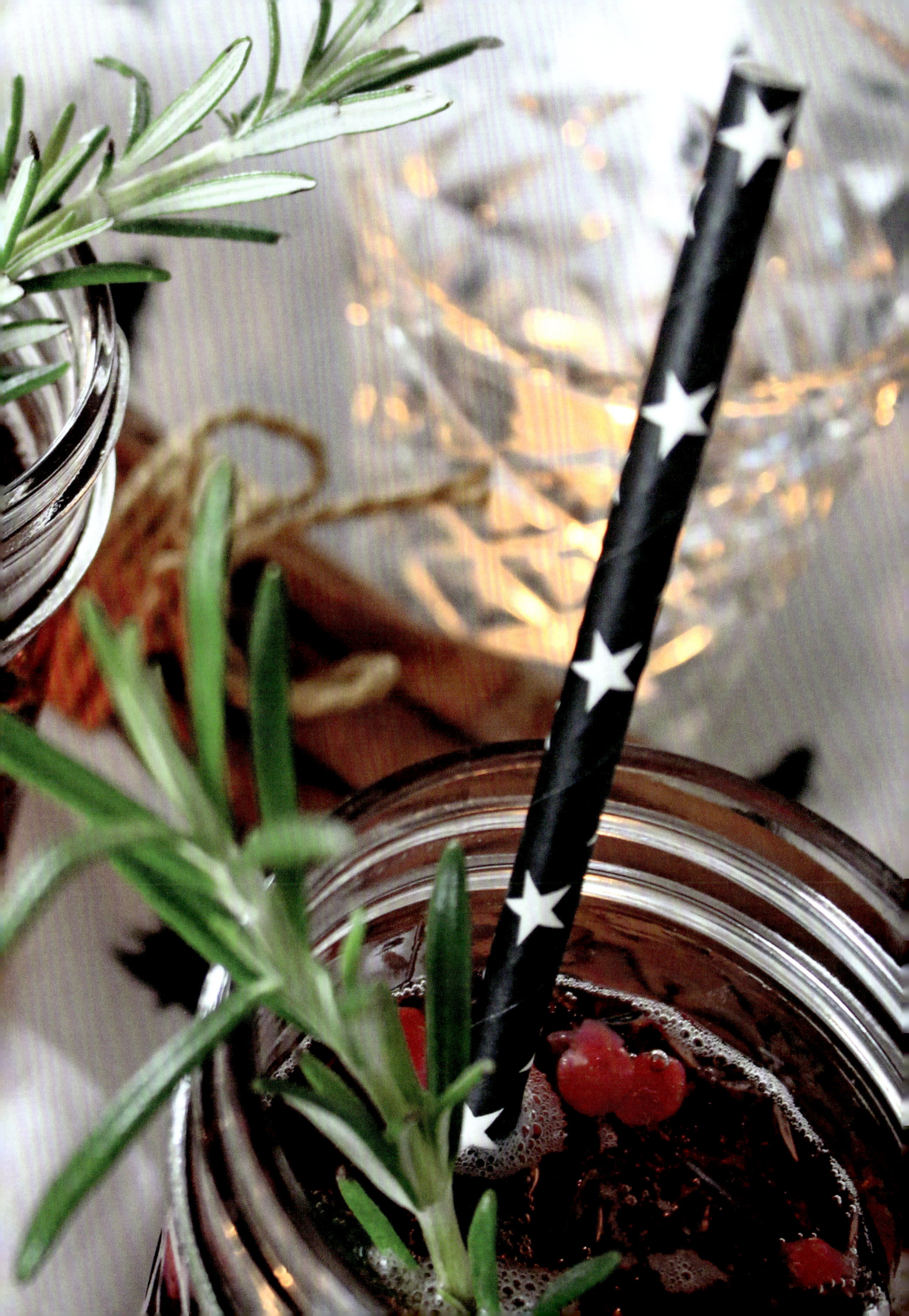

Weißer Winter-Glögg

Mit diesem Rezept ist dir die Weihnachtsstimmung garantiert. Der warme Glögg mit Orangen, Äpfeln, Zimtstangen und Sternanis duftet herrlich durch das ganze Haus und lädt zu einem hyggeligen Winterabend ein. Glögg ist ein traditionelles Getränk in Dänemark, und das Rezept lässt sich insofern ein wenig abwandeln, als man statt Rotwein auch Weißwein als Basis nehmen kann. Zum Servieren sieht der Glögg in einer Glasflasche oder einem Glaskrug mit den passenden Gläsern zudem richtig hübsch dazu aus.

ZUTATEN

(Für 4–6 Gläser)

FÜR DAS GETRÄNK

750 ml Weißwein
300 ml Apfelsaft
2 Päckchen Vanillezucker
2 Zimtstangen
1 Sternanis
3 Gewürznelken

FÜR DIE DEKORATION

1 Bio-Orange
2 geschälte Äpfel
Zimtstangen
4–6 Sternanis

ZUBEREITUNG

Alle Zutaten bis auf den Wein in einen Topf geben und erhitzen, allerdings ohne diese aufkochen zu lassen.

Die Flüssigkeit bei geringer Hitze 10 Minuten lang ziehen lassen. Nun den Weißwein hinzugeben und den Glögg kurz erhitzen. Die Orange gut waschen und in Scheiben schneiden, diese vierteln. Die Äpfel schälen und in kleinen Würfel schneiden. Die Apfelstücke und die Orangenscheiben mit den Zimtstangen und dem Sternanis in eine Glasflasche oder in einen Glaskrug füllen. Zum Servieren den Glögg durch ein Sieb in die vorbereitete Glasflasche bzw. den Glaskrug gießen.

TIPP

Für einen roten Glögg tauscht man den Weißwein einfach gegen einen Rotwein aus, und anstelle von Apfelsaft nimmt man Orangensaft. Für einen Kinder-Glögg wird der Wein einfach durch Apfel-, Orangen- oder Traubensaft ersetzt.

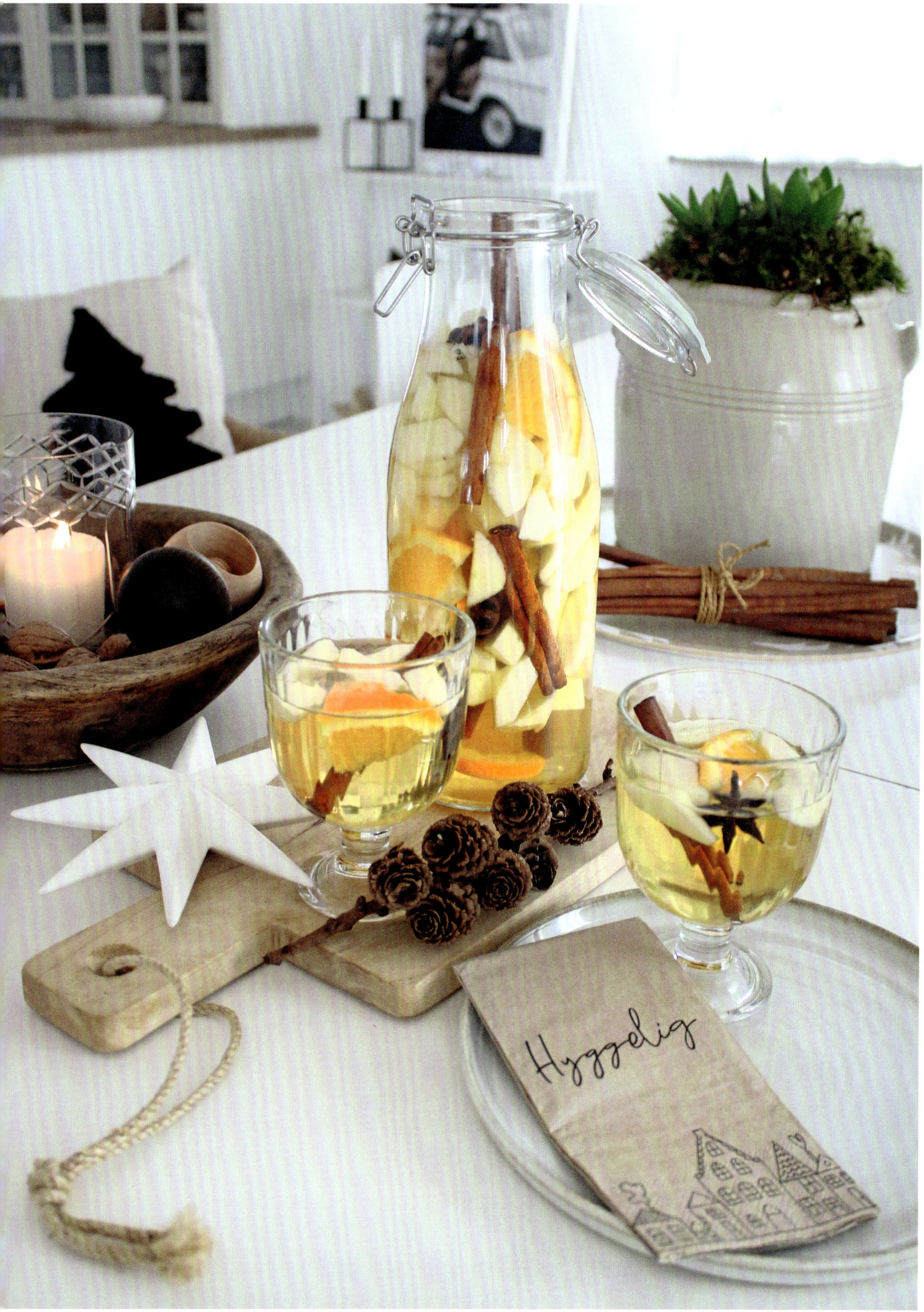
Hyggelig

Winterlichter Granatapfel-Spritz mit Rosmarin

Lass uns anstoßen – auf hoffentlich viele hyggelige Momente, auf Weihnachten und auf das Leben. Dieser leckere Granatapfel-Spritz passt an den Weihnachtstagen gut zum Festmenü und ist dazu noch herrlich fruchtig.

ZUTATEN

(Für 4–5 Gläser)

750 ml Sekt
350 ml Granatapfelsaft (alternativ Traubensaft)
2 EL gefrorene Granatapfelkerne
Rosmarinzweige

ZUBEREITUNG

Für den winterlichen Granatapfel-Spritz zuerst etwa 150 ml Sekt in jedes Glas gießen. Dann nach Geschmack einen guten Schuss Granatapfelsaft, etwa 70 ml, hinzugeben. Zum Schluss einen Esslöffel noch gefrorene Granatapfelkerne hinzufügen und den Drink mit einem Rosmarinzweig verzieren.

»Skol« und zum Wohl!

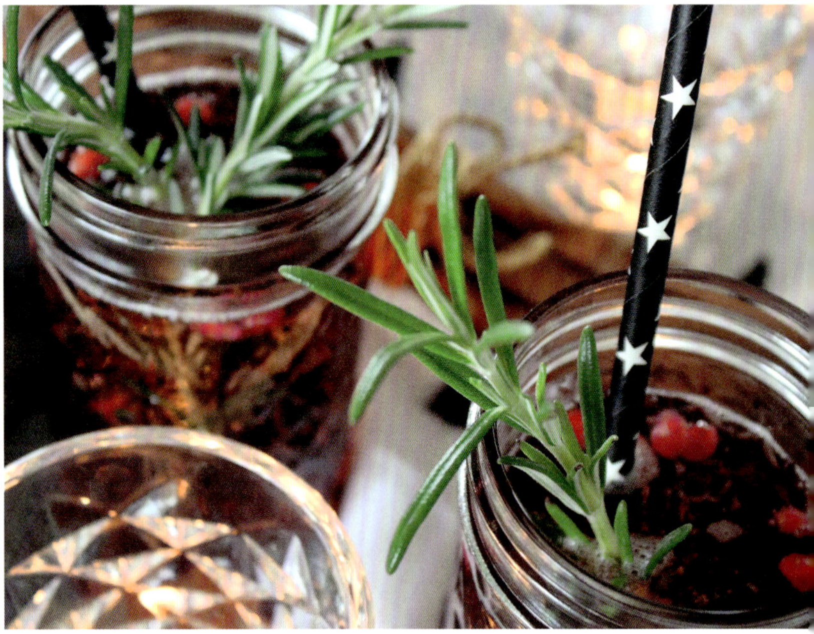

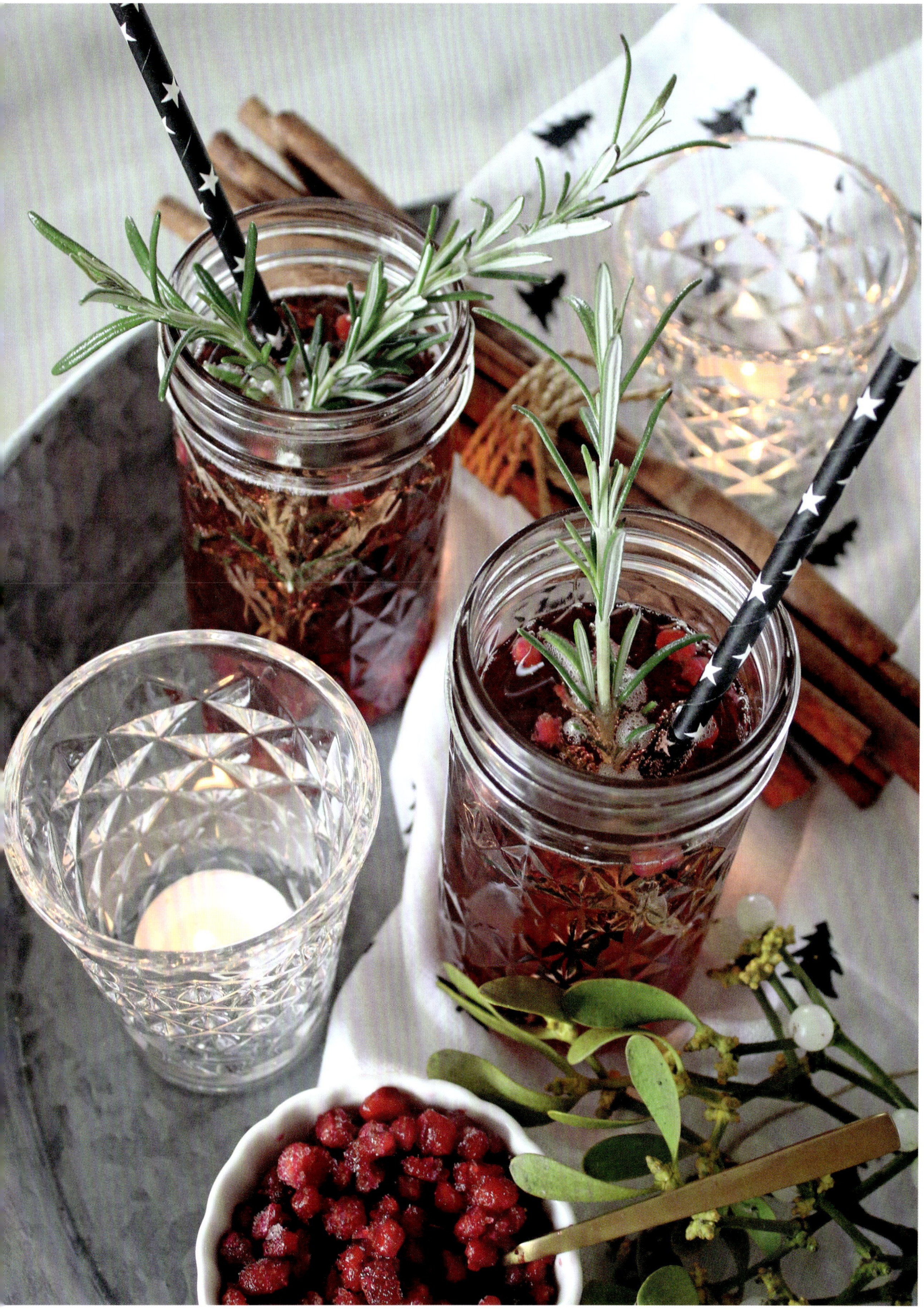

Wärmende Winterschokolade

Nach einem langen Spaziergang an der kalten klaren Winterluft ist eine warme Schokolade einfach nur himmlisch. Wenn du etwas Zimt oder Lebkuchengewürz dazugibst, schmeckt die Schokolade gleich schön weihnachtlich.

ZUTATEN

(Für 3–4 Tassen/Flaschen)

750 ml Milch
100 g Kuvertüre/Schokolade
2 TL Zimt oder Lebkuchengewürz
250–500 ml Schlagsahne
1 Päckchen Vanillezucker

AUSSERDEM

3 Glasflaschen a 250 ml
Schleifenband
Plätzchen mit Loch
Trinkhalm

ZUBEREITUNG

Für die Winterschokolade die Schokolade in kleine Stücke hacken und mit einem Schneebesen gut in die zuvor erhitzte Milch einrühren. Zimt oder das Lebkuchengewürz je nach Geschmack dazugeben und alles gut miteinander verrühren. Die fertige Trinkschokolade in Tassen, Gläser oder so wie ich in Flaschen füllen.

Die Sahne mit dem Vanillezucker aufschlagen und in einer Schale bereitstellen. Hat man sich für Tassen oder Gläser entschieden, die Sahne in einen Spritzbeutel füllen und auf die warme Trinkschokolade geben.

Wer mag, dekoriert die kleinen Glasflaschen noch mit einem Plätzchen (mit Loch) und Schleifenband.

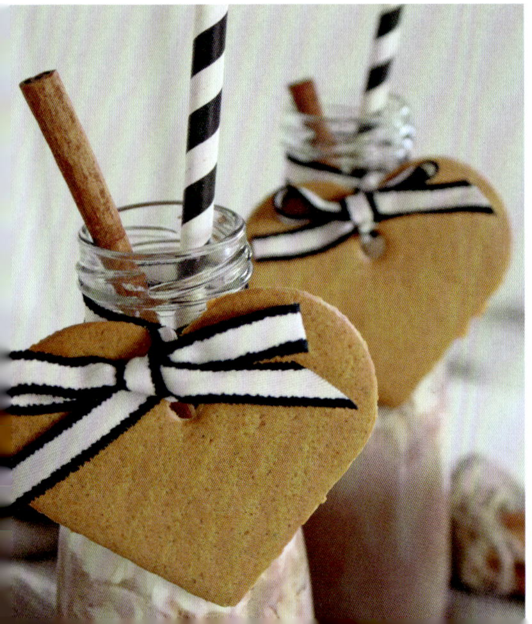

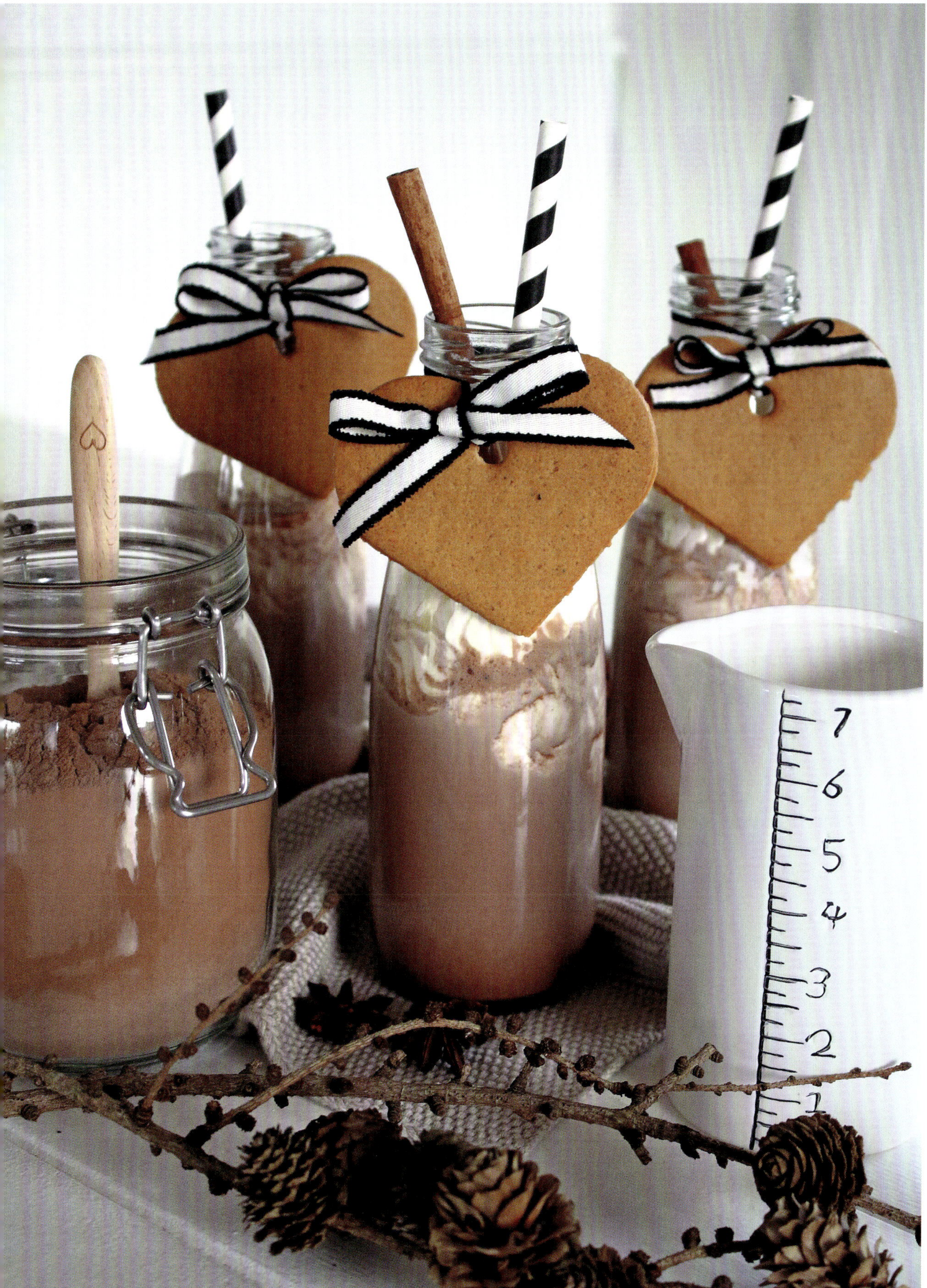
7
6
5
4
3
2
1

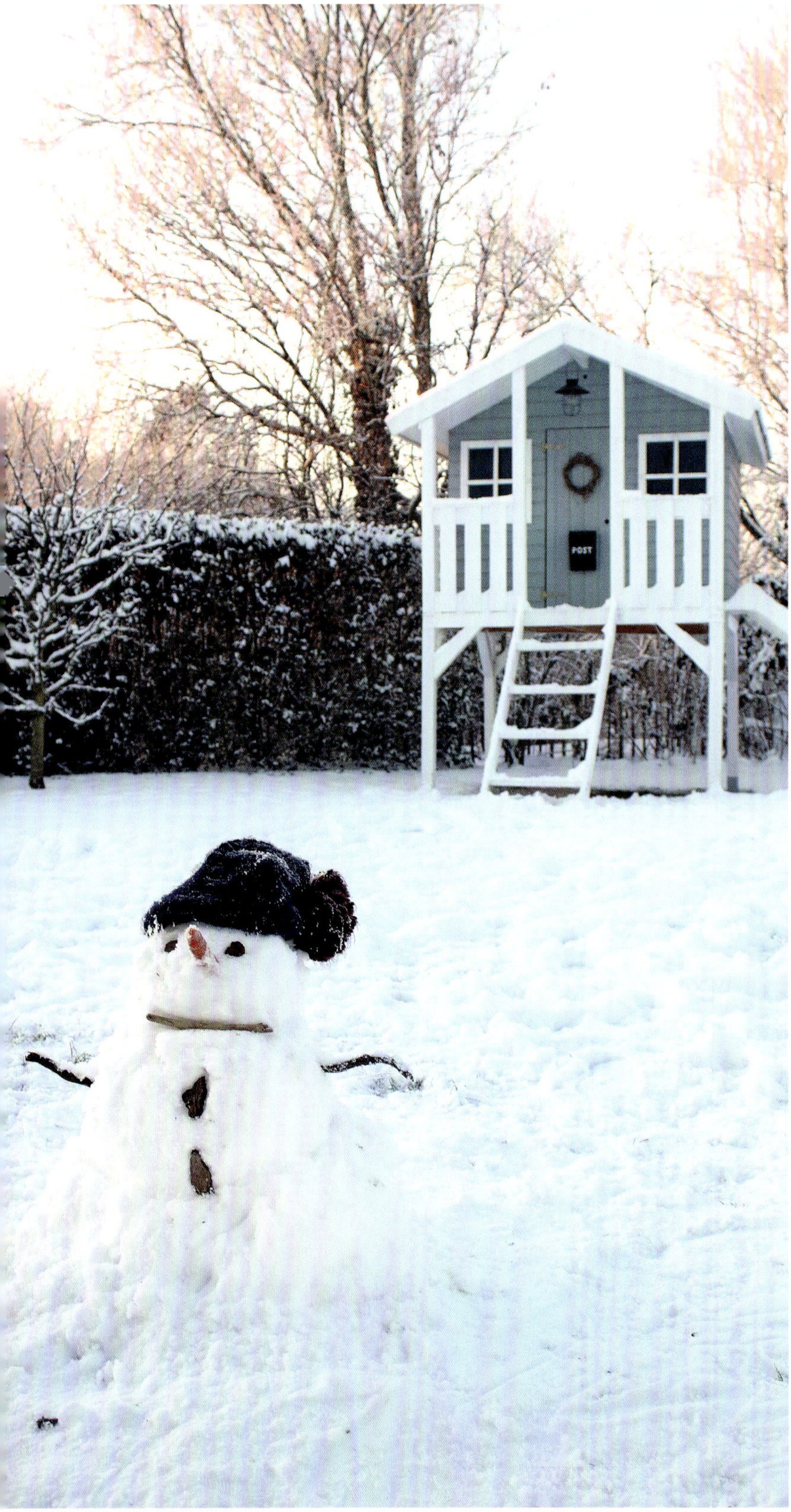
POST

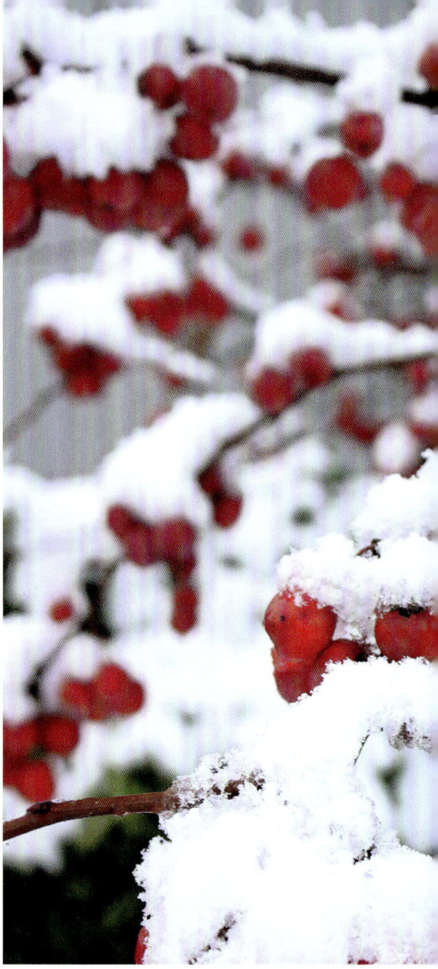

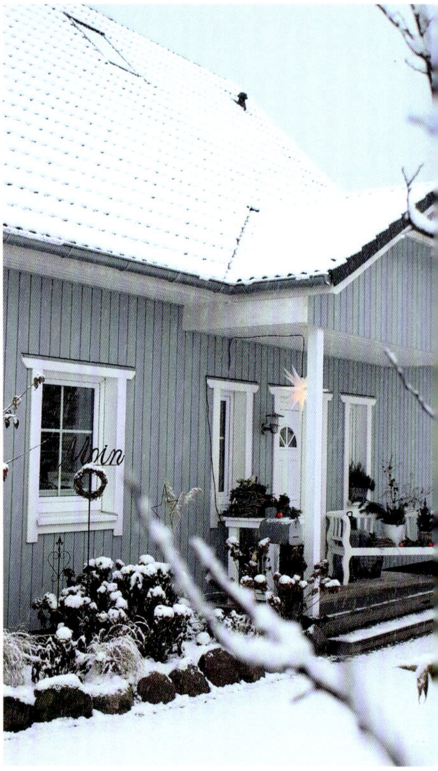
Moin

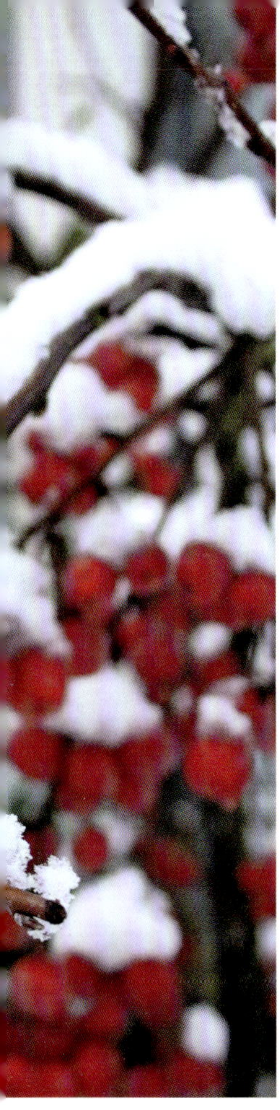

Wenn es im Dezember zu Weihnachten schneit, dann ist das bei uns im Norden immer wirklich etwas ganz Besonderes. Ich mag es so sehr, wenn die Schneeflocken sanft fallen und unser Haus weiß eingehüllt wird.

Auf unserer Veranda leuchtet jedes Jahr wieder der Herrnhuter Stern, und das Nachhausekommen ist dann immer umso schöner.

Der rote Zierapfel an unserer Hausecke ist mit den Jahren ein richtiger Hingucker geworden, und die Vögel freuen sich den ganzen Winter darüber.

Den kleinen Schneemann haben Lasse und mein Mann Timo gebaut und mich im Abendlicht damit überrascht.

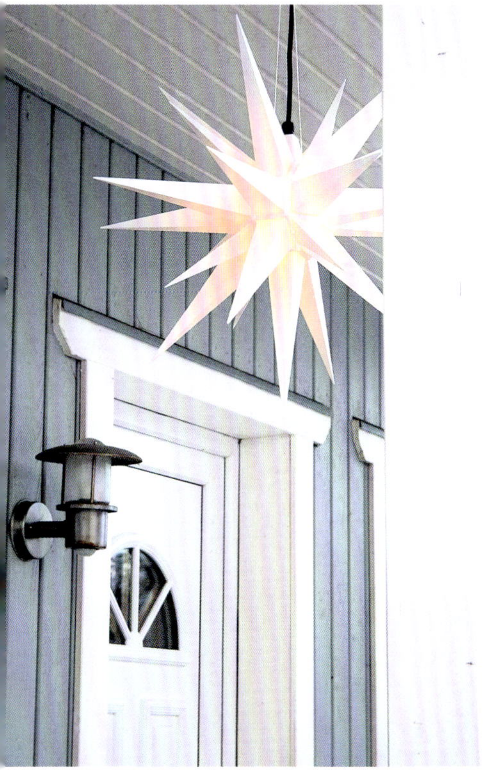

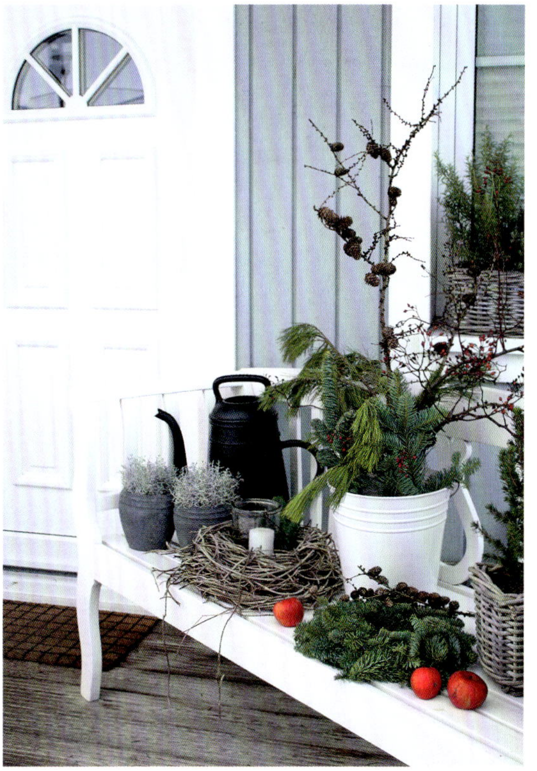

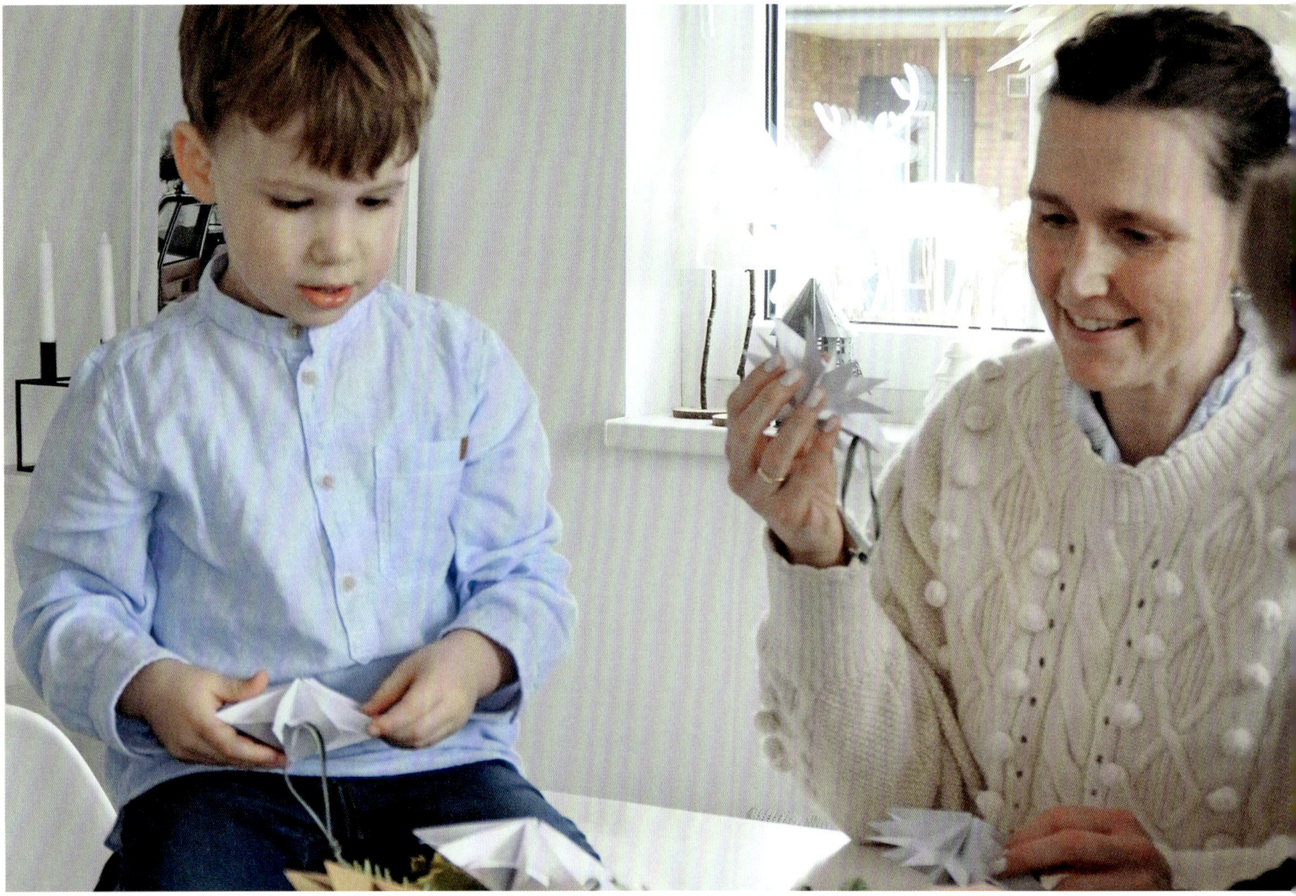

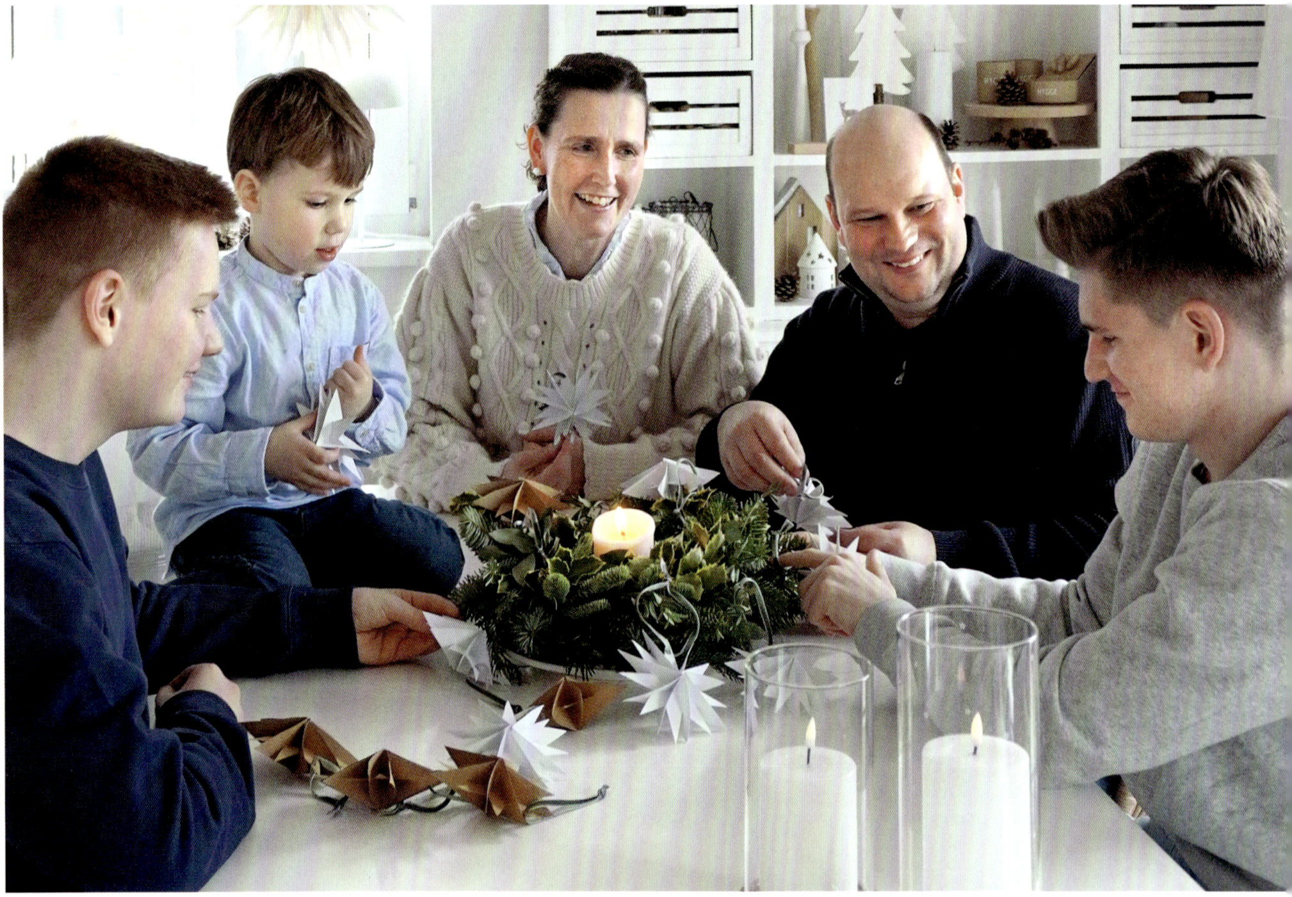

Über die Autorin

Silke Dröger lebt mit ihrer Familie in einem grauen Schwedenhaus in der Nähe von Lübeck und nicht weit von der Ostsee.

Sie liebt und lebt den skandinavischen Wohnstil. Ihr Herz schlägt für ihr Lieblingsland Dänemark.

Auf ihrem Instagram-Account »villa_sternzauberliebe« nimmt sie ihre Leser mit in ihr hyggeliges Zuhause und zeigt Ideen zu diesen Themen: Deko, DIYs, Rezepte, Garten und Urlaube in Dänemark.

»Nordische Weihnachten – Dekoration und Rezepte für die schönste Hygge-Zeit im Jahr« ist das erste Buch von Silke Dröger. Viele Inspirationen begleiten durch die schönen und geheimnisvollen Advents- und Weihnachtstage.

Impressum

Autorin: Silke Dröger
Verantwortlich: Svenja Wiglinghaus
Produktmanagement und Lektorat: ZweiKonzept GbR
Layout: Marcus Taeschner, A flock of sheep
Umschlaggestaltung: Regina Degenkolbe
Repro: LUDWIG:media
Herstellung: Julia Hegele
Printed in Turkey by Elma Basim

Bildnachweis: S. 7, S. 82 rechts unten, S. 142: Clara Dittmer; S. 28: Len-Ove Dröger; S. 30 links unten, S. 38 links, S. 48 links; S. 51, S. 59, S. 61 rechts, S. 95 links, S. 99, S. 104 rechts unten, S. 123: Timo Dröger; alle anderen: Silke Dröger

Unser komplettes Programm finden Sie unter

www.christophorus-verlag.de

★★★★★

Sind Sie mit diesem Titel zufrieden? Dann würden wir uns über Ihre Weiterempfehlung freuen. Erzählen Sie es im Freundeskreis, berichten Sie Ihrem Buchhändler oder bewerten Sie bei Onlinekauf. Und wenn Sie Kritik, Korrekturen, Aktualisierungen haben, freuen wir uns über Ihre Nachricht an:
Christophorus Verlag,
Postfach 40 02 09, D-80702 München oder per E-Mail an lektorat@verlagshaus.de

Die Deutsche Nationalbibliothek verzeichnet diese Publikation in der Deutschen Nationalbibliografie; detaillierte bibliografische Daten sind im Internet über www.dnb.de abrufbar.

2. Auflage 2024

ISBN 978-3-8388-3876-2

Kreativ-Service

Sie haben Fragen zu unseren Büchern und Materialien? Wir beraten Sie gern rund um alle Kreativthemen. Rufen Sie uns einfach an. Wir interessieren uns auch für Ihre eigenen Ideen und Anregungen. Sie erreichen uns per E-Mail kreativ-service@c-verlag.de oder unter der Telefonnummer 0049–89–1306 99 577.

Besuchen Sie uns im Internet: www.christophorus-verlag.de & www.selbstgemacht.de

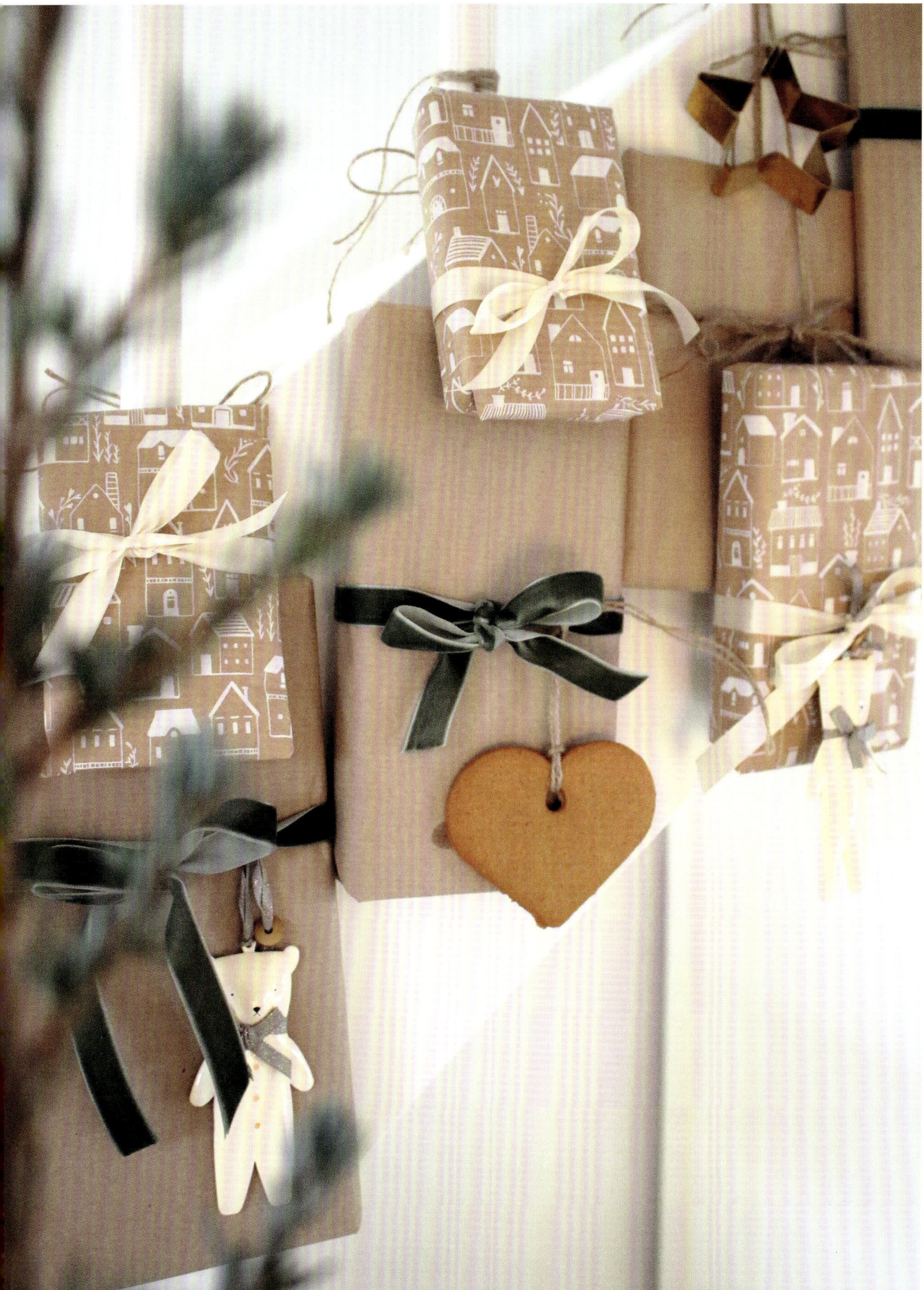